U0541103

中古佛典
序跋记整体研究

赵纪彬 著

中国社会科学出版社

图书在版编目(CIP)数据

中古佛典序跋记整体研究 / 赵纪彬著. -- 北京：中国社会科学出版社，2025.5
ISBN 978-7-5227-3631-0

Ⅰ.①中… Ⅱ.①赵… Ⅲ.①佛经—序跋—研究—中国—古代 Ⅳ.①B94

中国国家版本馆 CIP 数据核字(2024)第 110698 号

出 版 人	赵剑英	
责任编辑	韩国茹	
责任校对	张爱华	
责任印制	李寡寡	

出　　版	中国社会科学出版社
社　　址	北京鼓楼西大街甲 158 号
邮　　编	100720
网　　址	http://www.csspw.cn
发 行 部	010-84083685
门 市 部	010-84029450
经　　销	新华书店及其他书店
印　　刷	北京君升印刷有限公司
装　　订	廊坊市广阳区广增装订厂
版　　次	2025 年 5 月第 1 版
印　　次	2025 年 5 月第 1 次印刷
开　　本	710×1000　1/16
印　　张	14.5
字　　数	260 千字
定　　价	78.00 元

凡购买中国社会科学出版社图书，如有质量问题请与本社营销中心联系调换
电话：010-84083683
版权所有　侵权必究

国家社科基金后期资助项目
出版说明

后期资助项目是国家社科基金设立的一类重要项目，旨在鼓励广大社科研究者潜心治学，支持基础研究多出优秀成果。它是经过严格评审，从接近完成的科研成果中遴选立项的。为扩大后期资助项目的影响，更好地推动学术发展，促进成果转化，全国哲学社会科学工作办公室按照"统一设计、统一标识、统一版式、形成系列"的总体要求，组织出版国家社科基金后期资助项目成果。

全国哲学社会科学工作办公室

目　录

绪　论 …………………………………………………………（1）

第一章　中古序跋概览 …………………………………………（12）
　　第一节　汉末魏晋南北朝序文的深入发展 …………………（12）
　　第二节　隋唐五代序文的成熟 ………………………………（19）
　　第三节　中古跋文的演进 ……………………………………（26）
　　第四节　中古佛典序跋记的流变 ……………………………（31）

第二章　中古佛典序跋记的构成要素 …………………………（36）
　　第一节　中古佛典序跋记的题写者 …………………………（37）
　　第二节　中古佛典序跋记的题写形式 ………………………（48）
　　第三节　中古佛典序跋记的题写与保存环境 ………………（63）
　　第四节　中古佛典序跋记的题写对象 ………………………（66）

第三章　中古佛典序跋记的文体分类 …………………………（69）
　　第一节　中古佛典序文形态的复杂性 ………………………（69）
　　第二节　中古佛典跋文形态的多样化 ………………………（75）
　　第三节　中古佛典记形态的双重性 …………………………（81）

第四章　中古佛典序跋记的艺术特色 …………………………（89）
　　第一节　中古佛典序跋记句式的四言化 ……………………（89）
　　第二节　中古佛典序跋记讲说方式的譬喻性 ………………（95）

第五章　中古佛典序跋记类型与形式的新变 …………………（101）
　　第一节　中古纂集类佛典及其序跋记 ………………………（101）

第二节　中古注疏类佛典及其序跋记 ……………………（108）
　　第三节　中古目录类佛典及其序跋记 ……………………（114）
　　第四节　中古佛典序跋记的非单一性 ……………………（123）

第六章　中古佛典序跋记的价值 ……………………………（133）
　　第一节　中古佛典序跋记的佛典文献价值 ………………（133）
　　第二节　中古佛典序跋记的人物传志价值 ………………（142）
　　第三节　中古佛典序跋记的意旨阐释价值 ………………（148）
　　第四节　中古佛典序跋记的佛教史价值 …………………（155）
　　第五节　中古佛典序跋记的佛典汉译阐释价值 …………（164）
　　第六节　中古佛典序跋记的佛教思想价值 ………………（173）
　　第七节　中古佛典序跋记的抒情价值 ……………………（179）

第七章　中古佛道典籍序跋记的比较 ………………………（188）
　　第一节　中古佛道典籍序跋记的共性 ……………………（189）
　　第二节　中古佛道典籍序跋记的差异性 …………………（196）

结　语 …………………………………………………………（209）

参考文献 ………………………………………………………（213）

后　记 …………………………………………………………（223）

绪　　论

一　选题原委

佛典序跋记在多个层面呈现出复杂特征：在形式上，佛典序跋记源于中土序跋记，具有中土序跋记的特征。在内容上，佛典序跋记融合了域内与域外文化。在功能上，佛典序跋记在我国序跋记已有功能的基础上进一步扩展。在价值上，佛典序跋记对我国序跋记已有的价值有所超越。在书写对象上，佛典序跋记与佛典、佛事活动等佛教文化紧密结合并呈现出鲜明特色。这种既源于我国社会文化，又异于我国社会文化的复杂特征，无疑增加了认知佛典序跋记的难度，于此略而述之。

佛典序跋记的流变表现在哪些方面？在流变的过程中受到哪些因素影响？由现存资料可知，佛典序跋记形成于东汉末期，多为早期来华的域外僧人所作，然而这些佛典序跋记大多没有标注题写者、题写时间等详细信息，这就不便于确认我国首篇佛典序跋记。中国首位僧人所作的佛典序文是严佛调的《沙弥十慧章句序》，它在严格意义上也是我国僧人所作的首篇序文。佛典序跋记形成之后，其在发展演进过程中呈现出哪些特征？又为哪些因素所影响？这些问题是佛典序跋记被研究过程中所无法回避的，同时对它们的探讨也有利于认知佛典的中国化、佛教史以及我国的社会文化。

佛典序跋记的构成要素包括题写者（题写者主体、题写阶层、题写心态）、题写形式、题写与保存环境、题写对象。佛典序跋记的构成要素是固定不变，还是随着我国序跋记的发展、佛教的深入传播、佛典数量的增加与类型的丰富而变化？如果有变化，又体现在哪些方面？

佛典序跋记作为一个概念，其实包括三种文体：佛典序文、佛典跋文、佛典记，它们的分布形态、发展形态、表现形态、生成形态是否相同？又表现在哪些方面？所导致的因素又为哪些？佛典序文、佛典跋文、佛典记作为三种独立文体，是否存在共性？在共性的基础之上是否又形成差异？佛典序文、佛典跋文、佛典记是佛教中国化的产物，它的形成又在哪些层面产生价值？因此对佛典序文、佛典跋文、佛典记的考察必须坚持宏观与微观相结合的角度，既关注每个个体，又要整体掌握它们之间的共性，将之放于更为广阔的社会文化环境之中。

佛典序跋记的艺术特色表现在哪些方面？佛典序跋记作为一种文体，其书写语言、书写章法、表达艺术等方面是否形成鲜明特色？如果存在，这些艺术特色又将产生哪些价值？促使它们形成的因素又有哪些？对佛典序跋记艺术特色的探讨，有助于深化对佛典序跋记的全面认知与整体把握。

随着佛教的深入发展，佛典数量的增多、类型的丰富、形式的多样，纂集类、注疏类、目录类佛典不断涌现，它们是否题写有序跋记？如果被题写，则具有何种意义？再者，随着佛典形式的多样化，佛典序跋记的形式是否相应地多样化？如果后者成立，则又表现在哪些方面？导致其形成的因素又有哪些？对上述问题的探讨，有利于对佛典序跋记题写领域及其形式的认识。

佛典序跋记具有哪些功能？其价值体现在哪些方面？从某种意义而论，佛典序跋记属于我国序跋记的一个子类，具有序跋记的某些功能。由于序跋记本身具有丰富的内容，它融文学、历史、文献、思想文化价值等于一体，佛典序跋记是否相应地具有这些价值？此外，佛典序跋记在我国序跋记已有价值的基础上有所拓展，具体体现在哪些方面？

佛典序跋记具有双重属性，一是文体属性，佛典序跋记乃序跋记的一种；二是佛典文献的范畴，因为佛典序跋记附着于佛典首尾，是佛典文献的构成部分之一。佛典序跋记与文学类、宗教类等其他典籍的序跋记，是否具有差异性与共性？又表现在哪些层面？成因是什么？又被赋予哪些价值？佛典序跋记的发展是否具有阶段性？不同社会群体所题写的佛典序跋记是否有所差异？因此有必要对佛典序跋记予以多维度比较研究，从而挖掘其鲜明特征以及与我国社会文化的关联度。

在对佛典序跋记展开研究的过程中，所遇到的问题不止上述所列，但所列均是最基本的、最基础的，鉴于此，本书拟对上述问题展开逐一探讨。鉴于佛典序跋记构成要素的复杂、书写时间的跨度漫长、涉及面的广泛，若关注我国各个历史阶段及不同题写者的佛典序跋记，则有一定难度，故本书以中古佛典序跋记为研究对象。这源于以下五个因素。第一，中古佛典序跋记基本上涵盖了我国佛典序跋记的各个形态：成型、发展、成熟，在我国佛典序跋记史上具有重要地位，故以中古佛典序跋记为研究对象，有助于对我国佛典序跋记发展脉络的整体把握。第二，中古佛典序跋记不为学界尤其是国内学者所关注，详情参看后文"研究史综述"的相关内容，这就与中古佛典序跋记所具有的价值、地位不相吻合，故以中古佛典序跋记为研究对象，有利于弥补学界此方面研究的不足。第三，中古佛典序跋记所记载的内容，对于认识佛教的中国化、中古时期的佛教、中古的社会文化等方面必不可缺，故以中古佛典序跋记为研究对象，具有更为广阔的启发意义。第四，中古佛典序跋记作为中古宗教典籍序跋记的重要构成部分，具有一定代表性，与之关联的要素相对丰富，故以中古佛典序跋记为研究对象，有助于对中古宗教典籍序跋记的整体把握。第五，中古佛典序跋记作为序跋记的一种，代表了中古序跋记书写领域的拓展与类型的丰富，故以中古佛典序跋记为研究对象，有利于认知我国序跋记的发展脉络与形态。综上可知，以中古佛典序跋记为研究对象具有重要的价值。

二 中古佛典序跋记的界定

中古佛典序跋记具有双重含义：从题写对象观之，指的是为中古佛典所写的序文，或跋文，或记；从题写时间观之，指的是题写于中古时期的佛典序文，或跋文，或记。尽管它们的题写对象均为中古时期的佛典，写作时间则可能不同，因为前者可能不在中古时期之内。鉴于第一重含义的复杂性，本书采用后者，即题写于中古时期的佛典序文，或跋文，或记。由此观之，中古佛典序跋记的概念包括三个要素：中古的时间，中古佛典的范畴，书写于中古时期的佛典序跋记。

首先，关于中古的时间范畴。整体观之，中古是一个动态的时间概念，因所处的语境而异。在史学界，中古是一个特定的历史学名词，专指世界范围内5~15世纪末这一时期。在文学界，多个文学史所指的中古时间范畴有所不同，兹罗列之。陆侃如先生认为："中古本是个含糊的名词，我是指公元一至五、六世纪。"[1] 袁行霈先生主编的《中国文学史》认为："中古期从魏晋开始，经过南北朝、隋唐五代、宋元，到明朝中叶为止"[2]，即3~16世纪，该书所指"中古时期"的跨度比较长。尽管刘师培先生的《中国中古文学史讲义》没有明确界定中古的时间范围，然

---

[1] 陆侃如：《中古文学系年·序例》上，人民文学出版社，1985，第1页。
[2] 袁行霈主编：《中国文学史·总绪论》第1卷，高等教育出版社，1999，第14页。

而该书的内容聚焦于"汉末至宋、齐、梁、陈这一段文学的变迁史"①，因此，中古是指从汉末延续至宋、齐、梁、陈。

通过梳理中古的时间范畴可知，尽管史学界与文学界对它的划定有所不同，二者却存在一定交集，大多包含了汉末至隋唐五代之间的阶段，也即2~10世纪，本书于此从之。由上述可知，本书所指的"中古时期"始于汉末而终于隋唐五代，其中汉末以196年为起点，因为曹操在此时"奉天子以令不臣"，该事件标志着曹魏政权的建立。章培恒、骆玉明二位先生认为该事件也是文学史上所说的魏晋南北朝的起点，"文学史上所说的魏晋南北朝时期，始于东汉建安年代"②，本书以此为始点，旨在与中国文学的发展脉络保持一致。在本书中，中古的时间下限则为北宋的建立，也即960年。综上可知，本书所指的"中古时期"，即196~960年，整体上包括两个阶段：汉末魏晋南北朝与隋唐五代，横跨764载。

其次，关于中古佛典的范畴。本书从以下方面界定中古佛典的范畴：从书写对象的生成时间而论，中古佛典的成书时间始于196年，止于960年。从书写对象的生成地点而论，中古佛典是指生成于中土，也即形成于我国中古时期的各类佛典。从书写对象的生成方式而论，中古佛典的生成途径包括汉译、整理、编纂等，有一次性与多次性（世代累积性）。从书写对象的类型与形式而论，中古佛典是指此时期内的各类佛典，其类型与形式不受限制。从书写语言而论，中古佛典是指以汉文为书写语言，无论是经由梵语、巴利语等其他语种汉译而成，还是由汉语直接书写，都包括在内。尤为重要的是，中古佛典是指中古时期的佛教经典，可将其总称为三藏，也即经藏、律藏、论藏，并没有囊括因受佛教影响而融入佛教元素的典籍，如小说、戏曲、诗歌、散文等，尽管其中被不同程度地融入了佛教因子。

最后，关于书写于中古时期的佛典序跋记。佛典序跋记也就是以佛典为书写对象的序文，或跋文，或记，多由早期来华的域外僧人与我国僧众书写。然而早期佛典序跋记的信息大多不详，这就不便于对中古佛典序跋记进行界定，为解决这一难题，本书参考了许明先生编著的《中国佛教经论序跋记集》。据《中国佛教经论序跋记集·东汉魏晋南北朝隋唐五代卷目录》可知，产生于中古时期的佛典序跋记凡395篇，其中题写者可知与佚名者，分别有348篇及47篇，可知作者凡165人，按照佛典序跋

---

① 刘师培撰：《中国中古文学史讲义·前言》，上海古籍出版社，2006，第5页。
② 章培恒、骆玉明主编：《中国文学史》上册，复旦大学出版社，1996，第287页。

记作者生年的先后次第编排，始于严佛调的《沙弥十慧章句序》，而终于钱俶的《宗镜录序》。观严佛调的佛事活动可知，他"以灵帝中平五年岁次戊辰，于洛阳译《古维摩诘经》二卷、《濡首菩萨无上清净分卫经》二卷、《慧上菩萨问大善权经》二卷、《思意经》一卷、《内六波罗蜜经》一卷、《迦叶诘阿难经》一卷、《十慧经》一卷，凡七部一十卷"[1]，严佛调应该生于181年之前。钱俶为吴越君王，生于929年，卒于988年。

综上可知，在本书中，中古佛典序跋记所包括的范围极为广泛，凡生卒年在196年至960年之间的作者，即使其佛典序跋记的题写时间未在此历史阶段内，亦属于中古佛典序跋记的范畴。整体观之，中古佛典序跋记在数量、题写者类型、阶段表现形态等方面呈现出差异性，详见表0－1。

表0－1　　　　　　　　中古佛典序跋记一览表[2]

时期		汉末魏晋南北朝	隋唐五代
篇数		178篇	217篇
题写者类型	题写者可知	135篇	213篇
	题写者佚名	43篇	4篇
可知题写者数量		56人	109人

注：在本书，若中古佛典序跋记的题写者不详，则以"佚名"代称。

上表只是简单概括了中古佛典序跋记的差异性，其由多个因素所致，也必然促使自身价值的多元化，详情可参看第二章"中古佛典序跋记的构成要素"和第三章"中古佛典序跋记的文体分类"的相关内容。

三　研究史综述

佛典序跋记大约形成于东汉末年，伴随着佛典的汉译、整理与编纂而不断丰富，然而其为时人关注及其价值得到认可则始于东晋，今人方广锠认为道安法师最早关注佛典序跋记并意识到其价值所在，他不仅写有大量的佛典序跋记，而且在编纂《综理众经目录》时已利用已有的佛典序跋记。释僧祐的《出三藏记集》在释道安《综理众经目录》的基础上编纂

---

[1] （唐）释靖迈撰：《古今译经图记》卷1，《大正新修大藏经》第55册，台北：佛陀教育基金会出版社，1990，第350页上一中。
[2] 本表格依据许明编著的《中国佛教经论序跋记集・东汉魏晋南北朝隋唐五代卷目录》，上海辞书出版社，2002。

而成，该书设"总经序"，收录佛典序跋记凡110篇。在释僧祐之后未曾有人从事佛典序跋记的整理与研究，方广锠先生就此认为："收集汇总佛典序引跋记的工作似乎要成为绝响。"① 整体观之，中古佛典序跋记不为学界所关注，被收录整理的状况不尽如人意，研究较为薄弱，相关成果相对偏少。

（一）中古佛典序跋记被收录整理的状况

整体观之，收录中古佛典序跋记的文献并不丰富，形式却多样化，于此略述之。首先，以整体形式收录整理中古佛典序跋记。此形式相对偏少，依据收录者的主观态度又分为以下两种情况。第一，专门收录整理中古佛典序跋记。此一形式始于释僧祐，他的《出三藏记集》首设"总经序"，收录了110篇佛典序跋记，其中有21篇题写者佚名。今人许明亦编著了《中国佛教经论序跋记集》，凡5卷，收录与整理了我国东汉至清末之间，约2500篇佛典序跋记，涉及作者1136人。该书以时间为坐标，分为东汉魏晋南北朝隋唐五代卷、宋辽金元卷、明卷、清卷，外加索引卷。在《中国佛教经论序跋记集》的前4卷中，每一卷以题写者是否佚名为标准进行分类，题写者可知者归为一类，置于每卷之首并简要介绍作者，题写者佚名者归为一类，置于每卷卷末并标曰"未详作者"。许明先生的《中国佛教经论序跋记集》较为全面地整理了现存中古佛典序跋记，在佛典序跋记史上具有重要意义，然而其中的舛误亦不容忽视，如认为《御讲般若经序》出自西晋的陆云之手，这就与该佛典序文中"上以天监十一年注释《大品》"的记载相冲突，因为天监为梁武帝年号，天监十一年为512年，陆云则生于262年，卒于303年，因此将该佛典序文归为西晋陆云所作当为谬误。《广弘明集》卷19有"《述御讲波若序》梁陆云"条亦为谬误，因为梁时并未有此人。清代严可均所辑的《全上古三代秦汉三国六朝文》将之归为陆云公之下，可能是正确的，因为陆云公为南朝人，唐代姚思廉等撰的《梁书·列传》对该人有所记载，然而标注该佛典序文引自《广弘明集》卷22的行为亦有不妥，经查阅该卷并无该佛典序文，实则收录于《广弘明集》卷19。综上可知，《御讲般若经序》可能出自梁时的陆云公之手。另外，今人苏志雄主编的《历代大藏经序跋略疏》分为上下2册，专门收录了历代大藏经中的佛典序跋记，其中序文402篇、跋文19篇，其结构层次为：首先是苏志雄为序跋记题写对象——佛典所撰写的提要，简要介绍相关佛典的内容、汉译者或作者的情

---

① 方广锠撰：《中国佛教经论序跋记集序》，第3页。

况；其次将相关佛典序跋记分段，概述其大意并逐段逐句进行注解；最后则是将相关佛典序跋记译成现代白话文。又，费长房的《历代三宝纪》、释智昇的《开元释教录》、释道宣的《大唐内典录》、释圆照的《贞元新定释教目录》等佛教类书以及各类大藏经均有意识地收录了中古佛典序跋记。

第二，非专门收录整理中古佛典序跋记。这种情形时有发生，因为相关文献在形成过程中，本身即无法回避中古佛典序跋记。在我国最早对佛典序跋记加以利用的是释道安，方广锠先生认为他在编纂《综理众经目录》时，充分利用了前人的序跋记，然而他并非专门收录整理中古佛典序跋记，只是对其加以利用。这种情形多出现在类书、总集、别集等文献中，如清代严可均所辑的《全上古三代秦汉三国六朝文》、董诰所编的《全唐文》、纪昀等纂的《四库全书》等，这些典籍在成书的过程中，出于自身完整性的需要而加以收录整理中古佛典序跋记，并非有意为之。

其次，以单篇形式收录整理中古佛典序跋记。此形式多出现在今人的研究整理中，他们在校勘与注疏佛典时，也收录整理了与之相关的序文，或跋文，或记，以追求佛典的完整性。自20世纪80年代以来，中华书局所点校与整理的"中国佛教典籍选刊"大多含有与之相关的序跋记，汤用彤校注、汤一玄整理的《高僧传》有《高僧传序》；王孺童校注的《比丘尼传》有释宝唱所题写的《比丘尼传序》；韩廷杰校释的《三论玄义》收录有释僧叡的《中论序》、释昙影的《中论序》、释僧叡的《十二门论序》、释僧肇的《百论序》；郭朋的《坛经校释》收录了释法海的《六祖大师法宝坛经略序》等。这些佛典不仅收录了与之相关的序跋记，而且加以校笺，有时指出某一佛典序跋记为后代典籍所收录的状况，如认为："《高僧传序》及目录明本在卷第一之首，但序与目录转倒；金陵本作'高僧传初集序'。"[①] 有时指出了所收录佛典序跋记的来源出处："释僧叡的《中论序》及《十二门论序》、释昙影的《中论序》、释僧肇的《百论序》均录自支那内学院本《出三藏记集经序》卷十一。"[②] 这些序跋记尽管有时被置于佛典的附录部分，在佛典的整理者看来它们并不属于佛典正文，然而不能因此忽略它们的价值。除中华书局的"中国佛教典籍选刊"丛书外，现存其他单行本佛典也含有序跋记，如王孺童校释的《百喻经》在书末附有跋偈，也即以偈语的形式作跋，它指出了该佛典的主

[①] （梁）释慧皎撰，汤用彤校注，汤一玄整理：《高僧传》卷14，中华书局，1992，第525页。
[②] （隋）吉藏著，韩廷杰校释：《三论玄义校释》，中华书局，1987，第275~280页。

要内容，揭示了该佛典之所以采用譬喻的原委及其特色。即使某些佛典选本，在选录佛典时也带有与之相关的序跋记，如刘立夫、胡勇所译注的《弘明集》，尽管并未包括该佛典的全部篇目，只是选取了其中的23篇，然而其中包括了《弘明集序》与《弘明集后序》。其他相关事例极为丰富，于此不一一胪列。要而言之，今人在整理中古佛典时大多收录与之相关的序跋记，这就促使中古佛典序跋记多以单篇形式呈现，散见于各个佛典之中。

（二）中古佛典序跋记的研究状况

古今学者对中古佛典序跋记的关注点多在利用而非研究，附属于佛教义理研究，目前专门以中古佛典序跋记为研究对象的论著尚未出现，有关研究较为薄弱。整体观之，迄今学界对中古佛典序跋记的研究包括以下两种类型。

整体研究。此类研究以宏观视角审视中古佛典序跋记，重在梳理中古各个历史阶段的佛典序跋记，将之视为连续发展的整体，重点勾勒中古佛典序跋记的发展脉络。然而此类研究屈指可数，在目前的序跋记研究中往往被忽略，如王玥琳的《序文研究》在论述我国序文时，则遗漏了佛典序文尤其是中古佛典序文。相较而言，石建初的《中国古代序跋史论》不仅厘清了序跋的内涵，而且对我国历代序跋有所梳理，也对佛典序跋记的发展脉络进行了勾勒。但是，石建初对佛典序跋记的关注也存在一定不足，它只是简单论及了历代佛典序跋记，并未深入阐释佛典序跋记的成因、构成要素、文体分类、价值等一系列深层次问题；同时它对中古佛典序跋记的概述散落于"中古序跋"部分，这在某种程度上切断了中古佛典序跋记发展的连贯性。

个案研究。此类研究或关注中古时期某一篇佛典序跋记，或关注中古佛典序跋记的某一个层面，聚焦于中古佛典序跋记的个案。其一，以中古时期内的某一篇佛典序跋记为研究对象。此类研究的视角较为多样，或概述其内容，或对其进行评述，或指出其价值所在，如梁启超的《佛学研究十八篇·翻译文学与佛典》对释慧远的《三法度经序》有所评述，认为其"厥中论"是"全属调和论调，亦两派对立后时代之要求也"[①]，指出该佛典序文中"厥中论"的实质及其产生的时代背景。再如，任继愈认为《法句经序》关于文质论争的结果是"质派在理论上获得胜利，但

[①] 梁启超：《佛学研究十八篇》，天津古籍出版社，2005，第158页。

实际的结果,却是由文派最后成书"①。汪东萍的《佛典汉译传统研究》用大量篇幅论及了中古时期尤其是汉末魏晋南北朝时期的多篇佛典序文,她认为最早关于"佛典汉译'文质之争'的记载,是三国时的《法句经序》"②,指出《法句经序》拉开了佛典汉译文质之争的序幕,同时重点评述了道安法师所作的多种佛典序文,论述了其《摩诃钵罗若波罗蜜经抄序》中"五失本、三不易"的佛典汉译理论,认为其《道行经序》的主要内容旨在对比主质派译本和主文派译本的优劣得失,《合放光光赞略解序》用"合本"的方法解决了佛典语言文与质的矛盾。汪东萍的《佛典汉译传统研究》对释僧叡的《大品经序》《思益经序》与《法华经后序》,释慧远的《三法度经序》及《大智论抄序》等中古尤其是汉末魏晋南北朝佛典序跋记都有所评述。

其二,以中古佛典序跋记的某一层面为研究对象,以关注其价值最具代表性。目前直接专门阐释中古佛典序跋记价值的研究并不多,更多的则是针对我国佛典序跋记的整体价值而言,如方广锠为《中国佛教经论序跋记集》所作的序文简要阐述了我国佛典序跋记的价值,许明的《中国佛教经论序跋记集·自序》也从宏观角度阐释了我国佛典序跋记的价值。学界对中古佛典序跋记价值的较少关注,并不意味着它缺乏研究的价值,其实它的应用极为广泛,价值也非同一般,汤用彤的《汉魏两晋南北朝佛教史》就多次引用中古佛典序跋记的相关内容,如在论述安世高时多次引用与之相关的佛典序跋记:在介绍安世高的生平事迹时,引用了康僧会的《安般守意经序》、谢敷的《安般守意经序》、严佛调的《沙弥十慧章句序》等;在阐释安世高专务禅观时,引用了释道安的《阴持入经序》及《十二门经序》;在论述安世高的佛学贡献时,引用了谢敷的《安般守意经序》、陈慧的《阴持入经注序》。同时汤用彤在论述严佛调笔受《法镜经》时,引用了形成于三国时期的《法镜经序》的相关内容。上述佛典序文为汤先生的论述提供了重要的材料支撑,汤用彤对中古尤其汉末魏晋南北朝佛典序跋记多有引用,也折射出对其价值的认可。吕澂的《中国佛学源流略讲》也多次利用中古佛典序跋记,他根据释僧叡的《毗摩罗诘提经义疏序》,将鸠摩罗什法师以前的佛坛状况概括为"格义"与"六家"。③ 王铁军的《中国佛典翻译史稿》、洪修平的《中国佛教文化历

---

① 任继愈主编:《中国佛教史》第1卷,中国社会科学出版社,1981,第175页。
② 汪东萍:《佛典汉译传统研究》,博士学位论文,华东师范大学,2012。
③ 详见吕澂《中国佛学源流略讲》,中华书局,1979,第44~45页。

程》、朱志瑜和朱晓农的《中国佛籍译论选辑评注》、马祖毅的《中国翻译简史："五四"以前部分》、汪东萍的《佛典汉译传统研究》等论著也对中古佛典序跋记均有不同程度的引用与转述。要而言之，中古佛典序跋记多为后人所用，这就在一定程度上暗示了其价值广为认可的程度。

(三) 中古序跋记的研究状况

从文体角度而论，中古佛典序跋记属于序跋记的范畴，二者理应存在一定关联，对后者研究史的梳理无疑有助于对前者的认识。中古序跋记的发展程度具有不平衡性，中古序文、跋文、记的成熟度依次递减，其被学界的关注度与此相对应，与中古记有关的研究尤为屈指可数。鉴于中古序跋记被研究状况的复杂性，相关研究论著比较丰富，于此拣选其中的代表作予以简要介绍。

整体研究。此类研究多以专著与博士学位论文等形式呈现，如石建初的《中国古代序跋史论》、王玥琳的《序文研究》等专著均用很大篇幅论述了中古序跋；论文如吴承学与刘湘兰的《序跋类文体》、曹之的《古书序跋之研究》全面论述了序跋的源流、功能与演变，李乔的《谈序跋》则论述了序文与跋文的特点，其中不乏对中古序跋记的涉及。以整体视角审视中古序跋记者较为丰富，于此不一一胪列。

个案研究。此类研究或关注中古时期内的某一类序跋记，或关注中古不同历史阶段内的序跋记。就魏晋南北朝诗序而言，蒋振华的《汉魏两晋南北朝文人诗序论略》一文以汉魏两晋南北朝文人的诗序为论述对象，考察了他们为诗作序的情况以及这些诗序的功能；钟涛的《试论魏晋南北朝诗序的文体演进》一文指出，与其他时期相比较而言，魏晋南北朝诗序"篇幅加长，独立成文，……自抒胸臆"[①]，从而呈现出鲜明特色。就唐代序文的研究而言，其中以张静的《唐代序文研究评述》为代表，该文评述了20世纪80年代以来唐代序文的研究状况，指出已取得的成就及存在的不足。就唐代某一类序跋的研究而言，张红运的《唐代诗序研究》以唐代诗序为对象，概述了其基本情况，分类研究了其主题，最后概括了其文体性质、文学特性和文献价值，这就基本上涵盖了唐代诗序的各个层面，可谓全面且具体。对唐代某一人序文的论述，如何敏锐的《韩愈赠序刍议》、胡守仁的《论韩昌黎之赠序》、林琳与李丹的《奇·气·巧·新》等文论述了韩愈赠序的内容、艺术特色等。要而言之，学

---

① 钟涛：《试论魏晋南北朝诗序的文体演进》，《北京大学学报》(哲学社会科学版) 2008年第1期。

界关于中古序跋记的研究层面较为丰富,成果较为丰赡,研究视角多样化,由此为中古佛典序跋记的研究提供了有益借鉴及丰富材料。

综上可知,中古佛典序跋记被收录整理的情形多样,或整体,或单篇,而在整体收录整理时,又可依据收录者的主观态度分为专门与非专门,同时今人所整理的佛典多含有与之相关的序跋记。与我国其他文体序跋记比较而言,中古佛典序跋记的研究较为薄弱,尤以整体性研究最为突出,个案研究则相对丰富,且多集中在内容的评述、价值的阐释等方面。在阐释中古佛典序跋记价值的过程中,正面论及的相对较少,侧面涉及的则相对丰富。与中古佛典序跋记研究的薄弱状况相比,中古序跋记的研究更为丰富,在整体与个案研究方面皆然,故中古佛典序跋记的研究空间有待进一步开拓,这也是本书的主要关注点。

第一章 中古序跋概览

鉴于中古记的薄弱性，本书于此不加讨论，而以中古序跋为考察对象。序跋在中古的发展形态有所不同，其中序文进一步发展于汉末魏晋南北朝、成熟于隋唐五代，跋文则定型于汉末魏晋南北朝、成熟于隋唐五代。佛典序跋记在中古时期也经历了两个发展形态：发展于汉末魏晋南北朝、成熟于隋唐五代。中古佛典序跋记的发展具有独立性与差异性，以释道安为分水岭，形成了迥然相异的风貌。该发展形态的形成与时局形势、统治者的佛教态度及其自身属性相关。整体而言，中古佛典序跋记在我国序跋记已有属性的基础之上，形成了鲜明特色。

第一节 汉末魏晋南北朝序文的深入发展

汉末魏晋南北朝是我国序文发展过程中的重要环节，与先秦两汉相比较而言，此时的序文在诸多方面均有所提升，主要表现在以下四个方面。（1）书写强度的提升，其中佛典序文的薄弱状况有所改善，延伸至更加广泛的文体领域，如在汉末魏晋南北朝首次产生的文体中得以应用。（2）在艺术特色上呈现出骈文化，为骈文浸染。（3）与文学理论的关系进一步紧密，成为文学理论的载体。（4）注重抒情，含有浓厚的抒情因子。汉末魏晋南北朝序文在发展过程中所形成的鲜明特色，是多重因素共同作用的必然结果。

一 书写强度的提升

序文具有很强的灵活性，伴随着社会文化的发展而变化，与各类文体的结合日趋紧密，这种情形在汉末魏晋南北朝尤为突出，主要表现为书写强度的提升。首先是强化在之前书写较为薄弱的文体中的书写。先秦两汉，序文的书写具有不平衡性，在某些文体中的应用较为薄弱，这种状况在汉末魏晋南北朝有明显改观，其中以佛典序文最为突出。在汉代，佛典序文整体上呈现出薄弱状态，主要表现为数量偏少、参与者屈指可数、内容涵盖面狭窄、艺术特色不够突出等方面，此情形在汉末魏晋南北朝有所改观，在数量上有所增加，书写群体有所扩大，详情参看第二章第一节"中古佛典序跋记的题写者"中的相关内容。佛典序文的价值也为汉末魏晋南北朝时人所重视，释道安不仅题写了大量佛典序文，而且在编纂《综理众经目录》时借鉴了已有佛典序文，之后释僧祐在《出三藏记集》中设"总经序"，收录当时所存的多篇佛典序文。总而言之，佛典序文在汉末魏晋南北朝进一步发展，从整体上改变了其薄弱形态，在其发展过程中具有重要意义。

其次是书写领域的延伸。在汉末魏晋南北朝，序文的书写范围不断延伸，延伸至之前未被书写的领域，推动了序文类型的日趋丰富及其数量的进一步增加，详见表1-1。

表1-1　　　　　　　汉末魏晋南北朝序文一览表

类别	题写者	篇目
颂文序	何承天（2篇）	《社颂序》《白鸠颂序》
	蔡邕	《祖德颂序》
	曹植（2篇）	《学宫颂序》《孔子庙颂序》
	鲍照	《河清颂序》
	梁简文帝萧纲	《南郊颂序》
赞文序	曹植	《画赞序》
	戴逵	《酒赞序》
	缪袭	《神芝赞序》
	杨戏	《季汉辅臣赞序》
箴文序	傅咸	《御史中丞箴序》
	李充	《学箴序》
	潘尼	《乘舆箴序》

续表

类别	题写者	篇目
诔文序	曹植（2篇）	《王仲宣诔序》 《卞太后诔序》
	潘岳（4篇）	《杨荆州诔序》 《杨仲武诔序》 《马汧督诔序》 《夏侯常侍诔序》
	颜延之（2篇）	《阳给事诔序》 《陶征士诔序》
	谢庄	《宋孝武宣贵妃诔序》
	傅毅	《北海王诔序》
	左芬	《元皇后诔序》
	蔡邕	《济北相崔君夫人诔序》
	陆云	《晋故豫章内史夏府君诔序》
碑文序	蔡邕（2篇）	《郭有道碑文序》 《陈太丘碑文序》
	王俭	《褚渊碑文序》
祭文序	谢惠连	《祭古冢文序》
哀辞序	梁简文帝萧纲	《大同哀辞序》
哀策序	王俭	《高帝哀策文序》
	王珣	《孝武帝哀策文序》
	谢朓	《齐敬皇后哀策文序》
	佚名	《简文帝哀策文序》

注：本表所列仅为汉末魏晋南北朝序文的代表之作，并未囊括全部。

颂文、赞文、箴文、诔文、碑文、祭文、哀辞、哀策等文体均产生于汉末魏晋南北朝之前，而与它们相关的序文则至此时才被书写，由此彰显出当时序文书写领域的扩张。另外，汉末魏晋南北朝新出现的文体也写有序文，其中以志怪与志人小说为代表。志怪与志人小说出现于汉末魏晋南北朝，尽管二者的产生时间相对较短，以之为书写对象的序文则相对丰富，出现了张华的《博物志序》、萧绮的《拾遗记序》、干宝的《搜神记序》、郭璞的《山海经序》、葛洪的《神仙传自序》等诸篇。志怪与志人小说序围绕书写对象而展开,概述其内容、点明其材料的积累、揭示其作者的著述思维等,尤为重要的是反映了时人的小说观念及思想世界,"及其著述,亦足以发明神道之不诬也"①,认为鬼神是真实存在的。尽管相关典籍所记为神异鬼怪之人或事,然而它们的作者认为这些都是真实存在的,是对现实的真实记录,并非虚构为之。要而言之,汉末魏晋南北朝序文的书写力度呈现出强化之势,其应用范围进一步扩大,几乎涵盖了当时的各类文体。

二 艺术特色的骈文化

汉末魏晋南北朝序文的艺术特色呈现出骈文化倾向。在汉末魏晋南北朝尤其是齐梁时期,骈文风靡文坛并形成一种文风,其主要特征为语言工整、句式整齐、结构平衡对称,描写笔法力求繁复,讲求用典,该文风对当时的文学活动产生了重要影响。由于汉末魏晋南北朝序文处于骈文盛行的社会文化环境之中,在多个层面受之浸染,也相应地呈现出骈文化倾向,主要表现在以下三个方面。

第一,汉末魏晋南北朝序文的句式较为整齐,呈现出四六间隔对仗的特征。四六间隔对仗的形式,也就是在一句话中四言与六言间隔出现,两两相对,该句式最先应用于徐陵的《玉台新咏序》,"楚王宫里,无不推其细腰;卫国佳人,具言讶其纤手"②。无论是单纯的四字或六字对,还是四六间隔对,都追求句子结构的工整及词语的对偶,它们或句子成分相同,或词性相同,"楚王宫里"与"卫国佳人"同为主语,"无不"与"具言"都是副词,"推"与"讶"均是动词作谓语,"其细腰"与"其纤手"都是宾语成分。陆机《叹逝赋序》的句式也呈现出四六间隔对仗的形式,"嗟人生之短期,孰长年之能执!时飘忽其不再,老晼晚其将及。对琼蕊之无征,恨朝霞之难挹"③。该序文句式整齐,每句由两个分句构成,每个分句又均为六言,其中第二个分句最后一个字的韵脚相同,追求句式的韵律、句子的结构平衡与词性相对,其中"对"与"恨"皆为动词,"琼蕊"与"朝霞"均为名词,"之"与"之"相对,"无征"与"难挹"相对。可见,汉末魏晋南北朝序文的句式整齐,具有骈文化

---

① (晋)干宝撰,汪绍楹校注:《搜神记序》,中华书局,1979,第2页。
② (陈)徐陵编,(清)吴兆宜注,程琰删补,穆克宏点校:《玉台新咏笺注》,中华书局,1985,第11页。
③ (晋)陆机著,金涛声点校:《陆机集》卷3,中华书局,1982,第24页。

的外在特征。

第二，汉末魏晋南北朝序文的笔法追求繁复，在写人记事时力求详尽，不避繁琐。如徐陵的《玉台新咏序》在描述才女的音乐才华时说："少长河阳，由来能舞。琵琶新曲，无待石崇；箜篌杂引，非关曹植。"①笔法繁复，不厌其烦、多视角描述她的音乐才华。同时，徐陵的《玉台新咏序》在描述才女的美貌时，也运用了正面描写与侧面烘托相结合的笔法，力求捕捉每个细节，才女的美貌之态跃然纸上，观其文令人留恋。繁复笔法在汉末魏晋南北朝序文中多有呈现，也是其骈文化的表现形式之一。

第三，汉末魏晋南北朝序文注重用典，在行文的过程中援引经典，引用相关历史事件或人物以增强说服力、感染力与厚重感。徐陵的《玉台新咏序》在刻画才女容貌时引入陈后、阏氏的典故，"至若宠闻长乐，陈后知而不平；画出天仙，阏氏觅而遥妒"②。陈后指的是为汉武帝极为宠爱的皇后陈阿娇，有"千金买赋"与"金屋藏娇"之典故流传于世，但若与才女受宠相比则差之甚远，她若知此事必愤怒。阏氏最初指代女性装扮用的胭脂，之后代指汉朝的公主、匈奴皇后，但她若见才女的美貌也必将产生妒忌之情。徐陵借用陈阿娇与阏氏的典故以反衬才女的美貌，此笔法比简单的正面描写更富有效果。另外，庾信的《哀江南赋序》借用项羽的典故，抒发了其家国沧桑之感，其中蕴藏着庾信深厚的历史情感，抒发了其家国沦亡的痛苦，同时将典故的使用与序文的书写紧密结合起来，以服务其情感的抒发。汉末魏晋南北朝序文讲求用典的行为具有多重价值，不仅彰显了其书写者的学术素养，而且增强了自身的艺术特色，使之更具历史感。

当然并非所有的汉末魏晋南北朝序文在艺术特色上都追求骈文化，而是因其书写文体的属性而异，其中赋序、诗序等抒情性文体序文的骈文化程度相对较强，佛典序、志怪与志人小说序等叙事性与理论性较强的文体序文则相对薄弱。汉末魏晋南北朝序文艺术特色的骈文化与当时文风密切相关，由于序文的作者多是书写骈文的大家，如庾信、徐陵，他们在作序文时很自然地借鉴骈文并将之引入序文中。即使序文的作者不擅长书写骈文，他们生活在骈文盛行的社会文化环境中，在作序文时也不可避免地受之影响。要而言之，汉末魏晋南北朝序文艺术特色的骈文化乃是为骈文浸

---

① （陈）徐陵编，（清）吴兆宜注，程琰删补，穆克宏点校：《玉台新咏笺注》，第11~12页。
② （陈）徐陵编，（清）吴兆宜注，程琰删补，穆克宏点校：《玉台新咏笺注》，第12页。

三 文学理论的载体

汉末魏晋南北朝序文与文学理论的关系进一步紧密,承载着丰富的文学理论,为它的保存与阐释提供了一个重要途径。在汉末魏晋南北朝,中国文学进入理论自觉,对文学本身规律的认识相应地加深,同时对文学创作活动有所归纳,由此产生了丰富的文学理论,其中一部分孕育于当时的序文之中,例如钟嵘的《诗品序》等。

滋味本义为味道、美味,始见于《吕氏春秋·适音》。"味"在汉末魏晋南北朝逐渐演变为一个文学理论术语,为当时文学理论家多次论及,然而以"滋味"并举者,始于钟嵘的《诗品序》:"五言居文词之要,是众作之有滋味者也。"[1] 该序文认为"滋味"是优秀诗歌必备的标准,详见该序文的相关记载,于此不再详述之。遗憾的是,钟嵘的《诗品序》并没有指出"滋味"的内涵,今人俞香云认为"滋味"包括四个审美范畴:怨、清、奇、雅,适用范围极为广泛。钟嵘的《诗品序》还提出"即目直寻"与"自然英旨"的诗歌创作理论,解读"赋比兴"的内涵,倡导"比兴"的创作笔法。要而言之,钟嵘的《诗品序》含有丰富的诗歌理论,总结了诗歌的流变,对当时诗歌的创作手法也有所反思,在总结与反思中建构理论,既有对诗歌的整体关注,又有对诗歌的个案品析。陆机的《文赋序》阐释了文学创作活动中的困境,"意不称物,文不逮意"[2],指出构思、描述对象、表意三者之间的矛盾。左思的《三都赋序》、萧统的《文选序》、刘勰的《文心雕龙·序志》、干宝的《搜神记序》等篇章也都含有丰富的文学理论成分,表达了相关序文书写者对文学活动的认知及对其规律的总结。

汉末魏晋南北朝序文之所以包含丰富的文学理论成分,与此时文学的自觉有关。文学活动在经历漫长的演变之后,需要总结与反思以便认识自身规律,这只有在其进入自觉阶段才能得以开展,由此形成大量的文学理论。文学理论需要一个载体,而序文本身具有很强的理论性,因此二者容易共融。序文具有很强的灵活性、书写范围广泛,能够承载各类文体的理论。汉末魏晋南北朝序文中的文学理论成分,是文学自觉与序文属性相结合的产物,由此拓宽了文学理论被阐释与保存的途径,进一步凸显了序文

---

[1] 钟嵘著,周振甫译注:《诗品译注》,中华书局,1998,第19页。
[2] (晋)陆机著,金涛声点校:《陆机集》卷1,第1页。

的工具性。

四 抒情意味渐浓

汉末魏晋南北朝序文的抒情意味渐浓，成为相关书写者表情达意的工具。在汉末魏晋南北朝，序文往往融入其书写者的情感，由此被赋予抒发情感的功能，谢灵运的《述祖德诗序》曰：

> 大元中，王父龛定淮南，负荷世业，尊主隆人。逮贤相徂谢，君子道消，拂衣蕃岳，考卜东山。事同乐生之时，志期范蠡之举。①

其中先赞誉祖父的勋业，然后抒发了其功成身退、向往隐居生活之情。庾信的《哀江南赋序》亦是庾信心态的真实写照。潘岳的《闲居赋序》刻画出潘岳闲居的生活场景，流露出潘岳逍遥洒脱的心态。此外，陆云公的《御讲般若经序》盛赞了梁武帝萧衍的美德，"皇帝真智自己，大慈应物，送迎日月，纬络天地，镇三季之浇风，缉五际之颓俗"②。表达了对梁武帝萧衍的赞誉，其中不乏过誉成分。

汉末魏晋南北朝序文抒情意味的渐浓体现出序文的不断完善，它一改对理论的偏重，呈现出情理并重的风貌。汉末魏晋南北朝之前的序文过于偏重理论，缺乏情感的意味，理论性强，说教意味浓。情感因子的加入为汉末魏晋南北朝序文增添了新的活力，使之更具人文色彩及可读性，由此调动了读者的兴趣，并拉近了与他们的心理距离。汉末魏晋南北朝序文中的浓厚抒情因子拓宽了序文的内容含量、丰富了序文的风格、赋予序文新的价值、提升了序文的书写笔法，由此形成了情理并重的模式，为后之序文情感因子的融入奠定了重要基础，在我国序文的发展史上具有重要意义。

汉末魏晋南北朝序文的进一步发展，与文体类型的丰富、骈文的盛行、文学的自觉等因素有关，整体上呈现出与我国社会文化发展相一致的步调。此时，序文书写强度的提升，艺术特色的骈文化，成为文学理论的载体，抒情意味渐浓，在书写范围、艺术特色、功能等方面发生新变，其工具性特征进一步凸显。汉末魏晋南北朝序文在我国序文发展的历史上具

---

① 顾绍柏校注：《谢灵运集校注》，中州古籍出版社，1987，第104页。
② （清）严可均辑：《全上古三代秦汉三国六朝文·全梁文》卷53，上海古籍出版社，2009，第419页上。

有重要地位，为序文在隋唐五代最终走向成熟奠定了重要基础。

第二节　隋唐五代序文的成熟

序文在隋唐五代趋于成熟，呈现出全面繁盛的态势，主要表现在两个方面。（1）题写范围极为广泛，几乎涵盖了当时所有文体，并形成了传奇序等新的文体序文。（2）序文类型相对完备，赠序及游宴序涌现，大序小序兼而有之，自序与他序并存。隋唐五代序文的成熟，由序文自身的属性、所处时代、时之文学的全面繁荣等内外因素所致，是时代的产物，彰显出序文与时俱进的品格。

一　题写范围的广泛性

在隋唐五代，序文的题写范围极为广泛，几乎覆盖了当时所有文体。首先，与旧文体相关的序文进一步发展，如诗序。在我国的各类文体中，诗歌产生的时间最早，降至隋唐五代又最为繁盛，被视为时之代表性文体。伴随着诗歌的兴盛，与之相关的序文大量涌现，数量极为庞大，据张红运统计，《全唐诗》有696篇诗序，其中明诗序、暗诗序分别有451篇与245篇。[①] 再如，佛典序文。在隋唐五代，社会稳定，且多数统治者推行有利于佛教发展的政策，佛教进入兴盛时期，其传播范围更为深入、受众群体日趋广泛、佛教典籍大量涌现，这就为时之佛典序文的进一步发展奠定了重要基础。与汉末魏晋南北朝相比较，隋唐五代佛典序文在数量、构成要素、文体形态、艺术特色以及价值等方面均有不同程度的提升，详情可参看第二章"中古佛典序跋记的构成要素"与第三章"中古佛典序跋记的文体分类"等相关论述。隋唐五代佛典序文与当时序文的发展形态相一致，也进入成熟状态。

其次，在隋唐五代首次产生的文体也题写有序文，如唐传奇。传奇始产生于隋唐五代，是具有真正文体意义的小说之始。"小说"一词始见于《庄子·外物篇》，"饰小说以干县令"[②]，此"小说"是指琐碎的话语，与今之作为文体意义上的小说相异。班固的《汉书·艺文志》将小说家列于《诸子略》中的"十家"之末，并且认为小说起源于稗官民间杂说，

[①] 张红连：《唐代诗序研究》，博士学位论文，陕西师范大学，2007。
[②] （清）郭庆藩撰，王孝鱼点校：《庄子集释》卷9，中华书局，1961，第925页。

具有一定故事性，该论说对小说的价值有所认可，在小说的发展过程中具有积极意义。降至汉末魏晋南北朝，小说进一步繁荣，产生了志人与志怪两种类型。需要指出的是，隋唐五代之前虽有小说之名并无小说之实，真正意义上的小说始于唐传奇，鲁迅先生就此认为"是时则始有意为小说"①。唐传奇在中国小说演变的进程中具有重要意义，最终促使小说成为一种独立文体。传奇在唐代趋于繁盛，数量丰富，作者群体庞大，如元稹、韩愈、柳宗元等均有相关创作。唐传奇的繁盛为与之相关的序文提供了丰富的题写对象，唐传奇序由此大量涌现。唐传奇序属于序文的一个类型，具有序文的一般属性，围绕其书写对象而展开，揭示了其书写对象的创作过程、原委、材料来源等，如韦绚《刘宾客嘉话录自序》曰："解释经史之错谬，及国朝文人剧谈，卿相新语，异常梦话，美誉善谑，卜祝童谣。……今悉依当时日夕所话而录之，不复编次，号曰《刘公嘉话录》，传之好事，以为谈柄也。"②该传奇序揭示了《刘宾客嘉话录》的材料来源、命名起因、书写内容等。刘肃的《大唐世说新语序》也揭示了《大唐世说新语》创作的原委，详见该序文的相关记载。多数唐传奇题写有序文，由此促使唐传奇序不断涌现，从而彰显隋唐五代序文题写领域的拓展及其类型的丰富。

尽管几乎隋唐五代各类文体都题写有序文，题写程度却因文体不同而存在一定差异，其中占主导地位的文体，其序文也相对丰富，如诗序，居次要地位的文体的序文则相对薄弱，如赋序。在隋唐五代，赋伴随着其他文体的兴起而呈现出衰落之势，一改它在汉魏六朝文学中的主体地位，此乃赋在中国文学史上的衰落之始，隋唐五代赋序亦相应偏少。成熟的序文表现在多个方面，然而其书写范围却是必不可少的要素之一，隋唐五代序文书写范围的广泛性，从侧面彰显出自身的成熟。

二 类型的相对完备

隋唐五代序文类型相对完备。序文类型的划分标准不一，本书采用了石建初先生的划分标准，他认为序文包括三种类型："序，从用途分，有赠序、寿序、宴序之别；从大小角度分，有大序、小序之分；从请人作序与自己作序的角度分，有自序、他序之异。"③ 该划分标准较为全面，基

---

① 鲁迅：《鲁迅全集·中国小说史略》，人民文学出版社，1981，第70页。
② （清）董诰等编：《全唐文》卷720《韦绚》，中华书局，影印本，1983，第7415页上。
③ 石建初：《中国古代序跋史论》，湖南人民出版社，2008，第16页。

本上覆盖了序文的全部类型。隋唐五代序文基本上涵盖了上述三种类型。

第一，隋唐五代序文包括赠序及游宴序。首先，赠序。姚鼐《古文辞类纂》认为，赠序滥觞于上古赠言的传统，最终形成于唐初；赵厚均认为赠序的书写始于骆宾王[1]，本书从之。鉴于隋唐五代诗歌的繁盛，赠序的最初形态可能是赋诗赠序，王玥琳认为唐代有216篇赋诗赠序[2]，其数量较为丰富，在当时的序文中占有一定地位。赋诗赠序往往围绕饯别展开，多渲染饯别的氛围，抒发离别伤感之情，叙述饯别者与序文作者深厚的感情，交代饯别者远行的原委等，其中以杨炯的《送徐录事诗序》最具代表性，其曰：

> 徐学士风流蔼蔼，容貌堂堂，汝南则颜子更生，洛阳则神人重出。书有万，览之者实符于郑元；州有九，游之者颇类于班固。怀岐嶓之旧迹，想江汉之遗风。[3]

序文赞誉了徐录高尚的节操，凸显二人相识之深，暗含二人情感之浓，离别伤感之情难以言达。该序文还点明了饯别的时间、原因。总之，该文在内容、体例结构、书写章法等方面具有鲜明特色，是隋唐五代赠序的代表作之一。

随着隋唐五代社会文化的发展，赠序的书写范围不断延展，由赋诗赠序延及属文赠序。属文赠序只是赠序的题写范围由诗歌向外延伸的结果，二者在内容、章法、功能等方面并无太多差异。在隋唐五代赠序中，以柳宗元的《送薛存义之任序》最具代表性，该序文赞誉了薛存义的政治才能、为官之举，其中暗含了二人深厚的情感。

其次，游宴序。游宴序源自游宴诗，而游宴诗可追溯至《诗经》，其中包含众多宴饮细节，以《鹿鸣》为代表，它在某种意义上被视为游宴诗的萌芽。真正意义上的游宴诗产生于建安时期，刘勰《文心雕龙·明诗》言："述恩荣，叙酣宴，慷慨以任气，磊落以使才。"[4] 当时产生了大量的游宴诗，其写作群体也比较广泛，如在建安七子之中，除孔融之外，其余六人均有此类诗作流传。游宴诗的大量涌现为游宴序的写作创造了条件，二者结合的途径及时间、最早游宴诗序的题写者等相关问题在现存文

---

[1] 赵厚均：《赠序源流考论》，《文艺理论研究》2008年第4期。
[2] 王玥琳：《序文研究》，博士学位论文，北京师范大学，2008。
[3] （清）董诰等编：《全唐文》卷191《杨炯》，第1927页上。
[4] 刘勰著，范文澜注：《文心雕龙注》卷2，人民文学出版社，1958，第66页。

献中并无明确记载，但在汉末魏晋南北朝确已产生游宴诗序，以王羲之的《兰亭集序》最具代表性。降至隋唐五代，游宴诗序进一步发展，据舒仕斌统计，《全唐文》与《全唐诗》收录了唐代主要作家所创作的此类诗序107篇[1]，其中不乏名篇，以王勃《滕王阁序》最具代表性。

游宴诗序往往围绕游宴活动展开，多记写游宴场景，渲染游宴气氛，塑造游宴的感情基调，王勃《梓潼南江泛舟序》云：

> 咸亨二年六月癸巳，梓潼县令韦君，以清湛幽凝，镇流靖俗。境内无事，舣舟于江潭，纵观于丘壑。……于是间以投壶，酬以妙论，亦有嘉肴旨酒，鸣弦朗笛，以补寻幽之致焉。[2]

该游宴诗序交代了泛舟的时间、参与者、起因，描写了优美的环境，渲染了欢快的气氛。另李白的《春夜宴从弟桃花园序》描写了李白与从弟在桃花园夜宴，目睹美景感慨油然而生，抒发了他们胸中的欢快之情，该序文在内容、感情基调、艺术特色等方面与李白的诗文风格相一致。

隋唐五代游宴诗序的情感比较复杂，其感情基调并非全为欢快，其中不乏感伤者，如王勃的《秋日楚州郝司户宅饯崔使君序》曰："此欢难再，殷勤北海之筵，相见何时，惆怅南溟之路。"[3] 该序文抒发了因佳期难现、欢快之情难再所引发的伤感。悲喜之情有时在隋唐五代游宴诗序中相互交叉，其中以王勃的《滕王阁序》最具代表性，该诗序既有"落霞与孤鹜齐飞，秋水共长天一色"的美景，又有"兴尽悲来，识盈虚之有数"的无限感慨，进而联想到当前美景，哀叹其"胜地不常，圣宴难再"，目睹美景难免产生复杂心态，由最初的欢快，到忽然间想起美景难以长存，不知盛宴何时再有，悲伤之情油然而起，欢快是短暂的，哀伤却是永久的，其妙笔之处就在于用美景抒发伤感之情，中间感情过渡的衔接非常自然，可视为隋唐五代游宴序的佳作。可见，隋唐五代游宴序所含情感的复杂性折射出序文的灵活性，可因其题写者的意图而异。

隋唐五代序文类型的完备只是相对而言，若与后世序文相比，则有所不足，如在当时并不存在寿序。今人赵厚均认为寿序"可以溯源到南宋"[4]，

---

[1] 详见舒仕斌《游宴序和赠序在唐代的发展轨迹及成因》，《赣南师范学院学报》2001年第4期。
[2] （清）董诰等编：《全唐文》卷180《王勃》，第1834页上—下。
[3] （清）董诰等编：《全唐文》卷181《王勃》，第1847页下。
[4] 赵厚均：《赠序源流考论》，《文艺理论研究》2008年第4期。

故此类序文在隋唐五代并未产生,此乃当时序文类型的一大局限。应该理性审视隋唐五代序文类型的局限,因为伴随着社会文化的发展,序文类型相应地随之丰富,后世序文的发展程度必然高于此时,此乃序文自身不断发展的结果。隋唐五代序文类型的兼备只是相对而言,在特定范围内成立。

第二,隋唐五代序文中大序与小序并存。大序与小序并存的形式起源于《孔子诗论》,后为《诗序》所继承,于两汉魏晋南北朝湮灭,降至隋唐五代再次勃兴,如白居易的《新乐府序》呈现出大小诗序并存的形式:

> 序曰:凡九千二百五十二言,断为五十篇。篇无定向,句无定字,系于意不系于文。首句标其目,卒章显其志,《诗》三百之义也。其辞质而径,欲见之者易喻也。其言直而切,欲闻之者深戒也。……总而言之,为君、为臣、为民、为物、为事而作,不为文而作也。①

该序文言简而意丰,系统地概括了《新乐府》卷帙、篇目命名的起因、写作意图、内容、语言艺术特色等,几乎涵盖了《新乐府》的各个层面,可谓该书的大序。小序负责具体阐述《新乐府》中的具体单篇,其形式简单而整齐,采用"篇名+也"的句式,用寥寥数语概括相关篇章的主旨,尽管篇幅短小,却浓缩了其精华。陈寅恪认为《新乐府序》中大序与小序并存的形式源自对毛诗序的模仿,"乐天新乐府五十首,有总序,即摹毛诗之大序。每篇有一序,即仿毛诗之小序"②。陈先生论述精辟,揭示了《新乐府序》中大序与小序并存的起因。大序与小序并存的形式也呈现于隋唐五代佛典序文,由释道宣肇其端。释道宣为《广弘明集》写有序文,又为该佛典中的单篇题写了八个分序,因此《广弘明集序》在中国佛典序文史上具有重要意义。大序与小序并存的形式在我国序文的发展过程中具有重要意义,它在长期的湮灭之后,于隋唐五代序文中再次呈现,丰富了隋唐五代序文的形式。

大序与小序并存的形式之所以能够在隋唐五代勃兴,可能与当时统治者推崇《诗经》尤其是《毛诗》密切相关。隋唐五代,在科举考试选拔人才的过程中,多以孔颖达的《五经正义》命题,该举措在一定程度上促使了当时《诗经》学的繁盛,学习《诗经》被上升为国家制度,学习、

---

① (唐)白居易著,朱金城笺校:《白居易集笺校》卷2,上海古籍出版社,1988,第136页。
② 陈寅恪:《元白诗笺证稿》,上海古籍出版社,1978,第119页。

借鉴、模仿《诗经》尤其是《毛诗正义》成为一种风气。《毛诗正义》中大序与小序并存的形式由此被借鉴与模仿，故大序与小序并存的形式再次勃兴，折射出隋唐五代序文对先前优秀序文形式的传承。

第三，在隋唐五代序文中，自序与他序并存。在隋唐五代，不乏为自己所著典籍或文章题写序文者，白居易的《琵琶行序》曰："予出官二年，恬然自安；感斯人言，是夕始觉有迁谪意。因为长句，歌以赠之，凡六百一十六言，命曰《琵琶行》。"[1] 该乐府诗序是白居易为其《琵琶行》所作的序文，属于自序的范畴。《观公孙大娘弟子舞剑器行序》亦属于自序的范畴，乃杜甫为其诗作《观公孙大娘弟子舞剑器行》所作的序文，内容丰富，不仅交代了杜甫作此诗的起因、背景，而且插入了张旭的轶事，从而烘托了人物形象，在客观上也增添了该序的趣味性及可读性。由于自序的题写者与其书写对象的作者同属一人，因此，此类序文所提供的信息更为真实，对作者心态的陈述也更为客观，伪序则另当别论。

他序是指序文的题写者与其书写对象的作者分属二人，他们之间存在某种关联，前者或出于对后者的喜爱，或出于对后者的敬仰之情，如李汉为其老师韩愈的文集题写有《昌黎先生集序》，杜牧的外甥裴延翰整理了《樊川文集》并为之作序。杜牧与李贺有着深厚的情谊，于是为《太常寺奉礼郎李贺歌诗集》作序。此类序文在隋唐五代序文中比较丰富，于此不再一一胪列。由于他序的作者与其书写对象的作者具有一定关联，相较而言，他们对序文的书写对象及其作者的把握更为准确；即使二者毫无关系，他们在写作序文时，对书写对象也有一定把握，因此序文中的信息相对真实，具有一定可信度。

隋唐五代序文的成熟，是内外因素共同作用的必然结果，既与序文自身的属性有关，又与所处时代及文学的全面繁荣密切相关。

其一，由序文自身的属性所致。序文具有极强的灵活性，伴随着社会文化的发展而不断变化，能够与多数文体相结合，这一点在其发展的各个阶段均有所呈现。在序文成型的汉代，其书写范围延伸至赋、史书、子书、辞书、乐府、铭文、吊文等文体；在序文深入发展的汉末魏晋南北朝，其书写领域拓展至颂文、赞文、箴文、诔文、碑文、祭文、哀辞、哀策、志怪与志人小说等文体。伴随着新文体的出现，序文的题写范围不断扩展，降至隋唐五代，中国古代文学趋于全面繁盛，传奇、曲子词、变文

---

[1] （唐）白居易著，朱金城笺校：《白居易集笺校》卷12，第685页。

等文体不断涌现,从而促使隋唐五代序文题写领域不断延伸,新的序文不断产生,其中以传奇序为代表。另外,序文在发展过程中,其价值日趋多元化,备受时人青睐。与先秦序文相比较而言,汉代序文的学术性日益凸显,"或表达学术观点,或追述学术发展的历程并勾勒学术演变的轨迹",此乃序文价值在汉代的提升。① 序文在汉末魏晋南北朝深入发展的过程中,逐渐被赋予更多价值,"与文学理论的结合进一步紧密,为它的保存与阐释提供了一个重要途径"以及"抒情意味浓厚,成为其书写者表情达意的工具",可参看前文的相关论述。在先秦两汉魏晋南北朝序文的基础上,隋唐五代序文的价值更加多元化,文学色彩更为浓厚,主要表现在以下方面。(1)对人物形象的准确刻画,参见前文所引杨炯《送徐录事诗序》、柳宗元《送薛存义之任序》的相关内容。(2)对环境的刻画,参见前文所引王勃《梓潼南江泛舟序》《滕王阁序》的相关内容。(3)浓烈的抒情色彩及其情感的多元化,参见前文"赠序及游宴序"中的相关论述。(4)价值的多元性,隋唐五代序文承载着相关题写对象丰富的文献信息,参见前文所引韦绚《刘宾客嘉话录自序》、白居易《新乐府序》等的相关内容,因此它集历史、文献、文学、文化、抒情价值等于一体。隋唐五代序文价值的多元化,必然促使其书写群体及书写范围的扩大。在上述因素的共同作用下,隋唐五代序文的类型必然趋于完备、书写笔法必然进一步提升、语言风格必然趋于丰富。

其二,由所处时代所致。在隋唐五代,国力强盛、经济繁荣,这就为当时序文的发展奠定了重要的经济基础。在隋唐五代,社会环境相对稳定,这就为当时序文的书写与保存提供了有利的社会环境。隋唐五代统治者推行科举制度,这就为当时序文的发展积累了深厚的人力资源。隋唐五代统治者所推行的兼容并包的宗教政策,有力地推动了当时儒释道及其相应典籍序文的发展。唐太宗李世民下令召集孔颖达等当时诸多知名儒士撰修《五经正义》,该书于642年完成编撰,这就为当时序文中大序与小序并存的形成,提供了可借鉴的对象。隋唐五代统治者多推崇佛教,推行有利于佛教发展的政策,汤用彤先生的《隋唐佛教史稿》对此多有论及。隋唐五代统治者积极的佛教态度无疑有利于当时佛教的全面发展,推动了当时佛典序文的发展,其中也出现了大序与小序并存的形式等特色。此外,隋唐五代统治者亲自书写佛典序文的行为,必然产生了一定的示范作用,带动其他社会阶层的参与,由此促使当时佛典序文题写群体的扩展,

---

① 赵纪彬:《略论汉代序文之新变》,《西南交通大学学报》(社会科学版)2014年第3期。

上自最高统治者，下至庶民，参与群体的广泛必然推动其日趋成熟。综上可知，隋唐五代的经济、社会环境、科举制度、统治者积极的宗教政策等因素共同推动了当时序文的成熟。

其三，由隋唐五代文学的全面繁荣所致。序文在某种程度上属于文学的构成部分之一，它的多个构成要素与文学密切相关，也必然伴随着文学的发展而变化。伴随着国家的统一、社会的稳定，唐初统治者推行有利于经济发展的政策、实行科举制度、采取兼容并包的宗教政策、积极扩大对外交流等，这就为当时文学的繁荣发展奠定了重要的经济、政治、文化等基础。再者，从先秦两汉、魏晋南北朝至隋唐五代，我国古代文学经历了漫长的发展过程，在此期间，小说、诗歌、散文等文体的逐渐丰富，浪漫主义与现实主义抒情传统的确立，书写笔法的不断完善，文学语言风格的日趋丰富，题材领域的逐步开拓，对文体及其规律认识的不断深入，为隋唐五代文学的繁荣发展积累了丰富遗产，奠定了重要基础。这就为序文书写范围的拓展奠定了基础，也为序文提供了丰富的书写对象及借鉴蓝本，推动了序文类型及其语言风格的丰富，最终促使隋唐五代序文的成熟和繁荣。

第三节　中古跋文的演进

序跋通常并提，其实它们是两种不同的文体，在位置上也相异，序文往往位于篇首，跋文往往置于篇尾。序文与跋文的位置定型于魏晋南北朝，在此之前，序文亦常位于篇尾。由于序文的深入发展，序文逐渐固定于篇首，而跋文则移于篇尾。观跋文在中古的演进脉络可知，它定型于汉末魏晋南朝，成熟于隋唐五代。中古跋文的发展与文学的自觉密切相关，并被赋予积极的意义，一方面丰富了中古的文体类型，为中古文献的搜集、整理、研究与保护提供了重要路径；另一方面满足了读者阅读需求的多样化，推动了当时文学活动的丰富。中古跋文的不断演进，与文学的自觉等因素密切相关。

一　汉末魏晋南北朝的定型

跋文又称后叙、后记、后语、卷末语等，始定型于汉末魏晋南北朝。石建初认为真正意义上的跋文的书写始于汉末魏晋南北朝，葛洪的

《西京杂记跋》被视为我国最早的跋文。①石先生的观点具有一定的科学性。葛洪的《西京杂记跋》是一篇具备现代意义的跋文，它位于《西京杂记》的书末并且指向该书，而不再是其中的某一单篇。它确立了跋文的书写范式，紧紧围绕《西京杂记》展开书写，指出了《西京杂记》的材料来源、字数和卷帙，梳理了《西京杂记》的流传痕迹。《西京杂记跋》在我国跋文演进的过程中具有重要意义，它基本上确立了现代意义上跋文所处的位置、指向范围与书写方式，代表了真正意义上跋文的定型。

跋文之所以能够于汉末魏晋南北朝定型，与文学的自觉有关。所谓文学的自觉，是指文学及其实践主体意识到自身的独立性及其价值，开始自觉总结自身的规律与本质。目前学界更倾向于文学的自觉始于魏晋南北朝，以鲁迅、张廷银等为代表。文学的自觉促使对文体特点、特征的深入研究与关注，如曹丕的《典论·论文》、陆机的《文赋》对诗、赋、碑、铭等文体的特点加以区分；挚虞的《文章流别论》论及了赋、诗、箴等11种文体的性质与源流；刘勰的《文心雕龙》对文体的关注更为缜密，专设文体论，凡20篇，每篇分论一种或一种以上的文体，对每种文体力求"原始以表末，释名以章义，选文以定篇，敷理以举统"②，即对各类文体探源溯流、释名述义、品评、总结写作法则与特点。对文体的深入关注，必然推动汉末魏晋南北朝文体的精细化发展，并不断衍化与形成新的文体，在此过程中跋文逐渐成形。

在汉末魏晋南北朝，跋文之所以未引起时人的重视，可能由以下三个因素所致。第一，跋文的发展程度。与序文相比较而言，跋文的发展程度在整体上较弱，它的位置长期被序文所占据，如产生于汉代的两部重要史书的序文——《太史公自序》《汉书叙传》都位于书末，此类情形在汉末魏晋南北朝仍然存在，如《宋书》《南齐书》等史书的序以及刘勰的《文心雕龙·序志》。第二，跋文指向性的狭窄。跋文最初位于单篇文章之尾，而不是指向典籍的整体，相当于序文中的小序，如《史记》《汉书》中每个单篇末尾分别附有"太史公曰"与"赞曰"之语。第三，跋文的属性。跋文位于篇末，而序文则位于篇首，若序跋共存于一部典籍，则读者会先读到序文，这就无形中降低了对跋文的阅读需求。在汉末魏晋南北朝，仅产生了19篇佛典跋文，详见表1-2。

---

① 石建初：《中国古代序跋史论》，第10页。
② 刘勰著，范文澜注：《文心雕龙注》卷10，第727页。

汉末魏晋南北朝佛典跋文相对丰富，一方面源于佛典的属性，它是域外文化的载体，受序文文化的影响相对较浅；另一方面源于汉末魏晋南北朝佛典跋文的题写者多为僧人，他们的生活环境相对封闭，受序文文化的影响相对较少。

表1-2　　　　　　　汉末魏晋南北朝佛典跋文一览表

题写者	篇目
竺法护	《渐备经后记》
林法师	《佛说称扬诸佛功德经后记》
释僧叡（2篇）	《自在王经后序》《妙法莲花经后序》
释法业	《大方广佛华严经后记》
沮渠京声	《治禅病秘要法后序》
释僧祐	《弘明集后序》
释宝唱	《名僧传后序》
释僧果	《高僧传跋》
释法虔	《金刚般若波罗蜜经后记》
佚名	《道行经后记》
佚名	《首楞严经后记》
佚名	《正法华经后记》
佚名	《持心经后记》
佚名	《八吉祥经后记》
佚名	《僧伽罗刹集经后记》
佚名	《菩萨波罗提木叉后记》
佚名	《摩得勒伽后记》
佚名	《法镜经后序》

二　隋唐五代的成熟

跋文在隋唐五代趋于成熟，主要体现在以下五个方面。其一，跋文的位置相对固定。在隋唐五代，序文占据跋文位置的现象基本已不存在，跋文固定于书写对象的篇末，指向整个书写对象而不是其中的单篇，如沈既济的《任氏传尾语》、释道宣的《大唐内典录后记》与《四分律删繁补阙行事钞后记》等。隋唐五代跋文位置相对固定，在某种程度上暗示了跋文地位的上升，标志着它的形式已为时人所接受。

其二，跋文的题写范围日趋广泛。在隋唐五代，几乎各类文体都写有跋文：传奇跋，以沈既济的《任氏传尾语》为代表；佛典跋，以释道宣的《大唐内典录后记》为代表；散文跋，以韩愈的《张中丞传后叙》为代表；词跋，以李德裕的《玄真子渔歌记》为代表；金石文跋，以顾况的《书衢州开元观碑后》及阳坤的《洞清观铜钟款识》为代表；诗跋，以郑畋的《谒升仙太子庙诗题后》及张昭的《题窦巩诗后》为代表。隋唐五代跋文题写范围广泛，从整体上改变了跋文的薄弱状况。

其三，跋文的题写群体更为广泛。在隋唐五代，跋文的题写群体极为广泛，几乎涵盖了各个社会阶层，包括以沈既济、李德裕为代表的官僚士大夫，以韩愈、元稹、李翱、白行简为代表的文人学士，以释道宣、释惟谨、释行满为代表的僧众等。此外，隋唐五代跋文的题写者身份都相对明确，多标有题写者，此现象在当时的佛典跋文中最为明显。由表1-2可知，部分汉末魏晋南北朝佛典跋文的题写者不详，此现象在隋唐五代基本不存在，现存14篇隋唐五代佛典跋文的题写者均可知，详见表1-3。

表1-3　　　　　　　　　隋唐五代佛典跋文一览表

题写者	篇目
释道宣（5篇）	《释迦氏谱后序》 《释迦方志后记》 《大唐内典录后记》 《四分律含注戒本疏后记》 《四分律删繁补阙行事钞后记》
释明濬	《因明入正理论后序》
释靖迈	《法蕴足论后序》
释窥基	《说无垢称经疏后记》
沈玄明	《成唯识论后序》
释法藏	《般若波罗蜜多心经略疏后记》
释道仪	《维摩罗诘经文疏写后记》
释圆照	《大方广佛华严经后记》
释行满	《观无量寿经记后记》
释惟谨	《大毗卢遮那经广大仪轨后记》

其四，跋文内容的广泛性。隋唐五代跋文多围绕其书写对象而展开，所涉及的内容更为广泛，以韩愈的《张中丞传后叙》最具代表性。《张中丞传后叙》揭示了韩愈撰写此传的原委，"翰以文章自名，为此传颇详密，然尚恨有阙者：不为许远立传，又不载雷万春事首尾"[①]，即韩愈之所以撰写该文，旨在弥补李翰《张巡传》的不足，他认为后者不够全面、有所缺失。因此，韩愈在《张中丞传后叙》中补写了许远的事迹，为他正名，以纠正时人对他的错误认识。当时张巡战死、许远被俘，有人因此认为许远贪生怕死。韩愈就此反驳，如果许远贪生怕死，怎么会杀死他的奴仆以充军粮，并与敌军死战。另有人认为"远与巡分城而守，城之陷，自远所分始"[②]，以此诋毁许远，韩愈认为此观点的持有者无异于儿童。该跋文不仅还原了一定的历史真相，还对许远等进行了相对公正的评价，拓展了跋文的书写内容。

其五，跋文书写笔法的提升。与之前的跋文相比较，隋唐五代跋文的写作笔法进一步提升，如韩愈的《张中丞传后叙》叙述笔法较为丰富，既有正面描写，又有借助他人的侧面讲述，如插入汴徐两府老人讲述贺兰不营救巡、远之事。着重记写了于嵩所讲有关张巡之事，相关内容梗概如下：张巡博闻强记、记性好、读书不过三遍则终身不忘，他发怒时眉毛胡子张开，慷慨就义时面不改色，表现出大义凛然的精神。最后，还插入嵩对许远形象的刻画。要而言之，韩愈《张中丞传后叙》的写作笔法较为丰富，集叙事与议论、立论与驳论于一体，既有正面叙述，又有侧面烘托，兼用比喻等多种修辞手法，是隋唐五代跋文的代表作。

综上可知，跋文在中古演进的过程中呈现出鲜明特征，一方面伴随着时代的变迁而不断发展，逐渐成为一种独立文体，而不再附着于序文，被视为中古文献的构成部分；另一方面呈现出阶段性，在汉末魏晋南北朝趋于定型，于隋唐五代日趋成熟，整体发展态势不断进步。中古跋文的日趋发展与文学的自觉密切相关，并被赋予一定意义：一方面丰富了中古的文体类型，为中古文献的搜集、整理、研究与保护提供了重要路径；另一方面满足了读者阅读需求的多样化，丰富了当时的文学活动。

[①] （唐）韩愈撰，马其昶校注，马茂元整理：《韩昌黎文集校注》卷2，上海古籍出版社，1986，第73页。

[②] （唐）韩愈撰，马其昶校注，马茂元整理：《韩昌黎文集校注》卷2，第75页。

第四节　中古佛典序跋记的流变

　　早期的佛典序跋记，多由来华的域外僧人所书写，如康僧会题写有《安般守意经序》，康孟祥也题写有《佛说兴起行经序》等。然而早期来华的域外僧人所作的佛典序跋记大多信息不详，写作时间也很难被判定。可以肯定的是，早期来华的域外僧人大多写有佛典序跋记，然而多有佚失，现存仅数篇。

　　由现存文献可知，在迄今标有题写者的佛典序跋记中，严佛调为最早的题写者，他约出生于2世纪。严佛调参与了安世高的佛典翻译与整理活动，承担笔受，并撰有《沙弥十慧章句序》。释僧祐的《出三藏记集》认为《沙弥十慧章句序》出自严佛调之手，此观点为费长房的《历代三宝纪》、释智昇的《开元释教录》、释道宣的《大唐内典录》、释圆照的《贞元新定释教目录》等所继承，该佛典序文当为严佛调所撰写。严佛调还是我国第一位真正的佛教徒，汤用彤认为"严氏者，真中国佛教徒之第一人矣"[1]，并为周叔迦、蓝吉富等学者所认可，故具有一定可信度。因此，严佛调的《沙弥十慧章句序》具有双重的开创意义，它既是我国佛教徒所作的首篇佛典序文，又是我国首位佛教徒所作的佛典序文。

　　鉴于佛典序跋记形成于东汉的动乱年代、题写者群体的特殊性、与域外文化的关联性，它在较长时间内并未引起重视，存在不同程度的散佚，这一情形至释道安才有所改变。在中国佛教史上释道安是"第一个注意利用序引跋记来研究佛典"[2]的人，他不仅题写了多篇佛典序跋记，而且在编纂《综理众经目录》时利用了已有篇章，这就暗示了他对佛典序跋记价值的认可。释道安题写并利用佛典序跋记的行为具有一定意义，开启了对佛典序跋记价值认可的序幕，对后世具有一定的启示。降至南朝，释僧祐的《出三藏记集》首设"总经序"，搜集当时所存的110篇佛典序跋记，并将之分列于该书的卷6至卷12，在《出三藏记集》中处重要地位。"总经序"勾勒了佛典翻译、整理、编纂、传播等一系列佛事活动的痕迹，被赋予佛典序文的功能。释僧祐在《出三藏记集》中首设"总经序"的行为，是首次对佛典序跋记的系统化整理与利用，有利于对佛典

---

[1] 汤用彤：《汉魏两晋南北朝佛教史》上册，中华书局，1983，第47页。
[2] 方广锠撰：《中国佛教经论序跋记集序》，第2页。

序跋记的保存与深入挖掘佛典序跋记的价值，为深入认识佛典序跋记的属性奠定了基础，在我国佛典序跋记史上具有重要意义。

一　中古佛典序跋记流变的双重性

佛典序跋记在中古流变的过程中呈现出独立性。一方面中古佛典序跋记与序跋记的发展脉络呈现出复杂特征。由前文可知，序跋记定型于汉末魏晋南北朝，成熟于隋唐五代，佛典序跋记则萌芽于东汉末期，发展于汉末魏晋南北朝，成熟于隋唐五代，二者在东汉之前的发展情形不同，其中佛典序跋记不仅产生时间晚，而且发展程度相对较弱。在汉末魏晋南北朝之后，序跋记与佛典序跋记的发展脉络在整体上趋于一致，发展程度大体相当，二者呈现出先分离后统一的特征。另一方面佛典序跋记与佛典并非同步。汉明帝在永平十年夜梦金人而派遣张骞、秦景等西行大月氏国取经，标志着佛教传入中国。伴随着佛教的传入，佛典的翻译与整理旋即展开，迄今最早的汉译佛典为《四十二章经》，与之相关的序文——《四十二章经序》题写时间不详，但可能并非最早的汉译佛典序文。《四十二章经》的翻译、整理与其序文的题写相分离，该佛典在翻译、整理后可能未被立即题写有序文，在某种程度上映射出佛典与其序跋记的分离。佛典序跋记的题写之所以滞后于佛典的翻译、整理或编纂，可能与以下因素有关：佛典序跋记题写对象的优先性，佛典只有在形成之后才能够成为序跋记的题写对象；制约佛典序跋记题写因素的多重性，如佛教的传播程度，尤其是佛典数量的多寡，若没有一定数量的积累，在有限数量的佛典中则不可能题写有序跋记；受佛教中国化进程的影响，将序跋记引入佛典领域需要一个过程，因为佛典对我国社会文化的吸纳与借鉴需要一个过程。

佛典序跋记在中古流变的过程中形成差异性。中古佛典序跋记以释道安为分水岭，形成了迥然相异的形态。在释道安之前，佛典序跋记的发展存在诸多不足，其题写时间、题写者等相关信息不详，价值尚未被意识到，多有散佚。在释道安之后，佛典序跋记的价值逐渐得到认可，数量不断增加，题写群体日益扩展，题写领域相对广泛，艺术特色明显提升。

二　中古佛典序跋记流变双重性的成因

中古佛典序跋记在流变过程中之所以形成独立性与差异性，由以下因素所致。

首先，时局形势。时局形势是影响佛典序跋记发展的外在因素，也是佛典序跋记良性发展的外在基础，其重要性不容忽视。佛典序跋记的发展与时局形势密切相关,安定的社会可以为其发展提供诸多便利。由于佛典序跋记的题写者群体多为僧人,与动乱的社会环境相比较,在安定的社会环境中,他们更容易得到供养,从事佛事活动的环境也更为有利,他们无须担心自身安危,可以更好地从事佛典序跋记的书写与保存活动。在安定的社会环境中,庙宇、佛教典籍、译场等资源设施能够得到更好的保护,为佛典序跋记的书写与保存提供了便利条件。观佛典序跋记在宋代之前的发展轨迹可知,它在安定的社会环境中整体上趋向于积极态势,如在隋唐五代已知题写者的佛典序跋记之中,多数题写于"开元盛世"之前,详见表1-4。

表1-4　　　　　　　　隋唐五代佛典序跋记一览表

时间	篇数	题写者
隋唐五代	213篇	109人
"开元盛世"之前	182篇	75人
"开元盛世"之后	31篇	34人

注:在隋唐五代,共有109人参与了佛典序跋记的题写,产生了217篇相关作品,其中作者可知者213篇,佚名者4篇,本表格仅涉及作者可知者。另外,在隋唐五代佛典序跋记的题写者中,尽管李豫、法照、湛然、普门的生卒年横跨"开元盛世",但暂将他们所题写的佛典序跋记归于"开元盛世"之前。

时局动荡也会阻碍佛典序跋记的书写与保存,以"安史之乱"最具代表性。在该时期内,佛典序跋记的数量及其题写者均大幅度减少,它的内外保障机制均遭到严重破坏。当时局动荡时,人们流离失所,他们更为关注自身的生存而不是佛典序跋记。佛典序跋记被题写与保存所需的资源遭到严重破坏,如寺庙遭毁坏、佛典遭焚烧、僧尼被迫还俗服徭役等。尤为甚者,"安史之乱"期间,政府滥发度牒借以敛财。度牒是"中国封建时代僧尼公度出家,由政府发给的凭证"[1],当时不允许私度,必须有官府颁发的度牒才可剃度,它实际上是官方管理甚至约束佛教的一种工具,在"安史之乱"之时却被官方用以敛财,"及安禄山反于范阳,两京仓库盈溢而不可名。杨国忠设计,称不可耗正库之物,乃使御史崔众于河东纳钱度僧尼道士,旬日间得钱百万"[2]。滥发度牒的敛财效果很明显,十天

---

[1] 曹旅宁:《唐代度牒考略》,《陕西师范大学学报》(哲学社会科学版)1990年第2期。
[2] (后晋)刘昫等撰:《旧唐书》卷48《食货上》,中华书局,点校本,1975,第2087页。

收钱即多达百万。度牒的滥发严重影响了当时佛教队伍的纯洁性，时人为躲避沉重的徭役，不惜花重金买度牒加入僧尼队伍，他们成为僧尼的动机不纯，不具备佛学修养，更不可能从事佛典序跋记的书写与保存。"安史之乱"对当时佛典序跋记的发展产生了深远的负面影响，使之遭到严重破坏，在某种意义上可谓唐代佛典序跋记发展的分水岭，使之正如当时的社会，由兴盛而转入衰落。通过对唐代佛典序跋记的梳理可知，时局形势是影响佛典序跋记发展的重要外在因素。

其次，统治者的佛教态度。统治者的佛教态度通过影响佛教而延及佛典序跋记，在一定范围内甚至决定了其发展走向。观我国佛教发展的痕迹可知，佛教的繁盛与统治者的大力支持密切相关，如梁武帝萧衍、后秦文桓帝姚兴、武则天等，佛典序跋记在这些历史时期的发展也较为兴盛。同时，统治者的佛教态度更容易对佛典序跋记产生影响，因为佛典序跋记是佛事活动的一部分，必然与统治者的佛教态度发生关联。

当统治者推行积极的佛教政策时，必然会推动佛典序跋记的发展，他们有的人甚至亲自为佛典题写序跋记，反映了其对佛典序跋记价值的认可，同时也产生了一定的示范效果，梁武帝萧衍书写了《大般涅槃经义疏序》《注解大品序》，释宝唱相应地书写有《经律异相序》《名僧传序》《名僧传后序》与《比丘尼传序》，与其他历史时期相比较而言，此时的佛典序跋记更为繁盛。又如，"开元盛世"之前的多数唐代统治者写有佛典序跋记，详见表2-3"隋唐五代最高统治者佛典序跋记题写者一览表"，这就推动了当时佛典序跋记的兴盛。

然而当统治者推行不利于佛教发展的政策时，也会直接或间接地影响佛典序跋记的创作，导致其数量的减少、创作群体的萎缩、价值的忽略等，在整体上呈现出薄弱之势，如北魏太武帝拓跋焘、北周武帝宇文邕、唐武宗李炎、后周世宗柴荣等人所推行的不利于佛教发展的政策都曾殃及佛典序跋记，对之产生了严重的负面影响。要而言之，统治者对佛教的态度对佛典序跋记的发展至关重要，在多个层面产生影响。

最后，佛典序跋记自身的属性。由前文可知，佛典序跋记是佛典中国化的产物，后者对前者有一定影响。而佛典中国化与佛教的发展程度，佛典翻译者、整理者、编纂者对我国社会文化的吸收与消化有关，毋庸置疑这些因素会对佛典序跋记产生一定影响，导致它通常滞后于佛教在我国的传播以及佛典的翻译与整理。此外，佛典序跋记的发展与时人的认可度有关。佛典序跋记承载着丰富信息，具有历史、文学、文献及思想文化等方面的价值，对这些价值的认知程度无疑影响着佛典序跋记的发展。然而对佛典序跋记价值的认知需要一个过程。降至汉末魏晋南北朝，佛典序跋记的价值不断释放，因而在篇数、题写者数量、题写章法、艺术特色等方面都显著提升，逐渐步入快速发展的轨道。随着佛教的发展，佛教中国化进程的加快，佛典价值的广泛认可，佛典序跋记在发展过程中受自身因素影响的程度逐步减弱。

第二章　中古佛典序跋记的构成要素

中古佛典序跋记的构成要素包括四个方面：（1）题写者，包含题写者主体、题写者阶层、题写者心态。（2）题写形式，包括严格自序、宽泛自序、他序，三者在中古时期呈现出双重性变化。（3）题写对象，主要是汉译及编纂于中土的佛典。（4）题写与保存环境，包括时代背景、题写者的具体处境及其具体创作与保存境况。

中古佛典序跋记的构成要素并非一成不变，而是处于发展变化之中，主要体现在以下四个方面。中古佛典序跋记的题写者主体经历了由域外僧人向域内僧人的转变；其题写者阶层呈现出不断扩大的倾向，由先前单一的僧众延伸至最高统治者、官僚阶层、居士、文人学者等社会阶层；题写者心态，即中古佛典序跋记的题写群体在写作佛典序跋记时的内心状态，其中的情形比较复杂，包括主观自愿与非主观自愿，在前者指导下所进行的佛典序跋记题写是一种自发行为，后者则是在外界因素干预下的一种非自发行为，如他人的约请、统治者的命令等。

中古佛典序跋记的题写形式包括严格自序、宽泛自序、他序，三者在中古不同阶段中的地位有所差异，呈现出阶段性变化。

中古佛典序跋记的题写对象主要是佛典，其生成方式包括汉译、整理、编纂，数目极为庞大；在类型上日趋丰富，包括纂集类、目录类、注疏类等；在保存方式上，在以官方为主的前提下，个人逐渐参与进来，由此为其序跋记的书写奠定了重要基础。

中古佛典序跋记的题写与保存环境包括两个层面。（1）时代背景，经历了由汉末魏晋南北朝的动荡到隋唐社会环境的安定，再到五代十国的战乱，即历经由乱到治、再到乱的多次转变，具有时代性差异。（2）具体的社会处境，也即中古佛典序跋记的具体生成与保存环境。二者既存在一定交叉，又有所差异，因此中古佛典序跋记的题写与保存环境相对复杂。

中古佛典序跋记的构成要素不是孤立存在的，而是与每个阶段内的佛教发展程度、佛事活动、社会文化环境等因素均存在一定关联，其中每一个方面的变化都有可能促使它随之变化，当然这些变化又具有一定价值，二者相互依存。

第一节 中古佛典序跋记的题写者

题写者为中古佛典序跋记重要的构成要素之一，是佛典序跋记题写活动的重要参与者，在佛典序跋记的书写与保存活动中具有重要地位。中古佛典序跋记的题写者可考者凡165人，在汉末魏晋南北朝与隋唐五代分别有56人与109人，群体庞大并且分布相对分散。中古佛典序跋记的题写者构成并非一成不变，其主体、阶层及心态随着我国佛教、社会文化的发展而不断变化，呈现出阶段性差异。

一 中古佛典序跋记的题写者主体

佛典序跋记为佛典的构成部分，其题写活动也相应地为佛事活动的一部分，由于佛事活动的参与主体多为僧众，佛典序跋记的参与主体相应的也多是僧众。然而其构成主体在中古时期发生了一些显著变化，经历了由域外僧人向域内僧人的转变，二者的主体地位发生转移，后者的地位逐渐上升，前者的地位则逐步削弱。

在东汉末期，由于受到佛教发展的程度、佛典数量、域内外文化差异等因素的制约，早期来华的域外僧人成为当时佛事活动的主体，他们也相应地成为当时佛典序跋记的题写者主体，康居国的康孟祥写有《佛说兴起经序》、康居国的康僧会写有《安般守意经序》与《法镜经序》、月氏国的支谦写有《合微密持经记》等。在东汉末期的域内僧人和佛教徒中，只有严佛调写有《沙弥十慧章句序》。综上可知，早期来华的域外僧人构成了汉末佛典序跋记的题写者主体。

降至魏晋南北朝，随着佛教的深入发展，参与佛事活动的主体范围有所扩展，更多中土僧众参与进来，佛典序跋记题写者主体的构成亦随之发生变化，域外僧人为主体的局面逐渐被打破，域内僧人的地位有所上升，在此时期参与佛典序跋记书写与保存活动的37位僧人中，分别有32位域内僧人与5位域外僧人，详见表2-1。

表2-1　　　魏晋南北朝佛典序跋记题写者主体国度分布表①

题写者主体的总量	题写者主体的国度分布			
	域外僧众		域内僧人	
37人	题写者	分属国度	支敏度；支遁；释道安；释慧远；释僧卫；林法师；释僧叡；释道慈；释慧观；释道标；释法业；释僧肇；释道挺；竺佛念；释僧馥；释焦镜；释弘充；释法藏；释僧祐；释智昕；释道朗；释宝唱；释昙宁；释慧皎；释真谛；释昙林；释僧昉；释僧果；释慧恺；释法虔；释昙影；释慧达	
	竺法护	月氏		
	竺法首	月氏		
	康法邃	月氏		
	竺昙无兰	西域		
	优婆扇多	北天竺		
人数分布	5人		32人	

由上表可知，在魏晋南北朝佛典序跋记题写者主体中，域内僧人占到总人数的87%，这在一定程度上动摇了域外僧人的主体地位。该趋势在隋唐五代更为明显，其中域外僧人几乎不再参与佛典序跋记的书写与保存，域内僧人成为该活动的主要参与者。在隋唐五代佛典序跋记的题写者主体中共有70位僧人，其中域外僧人仅有5人，域内僧人则多达65人，详见表2-2。

表2-2　　　隋唐五代佛典序跋记题写者主体国度分布表

题写者主体的总量	题写者主体的国度分布			
	域外僧人		域内僧人	
70人	题写者	所属国度	释智顗；释彦琮；释宝贵；释行矩；释法经；释真观；释灌顶；释法琳；释道基；释慧净；释慧颐；释道宣；释明濬；释靖迈；释迦才；释元楷；释神昉；释道镜；释善道；释静泰；释玄则；释怀素；释窥基；释彦悰；释道世；释道液；释义净；释慧能；释复礼；释法藏；释志静；释慧沼；释明佺；释波仑；释志鸿；释道氤；释智昇；释慧苑；释慧忠；释温古；释道仪；释圆照；释神逈；释普门；释湛然；释慧灵；释法照；释藏诸；释照明；释昙旷；释澄漪；释明旷；释澄观；释道诜；释景审；释行满；释宗密；释义云；释惟谨；释傅奥；释了悟；释怀信；终南山僧；释文益；释文僜	
	释吉藏	安息国		
	释圆测	新罗		
	释提婆	中天竺		
	实叉难陀	于阗		
	释不空	北天竺		
人数分布	5人		65人	

---

① 若无说明，本章中的表格内容与次第均依据许明先生编著的《中国佛教经论序跋记集·东汉魏晋南北朝隋唐五代卷目录》。此外，若同一题写者有多篇佛典序跋记，则按照题名字数由少到多排列，以便于美观。

由上表可知，在隋唐五代，域内僧人约为当时佛典序跋记题写者主体总量的93%，与汉末魏晋南北朝相比，这一比重明显提高，彰显出他们在当时佛典序跋记题写者主体中的地位进一步上升，几乎成为该活动主体的唯一构成者，域外僧人的主体地位被严重削弱。

要而言之，僧众为中古佛典序跋记的题写者主体，贯穿于中古的各个历史时期，然而其构成成分呈现出阶段性差异，其中域外僧人的主体地位逐渐被削弱，域内僧人的主体地位不断强化，二者的主体地位发生转移。此现象的发生不是偶然的，而是多种因素共同作用的必然结果。

首先，与佛教的发展程度密切相关。众所周知，佛教初传中土之时，早期来华的域外僧人扮演了重要角色，由于域内外文化的差异、佛典本身的属性等因素导致时之佛事活动只能由他们承担，他们相应地成为当时佛事活动的主体，域内僧人则处于次要地位，只能发挥辅助作用。作为当时佛事活动之一的佛典序跋记题写也同样如此，因为只有早期来华的域外僧人能够接触并认知佛典，同时他们生活在我国的社会文化环境之中，对我国的序跋记有所认知，从而构成了早期佛典序跋记的题写者主体。

降至汉末魏晋南北朝，经过之前的积累及统治者的大力扶持，佛教进一步发展，其影响力进一步提升，传播范围进一步扩大，受众群体进一步扩展，这就丰富了域内僧人组织或参与佛典翻译、整理、编撰、注疏等活动的途径，拓展了他们接触佛典的渠道，为佛典题写序跋记奠定了一定基础。在隋唐五代，伴随着佛教的繁盛，域内僧人在佛事活动中的主体地位更加凸显，尤其是在佛典翻译、整理、编撰、注疏等活动中所发挥的作用更为重要，对佛典的认知更为深入，进而促进了他们参与佛典序跋记的题写并由此形成庞大群体，在佛典序跋记的题写活动中发挥主导作用，其主体地位更加突出。总而言之，域内僧人在中古佛典序跋记书写活动中主体地位的日益凸显，与佛教的深入发展密不可分，二者发展的步调相一致。

其次，与佛典序跋记自身有关。从严格意义而论，佛典序跋记在形式上源于中土序跋记，在内容上则是中外文化的糅合，因而对佛典序跋记题写者素质的要求相对较高。如前所述，早期来华的域外僧人具备融合域内与域外文化的条件，成为早期佛典序跋记题写者的主体。随着佛教的深入传播，域内僧人对域外文化尤其是佛教文化的掌握有所提升，逐渐具备了融合中外文化的素质，在佛典序跋记书写活动中的地位逐步上升并成为其题写者主体的主要构成部分。

综上可知，中古佛典序跋记题写者主体的构成呈现出阶段性变化，由域外僧人向域内僧人转变，此乃其独特之处，在此之后，佛典序跋记的题写者主体趋于稳定。中古佛典序跋记题写者主体的变化，在某些方面体现出发展的多阶段性及风貌的多样性，此乃中古佛典序跋记发展过程中的必然，唯有经过这一系列转型，它才能够良性发展。中古佛典序跋记题写者主体的变化具有一定意义，为我国佛典序跋记的健康发展奠定了重要基础。

二 中古佛典序跋记的题写者阶层

中古佛典序跋记的题写者群体日趋广泛，几乎囊括了最高统治者、官僚士大夫、居士、文人学者、隐士等大部分社会阶层。同一佛典序跋记题写者阶层在中古不同历史阶段中的地位有所差异，各个佛典序跋记题写者阶层在中古同一历史阶段所占的比重也有所不同，因此中古佛典序跋记的题写者阶层呈现出阶段性及构成比重的双重性变化。

（一）最高统治者

在中古时期，不乏最高统治者参与佛典序跋记的书写与保存活动，并且他们参与的程度呈现出上升趋势。东汉末期，尚未有最高统治者参与佛典序跋记的书写与保存活动。降至魏晋南北朝，后秦文桓帝姚兴、梁武帝萧衍、梁简文帝萧纲、梁元帝萧绎等最高统治者参与了佛典序跋记的书写与保存活动，并相应创作了5篇相关作品：《释摩诃论序》《大般涅盘经义疏序》《注解大品序》《庄严旻法师成实序论义疏序》《内典碑铭集林序》。但是无论是最高统治者的参与度，还是所形成的篇数都相对薄弱。降至隋唐五代，这一状况有所改变，最高统治者参与佛典序跋记书写与保存的程度及其作品量均有所提升，详见表2-3。

表2-3　隋唐五代最高统治者佛典序跋记题写者一览表

题写者	篇目
唐太宗李世民	《大唐三藏圣教序》
武则天（3篇）	《大周新翻三藏圣教序》《新译大乘入楞伽经序》《大周新译大方广佛华严经序》
唐高宗李治	《圣记三藏经序》
唐玄宗李隆基	《大宝积经序》
唐代宗李豫（2篇）	《大唐新翻密严经序》《大唐新翻护国仁王般若经序》

续表

题写者	篇目
唐德宗李适	《大乘理趣六波罗蜜多经序》
吴越国君钱俶	《宗镜录序》
7人，10篇	

由上述可知，在中古时期，最高统治者参与佛典序跋记的程度及其作品量呈现出阶段性变化，其中东汉末期未有参与者，降至魏晋南北朝始有少量参与者并创作了一定数量的作品，在隋唐五代进一步发展，参与者及作品量均有明显上升，呈现出与当时佛教及佛典序跋记发展相一致的趋势。

在中古时期，参与佛典序跋记书写的最高统治者尽管偏微，他们所发挥的积极作用则不容忽视。最高统治者的佛教态度必会影响佛教的发展，由此延及佛典序跋记领域，他们为佛典题写序跋记的行为，在某种意义上是"向全国臣民下的一道积极写作佛教经论序言的无言的圣旨"①，示范性强，必然推动佛教及佛典序跋记的发展。隋唐五代佛教的兴盛、佛典序跋记的成熟与当时最高统治者的大力提倡甚至躬亲示范密不可分。

中古最高统治者为佛典题写序跋记的行为具有多重暗示。首先，暗示了中古最高统治者积极的佛教态度。在中古最高统治者所作的佛典序跋记中，有时包含着对佛教的赞誉，如唐太宗李世民的《大唐三藏圣教序》曰："微言广被，拯含类于三途；遗训遐宣，导群生于十地。"② 唐太宗李世民的佛教态度较为积极，被欧阳修批评为"中材庸主之所常为"③。当然应该辩证地审视中古佛典序跋记所折射出的最高统治者的积极佛教态度，他们有时并非真正崇奉佛教，而是旨在利用佛教，其中以武则天最具代表性。在中古参与佛典序跋记题写的最高统治者中，武则天所书写的佛典序跋记数量最多，但她的这一行为旨在利用佛教维护自身的统治地位，详论可参看下文。

其次，彰显了中古佛典序跋记的发展脉络。由前文可知，在中古时期，最高统治者参与佛典序跋记题写活动的程度及其作品量呈现出递增趋势，与佛典序跋记的发展走向相吻合。与汉末魏晋南北朝相比较，隋唐五

---

① 石建初：《中国古代序跋史论》，第226页。
② （清）董诰等编：《全唐文》卷10《太宗皇帝》，第120页上。
③ （宋）欧阳修、宋祁撰：《新唐书》卷2《太宗》，中华书局，点校本，1975，第49页。

代最高统治者参与佛典序跋记书写的程度进一步加强，此时的佛典序跋记也相应更为成熟，在艺术特色、类型与形式、价值等方面均进一步提升，在与道教典籍序跋记的对比中彰显出鲜明的特色。

要而言之，参与中古佛典序跋记题写的最高统治者，尽管数量偏少，仍然具有积极意义，一方面多维度暗示了其佛教态度，有利于把握当时佛教的发展脉络；另一方面彰显了中古佛典序跋记的发展脉络，丰富了对中古佛典序跋记的认知途径。

（二）官僚士大夫

中古佛典序跋记的题写者阶层还包括官僚士大夫，他们一方面出于自身对佛教的兴趣，另一方面也受到最高统治者相关行为的影响。但中古官僚士大夫参与佛典序跋记书写活动的情形比较复杂，在整体上呈现出阶段性差异。在汉末魏晋南北朝，官僚士大夫参与佛典序跋记书写与保存活动的程度相对薄弱，详见表2-4。

表2-4　汉末魏晋南北朝官僚士大夫佛典序跋记题写者一览表

题写者	官职	篇目
牟融	东汉末司隶校尉、大鸿胪、大司农、司空、太尉、录尚书事	《牟子理惑论序》
陆云公	宣惠武陵王平西湘东王行参军、尚书仪曹郎、著作郎、中书黄门郎	《御讲般若经序》
沮渠京声	北凉沮渠蒙逊从弟、安阳侯	《治禅病秘要法后序》
陆澄	朝代：宋　官职：尚书殿中郎、御史中丞 朝代：齐　官职：度支尚书、散骑常侍、秘书监、国子祭酒	《法论目录序》
周颙	益州刺史、中书郎	《抄成实论序》
刘虬	晋王记室	《无量义经序》
沈约	朝代：宋　官职：记室参军、尚书度支郎 朝代：齐　官职：著作郎、尚书左丞、骠骑司马将军、文惠太子萧长懋太子家令 朝代：梁　官职：建昌县侯、尚书左仆射、尚书令、领太子少傅	《佛记序》《内典序》
崔光	北魏中书博士著作郎、右光禄大夫、平恩县侯、太子太保	《十地经论序》

续表

题写者	官职		篇目
王僧孺	朝代	官职	《慧印三昧及济方等学二经序赞》
	齐	太学博士、治书侍御史、钱塘令	
	梁	南海太守、迁尚书左丞、又兼御史中丞、少府卿、尚书吏部郎、南康王长史、兰陵太守、安成王参军事、北中郎南康王谘议参军	
萧子显	朝代	官职	《御讲金字摩诃般若波罗蜜经序》
	齐	宁都县侯、给事中	
	梁	侍中、国子祭酒、吏部尚书、吴兴太守	
杨衒之	抚军府司马、秘书监、期城郡太守		《洛阳伽蓝记序》
11人，12篇			

由表2-4可知，在汉末魏晋南北朝，为佛典书写序跋记的官僚士大夫凡11人，其中多人历任数职，任职时间有时横跨不同朝代。但其所作佛典序跋记数量较少，仅有12篇，这种情形可能由佛教及佛典序跋记的发展程度、时局形势等因素所致。

降至隋唐五代，官僚士大夫参与佛典序跋记书写与保存活动的程度有所提高，在参与人数与作品数量等方面都有明显提升，详见表2-5。

表2-5　　**隋唐五代官僚士大夫佛典序跋记题写者一览表**

题写者	官职		篇目
赵绚	冀州部从事		《圆土北重墙上摩诃般若经序》
虞世南	朝代	官职	《破邪论序》
	隋朝	起居舍人	
	唐朝	秘书监、弘文馆学士	
李百药	朝代	官职	《大乘庄严经论序》
	隋朝	太子舍人、东宫学士、桂州司马职、建安郡丞	
	唐朝	中书舍人、礼部侍郎、散骑常侍	
陈子良	朝代	官职	《辩正论序》
	隋朝	杨素记室	
	唐朝	右卫率府长史	

续表

题写者	官职		篇目
李师政	东宫学士		《法门名义集序》
于志宁	银青光禄大夫、任中书侍郎、散骑常侍、太子左庶子、封黎阳县公、兼太子詹事、太子左庶子、光禄大夫之位，进封燕国公、兼太子少师、转太子太傅、太子太师		《大唐西域记叙》
刘孝孙	朝代	官职	《沙门慧净诗英华序》
	隋朝	王世充弟杞王辩行台郎中	
	唐朝	虞州录事参军、文学馆学士	
褚亮	朝代	官职	《金刚般若经注序》
	隋朝	太常博士	
	唐朝	散骑常侍	
闾丘允	台州刺史		《寒山子诗集序》
唐临	侍御史、黄门侍郎、大理卿、吏部尚书		《冥报记叙》
李怀琳	待诏文林馆		《唐护法沙门法琳别传序》
敬播	太子校书、著作佐郎、著作郎、太子司仪郎、谏议大夫、给事中		《大唐西域记序》
李俨	朝散大夫兰台侍郎		《法苑珠林序》《金刚般若经集注序》
王隐客	凤阁舍人		《集沙门不应拜俗等事序》
孟诜	凤阁舍人、台州司马、同州刺史		《释净土群疑论序》
王勃	朝散郎、虢州参军		《四分律宗记序》
卢藏用	左拾遗、黄门侍郎、昭文馆学士		《衡岳十八高僧序》
张说	太子校书、左补阙、右史、内供奉、凤阁舍人、兵部员外郎、工部侍郎、兵部侍郎、中书侍郎、弘文馆学士		《般若心经序》
贾曾	礼部员外郎、中书舍人、洋州刺史、庆州刺史、郑州及晋州刺史、光禄少卿礼部侍郎		《阿毗达磨俱舍论略释记》
孟献忠	梓州司马		《金刚般若经集验记序》
魏静	温州刺史		《禅宗永嘉集序》
李知非	中散大夫、行金州长史		《注般若波罗蜜多心经序》
崔牧	太子内率府胄承军事		《大毗卢遮那成佛神变加持经序》
徐锷	告成县主簿、洛阳令		《大宝积经述》

第二章　中古佛典序跋记的构成要素　45

续表

题写者	官职	篇目
任华	秘书省校书郎、监察御史、桂州刺史参佐等职	《随求即得大自在陀罗尼神咒经序》
梁肃	太子校书郎、右拾遗、监察御史、转右补阙、翰林学士、皇太子诸王侍读、史馆修撰	《维摩经略疏序》
景审	太常寺奉礼郎	《一切经音义序》
裴休	同中书门下平章事、中书侍郎、宣武节度使、昭义节度使、河东节度使、凤翔及荆南节度使	《断际心要序》《华严原人论序》《注华严法界观门序》《禅源诸诠集都序叙》《大方广圆觉经疏序》
段成式	秘书省校书郎、尚书郎、吉州刺史、太常少卿、江州刺史	《金刚经鸠异序》
乔匡舜	秘书省正字、历大理评事、屯田员外郎、驾部员外郎、祠部郎中、中书舍人、水部员外郎、司农少卿、殿中监、刑部侍郎等职	《新得贞元录大小乘经等序》
30人，35篇		

注：鉴于中古佛典序跋作者身份的多重性，对同一人物考察角度不同，其身份归属亦相应不同，表2-4和表2-5均从中古佛典序跋作者官方身份的角度，将之归属为官僚士大夫阶层。其实如沈约、虞世南、段成式等人亦具有文人学士的身份。

　　由表2-5可知，在隋唐五代，为佛典题写序跋记的官僚士大夫多达30人，任职情况比较复杂，有的历任数职并且横跨多个朝代；共创作了35篇作品。与汉末魏晋南北朝相比较，隋唐五代官僚士大夫参与佛典序跋记书写与保存的程度显著提升，彰显出此时佛典序跋记的成熟。

　　中古佛典序跋记的题写者阶层在延伸至官僚士大夫的过程中具有渐进性。在汉末未有官僚士大夫的参与，至魏晋南北朝始有参与者。整体而言，在中古时期，为佛典书写序跋记者凡41人，所占中古佛典序跋记题写者总量的比重较小，所形成的47篇作品在中古佛典序跋记中也占比较小。然而不能因此忽视二者的作用。官僚士大夫为中古佛典序跋记题写者阶层注入了新的活力，丰富了其构成成分；他们的相关作品为中古佛典序跋记注入了新鲜血液，使其风格呈现出多样化。与中古最高统治者相比较，官僚士大夫参与中古佛典序跋记的程度相对较高，在参与者及作品数量上均相对丰富，彰显出该时期内佛典序跋记的成熟状态。与僧众相比较，官僚士大夫的人文素养更高，他们所作的佛典序跋记也相应地具有较高的人文风格,从而丰富了中古佛典序跋记的风格。

(三) 其他社会阶层

中古佛典序跋记题写者阶层的延伸呈现出多向度,不仅向上延伸至最高统治者及官僚士大夫,而且进行平面性延伸,涉及多个社会阶层,如居士。在中古时期,不乏居士为佛典书写序跋记,尽管数量偏少,他们仍然作为一个题写群体而存在,《阴持入经注序》的题写者陈慧为"晋代居士",《成唯识论后序》的题写者沈玄明与《善慧大士录序》的题写者楼颖均为"唐代居士"。再如,文人学者,以费长房、志宁等最具代表性,他们均为知名的文人学者。最后如隐士,以谢敷为代表,他是东晋的隐士。

中古佛典序跋记题写者阶层的拓展是内外因素共同促成的结果,也是其自身发展的必然产物。首先,与中古佛教的发展程度有关。众所周知,佛教在中古时期趋于繁盛,其影响力不断提升,在客观上为当时各个社会阶层接触佛教提供了更多机会,为他们佛学素养的提高提供了诸多便利,也奠定了他们题写佛典序跋记的基础,佛典序跋记的题写者阶层得以拓展。

其次,与中古佛典序跋记自身有关。佛典序跋记在中古时期整体上步入成熟期,其数量相对丰富、书写笔法明显提高、文体形态多样、艺术特色鲜明、价值日益多元化、类型与形式发生新变,为更多社会阶层所关注,其题写者阶层不断扩展。

最后,受中古最高统治者参与佛典序跋记题写活动的影响。在中古时期,最高统治者有时借助佛教以维护自身的统治,他们多参与佛典序跋记的题写,此举具有很强的号召力,常为其下属所效仿,佛典序跋记的题写阶层得以不断扩展。

中古佛典序跋记题写者主体及其题写者阶层的变化具有积极意义。一方面奠定了佛典序跋记题写者构成要素的基础。中古佛典序跋记的题写者群体几乎囊括了当时的各个社会阶层,为中古之后佛典序跋记题写群体的形成奠定了基础,也基本上涵盖了后之佛典序跋记题写群体的范围,在佛典序跋记的发展过程中具有重要价值。另一方面具有多重暗示,首先暗示了中古佛教及佛典序跋记的发展脉络,其次对当时最高统治者的佛教态度也有一定暗示。最后对其自身具有重要意义,如题写者阶层的扩展意味着参与者的丰富,有利于中古佛典序跋记风格的多样化,为其注入了更多新鲜血液,彰显出其在发展过程中的自我完善,为其良性发展奠定了人为基础。

三　中古佛典序跋记的题写者心态

中古佛典序跋记的题写者心态，是指中古佛典序跋记的题写群体在题写佛典序跋记时的心理状态，即他们为佛典书写序跋记的行为是主动的还是被动的，这暗示了其心理形成机制，二者在中古佛典序跋记发展过程中所扮演的角色不同。

其一，主观自愿，即某些中古佛典序跋记的题写者为佛典题写序跋记的行为是自发的，他们通过参与或组织佛典翻译与佛教讲经活动，或为佛典所感染，或仰慕佛门人物，进而题写序跋记，如释僧叡参与了鸠摩罗什法师对《妙法莲华经》的翻译与整理活动，为该佛典所感染，认为它是"诸佛之秘藏，众经之实体"①。其他诸如支遁的《大小品对比要抄序》、释彦琮的《合部金光明经序》、释行矩的《药师如来本愿功德经序》等。尽管复杂，他们在为佛典题写序跋记时，却呈现出自发的心态，并非迫于外界因素的驱使，而是自愿为之。在此心态指导下所形成的佛典序跋记在中古佛典序跋记中占有一定地位。

其二，非主观自愿，即某些中古佛典序跋记的形成并非遵循一种自发机制，而是受外在因素的影响。第一，受人约请。《大智论抄序》是鸠摩罗什法师在翻译与整理《大智度论》后，由后秦文桓帝姚兴邀请慧远法师为该佛典所作的序文，《高僧传》对此有记载："释论新出，兴送论并遗书曰：'《大智论》新译讫，此既龙树所作，又是方等旨归，宜为一序，以申作者之意。然此诸道士，咸相推谢，无敢动手，法师可为作序，以贻后之学者。'"② 后秦文桓帝姚兴致信慧远法师，恳请他为鸠摩罗什所译的《大智度论》题写序文，说明当时存在约请他人为佛典题写序跋记的现象，其中的深层意义值得关注。释彦琮为《大慈恩寺三藏法师传》所作的序文也是出于他人的约请，详见该佛典序文的相关记载。此外，玄奘法师曾多次奏请唐太宗李世民为他所翻译及整理的佛典写作序文，他于646年上奏曰："今经、论初译，圣为代新文，敢缘前义，亦望曲垂神翰，题制一序，赞扬宗极。"③ 在玄奘法师的多次约请下，唐太宗李世民最后欣然应允，为之题写了《大唐三藏圣教序》。玄奘法师对唐太宗李世民所作的《大唐三藏圣教序》极为珍视，《大慈恩寺三藏法师传》对此有所记

---

① （梁）僧祐撰，苏晋仁、萧鍊子点校：《出三藏记集》卷8，中华书局，1995，第306页。
② （梁）释慧皎撰，汤用彤校注，汤一玄整理：《高僧传》卷6，第218页。
③ （唐）慧立、彦悰著，孙毓棠、谢方点校：《大慈恩寺三藏法师传》卷6，中华书局，1983，第133页。

载，可参看。第二，上层统治者的命令。某些中古佛典序跋记是迫于上层统治者的命令而被题写的，李百药的《大乘庄严经论序》即属于此类型。该佛典序文对此有所明示："敕太子右庶子安平男李百药序之云尔。"①"敕"多指帝王的诏书，带有命令的意味，说明该序是李百药奉旨而作。释窥基的《唐梵翻对字音般若波罗蜜多心经序》也是奉召而写，详见该佛典序文的相关记载。此类中古佛典序跋记多在外界因素的影响下而被题写，并非其题写者的自发行为，其题写者也往往带有一定目的，希望借此实现自身意图，其中以武则天为代表，下文就此有详细论述。此类佛典序跋记在中古佛典序跋记中所占比重偏低，这可能与中土人的心态有关，毕竟约请他人题写序跋记的行为，与中土人谦虚内敛保守的性格相悖。

题写者心态从心理视角阐释了中古佛典序跋记的形成方式，是对它的形成方式所做的深层次的心理分析。主观自愿与非主观自愿在中古佛典序跋记题写者心态中的地位有所差异，前者占据主要地位，后者处于次要地位。序跋记的题写多是其题写者的一种自发行为，受外界因素的影响相对较少，在中古序跋记的各个阶段大多如此，如魏晋南北朝志怪小说序、隋唐诗文序及传奇序。此情形也延及中古佛典序跋记，主观自愿亦是其题写者的主流心态，自发题写相应地成为其题写者的主流行为。

题写者主体、题写者阶层及题写者心态是中古佛典序跋记的重要构成要素，它们在中古佛典序跋记发展过程中所扮演的角色不同。僧众为中古佛典序跋记的主要题写者主体，但经历了由域外僧人到域内僧人的转变，后者逐渐占据主体地位，前者的主体地位相应被削弱。中古佛典序跋记的题写者阶层呈现出扩大趋势，在僧众为主体的前提下，逐步延及最高统治者、官僚士大夫、居士、文人学者与隐士等社会阶层。中古佛典序跋记题写者主体及题写者阶层的变化与佛教的发展程度、佛典序跋记自身的属性、最高统治者的身体力行等因素密切相关，同时这些变化又产生了一定的积极意义。中古佛典序跋记的题写者心态包括主观自愿与非主观自愿，前者是一种自发行为，后者多受外界因素的影响。中古佛典序跋记以自愿题写为主。

第二节　中古佛典序跋记的题写形式

中古佛典序跋记的题写形式，也即其生成方式，根据中古佛典的

---

① （清）董诰等编：《全唐文》卷142《李百药》，第1443页下。

编纂者、翻译者及整理者与其序跋记题写者的离合关系，主要包括三种类型：严格自序、宽泛自序、他序，三者呈现出双重性差异，一方面在中古不同历史阶段中彼此消长，另一方面在中古同一历史阶段内的地位亦有所差异。中古佛典序跋记题写形式的双重性差异与我国佛教的发展程度、序跋记尤其是佛典序跋记的发展状态、中土人的心理等因素密切相关。

一 中古严格自序佛典序跋记

严格自序，即序跋记的题写者与其书写对象的作者同属一人。在中古时期，存在大量严格自序的佛典序跋记，分布广泛并具有一定差异性，详见表2-6与表2-7。

表2-6　　汉末魏晋南北朝严格自序佛典序跋记一览表

题写者	篇目
牟融	《牟子理惑论序》
释慧观	《法华宗要序》
释法藏	《大乘法界无差别论疏序》
陆澄	《法论目录序》
释僧祐（12篇）	《弘明集序》 《释迦谱自序》 《弘明集后序》 《出三藏记集序》 《世界记目录序》 《十诵律义记目录序》 《法集杂记铭目录序》 《出三藏记集名录序》 《新集续撰失译杂经录序》 《萨婆多部师资记目录序》 《法苑杂缘原始集目录序》 《齐竟陵王世子抚军巴陵王法集序》
释宝唱（4篇）	《名僧传序》 《经律异相序》 《比丘尼传序》 《名僧传后序》
杨衒之	《洛阳伽蓝记序》
释慧皎	《高僧传序》
萧绎	《内典碑铭集林序》
9人，23篇	

表 2-7　　隋唐五代严格自序佛典序跋记一览表

题写者	篇目
释智𫖮（4篇）	《观心论序》 《法界次第初门总序》 《修习止观坐禅法要序》 《梵网经菩萨心地品戒疏序》
费长房	《开皇三宝录总目录序》
释法经	《众经目录序》
虞世南	《破邪论序》
释灌顶（2篇）	《国清百录序》 《法华私记缘起》
释法琳	《辩正论序》
李师政	《法门名义集序》
释道宣（30篇）	《续高僧传序》 《释迦方志序》 《释迦氏谱序》 《广弘明集序》 《释迦方志后记》 《释门章服仪序》 《大唐内典录序》 《释迦氏谱后序》 《量处轻重仪本序》 《续大唐内典录序》 《大唐内典录后记》 《广弘明集归正篇序》 《广弘明集辨惑篇序》 《广弘明集佛德篇序》 《广弘明集法义篇序》 《广弘明集慈济篇序》 《广弘明集诫功篇序》 《广弘明集启福篇序》 《四分律比丘尼钞序》 《广弘明集统归篇序》 《集古今佛道论衡序》 《新删定四分僧戒本序》 《关中创立戒坛图经序》 《四分律比丘含注戒本序》 《统略净住子净行法门序》 《四分律含注戒本疏后记》 《四分律删繁补阙行事钞序》 《教戒新学比丘行护律仪序》 《四分律删繁补阙行事钞后记》 《昙无德部四分律删补随机羯磨序》

续表

题写者	篇目
唐临	《冥报记叙》
释迦才	《净土论序》
释善道	《念佛镜序》
释静泰	《大唐东京大敬爱寺一切经论目序》
释玄则（2篇）	《禅林妙记前集序》 《禅林妙记后集序》
释怀素（2篇）	《僧羯磨序》 《尼羯磨序》
释窥基（3篇）	《阿弥陀经通赞疏序》 《说无垢称经疏后记》 《唐梵翻对字音般若波罗蜜多心经序》
释彦悰（2篇）	《通极论序》 《大慈恩寺三藏法师传序》
释道世（2篇）	《诸经要集序》 《毗尼讨要序》
释道液	《净名经集解关中疏序》
释义净（3篇）	《梵语千字文序》 《南海寄归内法传序》 《大唐西域求法高僧传序》
释法藏（6篇）	《华严经旨归序》 《大乘起信论疏序》 《华严经义海百门序》 《般若波罗蜜多心经略疏序》 《修华严奥旨妄尽还源观序》 《般若波罗蜜多心经略疏后记》
释慧沼	《因明入正理论义断引》
实叉难陀	《华严经骨目序》
释志鸿	《搜玄录解四分律删繁补阙行事钞录自序》
释智昇	《开元释教录序》
释慧苑	《新译大方广佛华严经音义序》
贾曾	《阿毗达磨俱舍论略释记》
孟献忠	《金刚般若经集验记序》
飞锡	《念佛三昧宝王论序》

续表

题写者	篇目
释湛然	《维摩经略疏序》
楼颖	《善慧大士录序》
释法照	《净土五会念佛略法事仪赞序》
释昙旷	《大乘百法明门论开宗义决序》
释明旷	《天台菩萨戒经疏删补叙》
释澄观（4篇）	《华严法界元镜序》 《大方广佛华严经疏序》 《贞元新译华严经疏序》 《大方广佛华严经随疏演义序》
志宁	《大方广佛华严经合论序》
释宗密（6篇）	《原人论序》 《盂兰盆经疏序》 《圆觉经疏科文序》 《大方广圆觉经大疏序》 《大方广圆觉经略疏序》 《金刚般若经疏论纂要序》
裴休	《断际心要序》
段成式	《金刚经鸠异序》
释传奥	《梵网经记序》
释怀信	《释门自镜录序》
释提婆	《注般若波罗蜜多心经序》
终南山僧	《众经音义序》
释文益	《宗门十规论自序》

43人，97篇

注：鉴于中古严格自序、中古宽泛自序与中古他序佛典序跋记的题写者存在一定的交叉，也即同一作者的多篇作品分属不同的题写形式，本书采取分开计量的方式，同一题写者可能在不同题写形式的佛典序跋记中重复出现，因此三者之和多于中古佛典序跋记题写者的总量。

由表2-6和表2-7可知，中古严格自序佛典序跋记的题写者共52人，凡120篇，约为可知题写形式的中古佛典序跋记总量的35%①，在该时期的佛典序跋记中占据一定地位，严格自序由此成为中古佛典序跋记的

---

① 据许明所编著的《中国佛教经论序跋记集·东汉魏晋南北朝隋唐五代卷目录》可知，题写于中古时期的佛典序跋记凡395篇，鉴于47篇的题写者信息不详，无法判断它们的题写形式，因此有348篇中古佛典序跋记可判断题写形式。

主要题写方式。

尽管严格自序成为中古佛典序跋记的主要题写形式，然而它在中古不同时期的地位并非一成不变，其中汉末魏晋南北朝有23篇，不足当时佛典序跋记总数的13%，所占比重偏低，在中古佛典序跋记中的地位相对较低。降至隋唐五代，严格自序的佛典序跋记凡97篇，约占当时佛典序跋记总量的45%，其地位明显上升。严格自序的佛典序跋记，之所以在中古呈现出阶段性差异可能与佛教的发展程度有关。在汉末魏晋南北朝，佛教处于积累阶段，其发展程度远远弱于隋唐五代，此时期内主要的佛事活动是佛典的翻译及整理，而不是佛典的编纂。再者，中土僧众在初期的佛典相关活动中处于辅助地位，他们尚无法独立从事佛事活动，更无从开展佛典的编纂。佛典编纂的偏少严重制约着其序跋记的题写，严格自序佛典序跋记也相应偏少。降至隋唐五代，这一现象有所改观，经过前期的积淀，佛教在此时期内进一步发展，尽管佛典的翻译与整理占据一定地位，中土僧人独立编纂的佛典数量有所上升，如释智昇的《开元释教录》、释道宣的《大唐内典录》与《广弘明集》等，这就为隋唐五代严格自序佛典序跋记提供了丰富的题写对象，促使其数量不断增加。

二 中古宽泛自序佛典序跋记

以宽泛视域观之，序跋记的题写者与其书写对象具有多种间接关联，或参与了其翻译与整理活动，或予以注疏题解等，因此题写者凡参与了与题写对象有关的某一项活动，它们之间便建立起相对多样的关联。对于中古佛典序跋记而言，其情况更为复杂，主要体现在以下四个方面。第一，中古佛典序跋记的题写者一般都参与了某一部佛典的翻译与整理活动，此情形极为普遍，释道安的《僧伽罗刹经序》说明了他参与了翻译与整理的相关情况，"余与法和对检定之"[1]；释昙宁的《深密解脱经序》也说明了他参与《深密解脱经》的翻译与整理活动，详见该佛典序文的相关记载。释僧肇与释僧叡参与了鸠摩罗什法师所组织的佛典翻译与整理活动，他们所作的《长阿含经序》《百论序》《大品经序》《妙法莲华经后序》都属于此类型。第二，中古佛典序跋记的题写者参与了某一部佛典的讲习活动，陆云公《御讲般若经序》就此有所记载："小臣预在讲筵，职参史载，谋录时事。"[2] 由此可知，陆云公参与了梁武帝萧衍所组织的《般若经》宣讲活动。萧子显的《御讲金

---

[1]（梁）僧祐撰，苏晋仁、萧鍊子点校：《出三藏记集》卷10，第374页。
[2]（清）严可均辑：《全上古三代秦汉六朝文·全梁文》卷53，第420页上。

字摩诃般若波罗蜜经序》也属于此类型。第三，中古佛典序跋记的题写者参与了某一部佛典的注疏活动，释道安的《安般注序》记载："安窃不自量。敢因前人，为解其下。"[①] 由此可知，释道安注解了《安般守意经》。释道安还注解了《大十二门经》，其《大十二门经序》对此有所记载。第四，中古佛典序跋记的题写者参与了某一部佛典的纂集活动，支敏度的《合首楞严经记》及《合维摩诘经序》、释彦琮的《合部金光明经序》等均属于此种类型。总而言之，中古佛典序跋记的题写者与某些佛典具有多重关联，宽泛自序佛典序跋记在中古时期广泛存在，详见表2-8与表2-9。

表2-8　　　汉末魏晋南北朝宽泛自序佛典序跋记一览表

题写者	篇目
严佛调	《沙弥十慧章句序》
康孟祥	《佛说兴起行经序》
竺法护	《渐备经后记》
竺法首	《佛说圣法印经题记》
赵文龙	《贤劫经题记》
支敏度（2篇）	《合首楞严经记》 《合维摩诘经序》
康法邃	《譬喻经序》
支遁	《大小品对比要抄序》
释道安（12篇）	《安般注序》 《道地经序》 《十二门经序》 《增一阿含经序》 《四阿含暮抄序》 《大十二门经序》 《十法句义经序》 《了本生死经序》 《阿毗昙八犍度论序》 《僧伽罗刹所集经序》 《合放光光赞略解序》 《摩诃钵罗若波罗蜜经抄序》

---

① （梁）僧祐撰，苏晋仁、萧錬子点校：《出三藏记集》卷6，第245页。

续表

题写者	篇目
释慧远（3篇）	《阿毗昙心序》 《大智论抄序》 《庐山出修行方便禅经统序》
释僧卫	《十住经含注序》
竺昙无兰（3篇）	《千佛名号序》 《三十七品经序》 《大比丘二百六十戒三部合异序》
释僧叡（11篇）	《中论序》 《出曜经序》 《大品经序》 《小品经序》 《思益经序》 《十二门论序》 《自在王经后序》 《关中出禅经序》 《妙法莲华经后序》 《毗摩罗诘提经义疏序》 《摩诃般若波罗蜜经释论序》
释道慈（2篇）	《胜鬘经序》 《中阿含经序》
姚兴	《释摩诃衍论序》
释慧观	《胜鬘经序》
释道标	《舍利弗阿毗昙论序》
释法业	《大方广佛华严经后记》
释僧肇（4篇）	《百论序》 《梵网经序》 《长阿含经序》 《注维摩诘经序》
释道挺	《毗婆沙序》
释僧馥	《菩提经注序》
沮渠京声	《治禅病秘要法后序》
释焦镜	《后出杂心序》
释弘充	《新出首楞严经序》
周颙	《抄成实论序》
刘虬	《无量义经序》

续表

题写者	篇目
释智昕	《胜天王般若波罗蜜经序》
释道朗	《大般涅槃经序》
萧子显	《御讲金字摩诃般若波罗蜜经序》
释昙宁	《深密解脱经序》
释真谛	《大乘唯识论序》
释昙林（10篇）	《回诤论译记》 《业成就论译记》 《正法念处经叙》 《毗耶娑问经译记》 《奋迅王问经翻译记》 《转法轮经忧波提舍译记》 《三具足经忧波提舍译记》 《不必定入定入印经译记》 《圣善住意天子所问经译记》 《宝髻经四法优波提舍译记》
释慧恺（3篇）	《摄大乘论序》 《大乘起信论序》 《阿毗达磨俱舍释论序》
释法虔	《金刚般若波罗蜜经后记》
34人，75篇	

表2-9　隋唐五代宽泛自序佛典序跋记一览表

题写者	篇目
刘凭	《内外旁通比校数法序》
释彦琮	《合部金光明经序》
释宝贵	《新合部金光明经序》
释法琳（2篇）	《宝星经序》 《般若灯论序》
释慧赜	《般若灯论释序》
释道宣	《中天竺舍卫国祇洹寺图经序》
释明濬	《因明入正理论后序》
释靖迈（2篇）	《菩萨戒羯磨序》 《法蕴足论后序》
李怀琳	《唐护法沙门法琳别传序》

续表

题写者	篇目
释元楷	《佛说陀罗尼集经翻译序》
释彦悰	《佛顶最胜陀罗尼经序》
释志静	《佛顶尊胜陀罗尼经序》
实叉难陀	《大乘入楞伽经序》
释波仑	《不空羂索陀罗尼经序》
释不空（3篇）	《译大圣文殊师利菩萨赞佛法身礼序》 《略述金刚顶瑜伽分别圣位修证法门序》 《大乘瑜伽金刚性海曼殊室利千臂千钵大教王经序》
释义云	《文殊八字仪轨题记》
16人，20篇	

由表2-8和表2-9可知，在中古时期，宽泛自序佛典序跋记的题写者共50人，凡95篇，占可知题写形式中古佛典序跋记总量的27%稍强，与严格自序的佛典序跋记相比较，则略显薄弱。在中古宽泛自序佛典序跋记中，尽管其题写者与其书写对象的关系相对多样，其数量却未能相应地增加，此由其自身属性所致。从严格意义上而论，宽泛自序介于严格自序与他序之间，是严格自序向他序的过渡，对它的界定存在一定难度。宽泛自序的模糊形态，在客观上造成了中古宽泛自序佛典序跋记偏少。此外，由于严格自序与他序是中古佛典序跋记的主要题写形式，这就导致二者中间形态的狭窄。

尽管宽泛自序佛典序跋记在中古时期整体上偏弱，却具有鲜明的阶段性。在汉末魏晋南北朝，宽泛自序佛典序跋记有75篇，占此阶段佛典序跋记总量的42%，是其主要生成方式。在隋唐五代，宽泛自序佛典序跋记仅有20篇，约为此时期内佛典序跋记总量的10%。宽泛自序佛典序跋记之所以在中古时期呈现出阶段性差异，一方面与佛教的发展程度有关。在汉末魏晋南北朝，佛典的翻译乃佛事活动的关注焦点，此时佛典序跋记的题写者大多参与了相关佛典的翻译、整理、讲习、纂集、注疏等活动，并与之建立了某种关联，与之相应的佛典序跋记大量被题写。降至隋唐五代，随着佛典翻译及整理活动的减少，佛典序跋记的题写者参与佛典相关活动的机会及建立间接关联的途径也随之减少。另外，在隋唐五代，佛典的编纂、注疏活动日益活跃，佛典序跋记的题写者与佛典的编纂者或注疏者同为一人的情况增多。因此二者的间接关联相应地减少，宽泛自序的佛典序跋记随之减少。另一方面由中古佛典序跋记的发展状态所致。宽泛自序属于严格自序与他序的中间状态，随着严格自序与他序的发展，它必然减少乃至消失，此乃中古佛典序跋记题写形式发展过程中的必然。汉末魏晋南北朝至隋唐五代的数百年间，佛典序跋记在整体上趋于成熟，其自身精度亦逐渐提升，属性更加明确，严格自序与他序中间状态逐渐收窄，宽泛自序佛典序跋记随之减少。

由上述可知，中古严格自序与宽泛自序的佛典序跋记，凡215篇，占该时期题写形式已知的佛典序跋记总量的62%，占所有中古时期佛典序跋记的54%，成为其生成形式的主流。总而言之，在中古时期，严格自序与宽泛自序佛典序跋记呈现出双重性差异。在时间上，严格自序与宽泛自序在中古不同历史阶段的佛典序跋记中彼此消长；在地位上，严格自序与宽泛自序佛典序跋记在中古同一历史阶段的地位有所差异。

三　中古他序佛典序跋记

他序佛典序跋记是指佛典的整理者、翻译者及编纂者与之序跋记的题写者相分离，后者与其书写对象的相关活动毫无关联，他们分属不同之人。在中古存在大量他序佛典序跋记，并且具有时代差异性，详见表2-10与表2-11。

表2-10　　　　汉末魏晋南北朝他序佛典序跋记一览表

题写者	篇目
支谦	《合微密持经记》
康僧会（2篇）	《法镜经序》 《佛说大安般守意经序》
陆云公	《御讲般若经序》
释道安（6篇）	《鞞婆沙序》 《阴持入经序》 《比丘大戒序》 《人本欲生经序》 《道行般若经序》 《戒因缘经鼻奈耶序》
释慧远	《三法度经序》
谢敷	《安般守意经序》
林法师	《佛说称扬诸佛功德经后记》
释慧观	《修行地不净观经序》

续表

题写者	篇目
竺佛念（2篇）	《四分律序》 《王子法益坏目因缘经序》
陈慧	阴持入经注序
沈约（2篇）	《佛记序》 《内典序》
释僧祐（7篇）	《杂录序》 《贤愚经记》 《略成实论记》 《法集总目录序》 《菩萨善戒菩萨地持二经记》 《大集虚空藏无尽意三经记》 《齐太宰竟陵文宣王法集录序》
崔光	《十地经论序》
优波扇多	《阿毗昙心论经序》
王僧孺	《慧印三昧及济方等学二经序赞》
萧衍（2篇）	《注解大品序》 《大般涅槃经经义疏序》
释昙林	《菩提达磨大师略辨大乘入道四行观序》
萧纲	《庄严旻法师成实论义疏序》
释僧昉	《解脱戒经译经缘起》
释僧果	《高僧传跋》
释昙影	《中论序》
释慧达	《肇论序》

22人，37篇

表2-11　　　　　　隋唐五代他序佛典序跋记一览表

题写者	篇目
释智顗	《佛说观无量寿佛经疏序》
释吉藏（2篇）	《无量寿经序》 《金刚般若经序》
赵绚	《圆土北重墙上摩诃般若经序》
释行矩	《药师如来本愿功德经序》
释真观	《因缘无性后论序》

续表

题写者	篇目
释灌顶	《禅波罗蜜序》
李百药	《大乘庄严经论序》
释法琳	《法华三昧行事运想补助仪序》
陈子良	《辩正论序》
释道基	《摄大乘论释序》
释慧净	《温室经疏序》
于志宁	《大唐西域记序》
刘孝孙	《沙门慧净诗英华序》
褚亮	《金刚般若经注序》
释道宣（3篇）	《妙法莲华经弘传序》 《狮子庄严王菩萨请问经序》 《离垢慧菩萨所问礼佛法经序》
闾邱允	《寒山子诗集序》
李世民	《大唐三藏圣教序》
敬播	《大唐西域记序》
释圆测	《造塔功德经序》
释神昉	《大乘大集地藏十轮经序》
释玄则（16篇）	《大般若经初会序》 《大般若经第二会序》 《大般若经第三会序》 《大般若经第四会序》 《大般若经第五会序》 《大般若经第六会序》 《大般若经第八会那伽室利分序》 《大般若经第九会能断金刚分序》 《大般若经第十会般若理趣分序》 《大般若经第十一会施波罗蜜多分序》 《大般若经第十二会戒波罗蜜多分序》 《大般若经第十三会忍波罗蜜多分序》 《大般若经第十四会勤波罗蜜多分序》 《大般若经第十五会静虑波罗蜜多分序》 《大般若经第十六会般若波罗蜜多分序》 《大般若波罗蜜多经第七会曼殊室利分序》
武则天（3篇）	《大周新翻三藏圣教序》 《新译大乘入楞伽经序》 《大周新译大方广佛华严经序》

续表

题写者	篇目
释怀素	《四分戒本序》
李治	《圣记三藏经序》
李俨（2篇）	《法苑珠林序》 《金刚般若经集注序》
释窥基	《观弥勒菩萨上兜率天经题序》
王隐客	《集沙门不应拜俗等事序》
沈玄明	《成唯识论后序》
孟诜	《释净土群疑论序》
释慧能	《金刚般若波罗蜜经序》
释复礼（2篇）	《十门辩惑论序》 《新译大乘起信论序》
王勃	《四分律宗记序》
释明佺	《大周刊定众经目录序》
释波仑	《千眼千臂观世音菩萨陀罗尼神咒经序》
卢藏用	《衡岳十八高僧序》
张说	《般若心经序》
释道氤	《御注金刚般若波罗蜜经宣演叙》
释慧忠	《般若波罗蜜多心经序》
李隆基	《大宝积经序》
魏静	《禅宗永嘉集序》
李知非	《注般若波罗蜜多心经序》
崔牧	《大毗卢遮那成佛神变加持经序》
释温古	《毗卢遮那成佛神变加持经义释序》
徐锷	《大宝积经述》
释道仪	《维摩罗诘经文疏写后记》
任华	《随求即得大自在陀罗尼神咒经序》
释圆照（2篇）	《大方广佛华严经后记》 《大唐贞元新译十地等经记》
释神迥	《天台法华疏序》
释普门（2篇）	《止观辅行传弘决序》 《法华玄义释签缘起序》

续表

题写者	篇目
释慧灵	《新译仁王般若经陀罗尼念诵轨仪序》
李豫（2篇）	《大唐新翻密严经序》 《大唐新翻护国仁王般若经序》
释藏诸	《法华玄赞决择记序》
释照明	《华严经决疑论序》
释澄漪	《大乘起信论略述序》
释澄观	《终南山四分律钞搜玄录序》
李适	《大乘理趣六波罗蜜多经序》
梁肃	《维摩经略疏序》
释道诜	《往生西方净土瑞应删传序》
释景审	《一切经音义序》
释行满	《观无量寿经记后记》
释宗密	《劝发菩提心文序》
裴休（4篇）	《华严原人论序》 《注华严法界观门序》 《禅源诸诠集都序叙》 《大方广圆觉经疏序》
顾齐之	《新收一切藏经音义序》
释了悟	《洞山五位显诀并先曹山拣出语要序》
乔匡舜	《新得贞元录大小乘经等序》
文偓	《祖堂集序》
钱俶	《宗镜录序》
67人，95篇	

由表2-10和表2-11可知，中古他序佛典序跋记的题写者共89人，凡132篇，约占可知题写形式的中古佛典序跋记总量的38%，与严格自序以及宽泛自序相比较，则略显薄弱，此现象值得探究。纵观我国序跋记的发展趋势可知，自序贯穿于序跋记的各个发展阶段，有时甚至占据重要地位。他序则相对薄弱，从现有文献资料可知，现存最早的他序序文萌芽于孔子的《诗论》，然而他序的题写形式在序文的发展过程中并未得到继承，在中古的发展相对缓慢，数量相应偏少，中古佛典序跋记亦然。同时

这一情况可能与中土人的心理有关,因为他序需要邀请他人为相关典籍题写序跋记,在受邀者看来,此行为有炫耀之嫌,恐为他人所讥讽,故极力规避之,此情形也发生在中古佛典序跋记领域。

在中古时期,他序佛典序跋记也呈现出双重性变化,一方面在中古不同历史阶段中的地位有所差异,在汉末魏晋南北朝与隋唐五代分别有37篇与95篇,在数量上呈现出上升趋势,与我国序跋记的总体趋势相一致。他序在我国序跋记发展的过程中日益增强,这在隋唐五代以后尤为突出,如今人的著作中多含有他人所题写的序文,题写者与著作的作者往往存在一定关系,或为师生关系,或为上下级关系等。另一方面,严格自序、宽泛自序、他序佛典序跋记在中古同一历史阶段中的地位也有所不同。

中古佛典序跋记的题写形式不仅复杂而且呈现出双重性差异,这种差异性往往与我国佛教的发展程度、序跋记尤其是佛典序跋记的发展状态、中土人的心理等因素密切相关。中古佛典序跋记的题写形式既体现了序跋记的属性,又具有自身特色,在严格自序与他序之间存在宽泛自序,此乃二者的过渡形态,这是它的特殊性所在。中古佛典序跋记的题写形式具有承上启下性,上承东汉,下启宋元明清,为之确立了题写形式的范式,具有重要的奠基意义。

第三节 中古佛典序跋记的题写与保存环境

中古佛典序跋记的题写与保存环境主要包括两个层面。一是时代背景,经历了由汉末魏晋南北朝的动荡到隋唐社会环境的安定,再到五代十国的战乱,也即历经由乱到治,再到乱的多次转变,各个阶段表现形态不同。二是具体处境,也即中古佛典序跋记的具体题写与保存境况。二者既存在一定交叉,又有所差异,因此中古佛典序跋记的题写与保存环境相对复杂。

一 中古佛典序跋记题写与保存的时代背景

中古的社会环境存在时代差异,很难概括其总的社会特征。汉末魏晋南北朝起自196年,终至589年,其间经历了30余个王朝的交替,社会动荡不安与政权频繁更迭的程度可想而知。三国时期有魏蜀吴三个政权,形成三足鼎立之势,其中曹魏始于220年,于265年为司马氏所取代;蜀汉始于221年,于263年为曹魏所灭;东吴始于222年,于280年为西晋所灭。在政权存续期间,三者相互征讨,战事频繁,在221年至222年蜀吴爆发了著名的夷陵之战，陈寿的《三国志》记载："闰月，孙权破刘备于夷陵。初，帝闻备兵东下，与权交战。"① 224 年有广陵之战，234 年至 237 年有吴平山越之战等，不胜枚举。西晋始于 265 年，终于 317 年，在此期间爆发了著名的"八王之乱"，还发生了著名的"五胡乱华"，著名史学家吕思勉认为该事件"起于晋惠帝永兴元年刘渊之自立"②。东晋始于 317 年，止于 420 年。南朝始于 420 年，止于 589 年，在此短暂的 169 年里，其中梁朝最为短暂，仅存 24 年，朝代的每次更迭大多通过武力实现。北朝始于 389 年，止于 581 年，在近 200 年的时间里，先后经历了北魏、东魏、西魏、北齐、北周，其中东魏、西魏、北齐、北周都是短暂的王朝，分别只有 17 年、24 年、28 年、25 年，政权的频繁更迭程度不言而喻。

要而言之，汉末魏晋南北朝可谓我国历史上最为动乱的时期，伴随着政权的频繁更迭，社会陷入严重的动荡。汉末魏晋南北朝佛典序跋记产生于上述社会环境中，其题写与保存环境极为恶劣，动荡与不安成为其书写与保存环境的真实写照。

降至隋唐，随着政局的日趋稳定，社会趋向安定，经济日趋发展，国力日益增强，尽管其间爆发了"安史之乱"，然而较之汉末魏晋南北朝，该时期的社会环境整体上趋于安定，这就为时之佛典序跋记的题写与保存提供了有利环境，主要表现在以下三个方面。第一，有利的经济环境，唐初的统治者推行有利的经济发展政策、革除之前的弊政，出现了"贞观之治"与"开元盛世"的局面。经济的繁荣为隋唐佛典序跋记的书写与保存活动提供了强大的物质支撑，隋唐佛典序跋记多题写于物质充裕的社会环境中。第二，有利的文化环境，唐代推行科举考试制度，激发了时人学习的热情，提高了时人的文化素质，有助于他们对佛典的认识与诵读，为佛事活动尤其是佛典序跋记的书写与保存奠定了重要的文化基础。第三，有利的政治环境，唐太宗李世民、武则天、唐高宗李治、唐中宗李显、唐睿宗李旦等唐代君主多尊奉佛教，不乏亲自为佛典题写序跋记者，前文就此有详论，唐代的政治环境有利于佛典序跋记的题写与保存。

唐代灭亡之后，我国处于战乱状态，政权更迭极为频繁，在历史上被称为五代十国。从 907 年唐灭亡，至 960 年北宋建立，在此短短的 50 余

---

① （晋）陈寿撰，（宋）裴松之注：《三国志》卷 2《文帝纪》，中华书局，点校本，1959，第 80 页。

② 吕思勉：《两晋南北朝史》，上海古籍出版社，2005，第 1 页。

年间，中原地区先后存在五个政权：后梁、后唐、后晋、后汉和后周；在中原地区之外，还存在十个政权：前蜀、后蜀、南吴（杨吴）、南唐、吴越、闽国、南楚（马楚）、南汉、南平（荆南）、北汉。至宋代建立19年后，也即979年攻灭北汉，才基本上实现了国家统一，十国结束。欧阳修在论及五代的社会时，慨叹曰："呜呼，五代之乱极矣，传所谓'天地闭，贤人隐'之时欤！"[1] 这集中表现在社会秩序破坏、伦理道德尽丧、君臣纲常荡然无存、礼仪衰、风俗坏、兵祸战乱频繁等方面。如后梁时期征伐不断，梁太祖朱温于910年进伐成德军；李存勖在913年讨伐刘守光，并分别于918年与923年多次进行南征。历经安史之乱、藩镇割据与黄巢之乱，再到五代时期的战争纷纷，北方地区经济萧条，人口南迁，田园荒芜，生产受到很大影响。五代十国频繁的战事，不利于文化的生存与发展，文化的载体——文献典籍多毁于战火，此时的文化遭到一定破坏。由上述可知，五代十国时期，佛典序跋记书写与保存的时代背景极为恶劣，频繁的战乱一方面导致大量佛典遭到毁坏，序跋记的书写对象减少；另一方面无法为佛典序跋记的题写与保存提供良好的环境，即使有佛典序跋记的生成，也极易毁于战乱。五代十国经济的衰退，必然引起佛典序跋记生成与保存经济基础的薄弱。五代十国文化的衰退，对佛典序跋记的发展也有所制约，因为其题写与保存需要适宜的文化环境，借鉴已有文化，以已有文化资源为支撑，其相关活动参与者素养的提升也需要一定的文化积淀。鉴于五代十国战乱的时代背景，当时佛典序跋记的发展程度必然相对薄弱，作品数与作者量均屈指可数。

整体而言，中古佛典序跋记题写与保存的时代背景呈现出阶段性差异，汉末魏晋南北朝的社会环境多动荡不安，佛典序跋记的题写与保存环境相应较为恶劣。隋唐社会环境相对安定，能够为佛典序跋记的题写与保存提供有利的经济、文化与政治支持，此时佛典序跋记的生成与保存环境整体向好。降至五代十国，佛典序跋记的社会环境再次恶劣，当时的社会环境、经济与文化，都不利于其题写与保存。

二 中古佛典序跋记题写与保存的具体环境

中古佛典序跋记题写与保存的具体环境有时与该时期的时代背景不相一致。中古时期包含若干历史阶段，每个历史阶段的具体状况有时与该时

---

[1] （宋）欧阳修撰，（宋）徐无党注：《新五代史》卷34《一行传》，中华书局，点校本，1974，第369页。

期的整体社会风貌不相吻合。如汉末魏晋南北朝总体上处于动荡不安，具体到每一个阶段则不然，其中的每个朝代尽管短暂，在政权建立之后却相对安定，故此时的佛典序跋记题写与保存活动可能处于相对安定的社会环境之中，如释僧叡、释僧肇等参与了鸠摩罗什法师的佛典翻译与整理活动，并且为相关佛典题写了序跋记。陆云公、萧子显参与了梁武帝萧衍组织的《般若经》宣讲活动，二人题写《御讲般若经序》与《御讲金字摩诃般若波罗蜜经序》的环境相对安定。梁武帝萧衍、梁简文帝萧纲、梁元帝萧绎等统治者为佛典题写序跋记的环境也相对安逸。慧远法师南渡后隐居庐山，其《大智论抄序》《三法度经序》的题写环境相对安稳。总而言之，汉末魏晋南北朝佛典序跋记题写与保存的具体环境有时与时代背景不相吻合，而与其题写者所处的具体社会环境密切相关。

　　佛典序跋记题写与保存的具体环境与其所处时代整体风貌相背驰的现象也存在于隋唐。隋唐的社会环境整体上趋于稳定，在此期间却爆发了"安史之乱"，题写于该事件前后的佛典序跋记，如释慧忠的《般若波罗蜜多心经序》、释神迥的《天台法华疏序》、释不空的《略述金刚顶瑜伽分别圣位修证法门序》《译大圣文殊师利菩萨赞佛法身礼序》《大乘瑜伽金刚性海曼殊室利千臂千钵大教王经序》等，其题写与保存环境则相对恶劣。虽然多数隋唐统治者尊奉佛教，然而其中不乏贬斥佛教者，以唐武宗李炎为代表，他在842年推行了不利于佛教发展的政策，这就是历史上著名的"会昌法难"，题写于该事件前后的佛典序跋记，如裴休的《断际心要序》《注华严法界观门序》《禅源诸诠集都序叙》《华严原人论序》《大方广圆觉经疏序》等，其题写与保存环境相对恶劣。总而言之，隋唐佛典序跋记题写与保存的具体环境有时与当时的整体社会特征不相一致。

　　综上可知，中古佛典序跋记题写与保存的环境囊括两个层面：时代背景与具体处境，二者的关系尽管复杂，却存在一定交集。中古的时代背景、中古佛典序跋记题写者所处的具体处境、中古佛典序跋记的具体题写与保存境况，三者相互交叉，形成错综复杂的关系，从而增加了中古佛典序跋记题写与保存环境的复杂性，在探究中古佛典序跋记的题写与保存环境时应具体分析。

第四节　中古佛典序跋记的题写对象

　　中古佛典序跋记的题写对象主要是时之佛典，其生成方式包括汉译、整理、编纂，在数量上极为丰富；在类型上日趋丰富，包括纂集类、目录类、注疏类等；在保存方式上，在以官方为主的前提下，个人逐渐参与进来，由此为其序跋记的题写与保存奠定了重要基础。

一 中古佛典序跋记题写对象的浩繁性

中古佛典在数量上浩如烟海。在中古的数百年间，在域内外僧众、上层统治者等社会阶层的共同推动下，经过翻译、整理、编纂等途径所形成的佛典极为丰富。道安法师的《综理众经目录》收录了时之所存的多部佛典，鉴于该佛典已经佚失，它所收录的佛典信息不得而知。现存最早的佛典目录文献是释僧祐的《出三藏记集》，共收录了"两千一百六十二部四千三百二十八卷"①。隋唐五代所出的佛典不断增多，如隋代费长房的《历代三宝纪》收录了"经律戒论传二千一百四十六部，六千二百三十五卷"②，较之释僧祐的《出三藏记集》所收录的佛典略有增加。释道宣的《大唐内典录》收录了"众经总有二千二百三十二部（七千二百卷失译经三百一十部五百三十八卷）"③，数量进一步增加。释智昇的《开元释教录》记载了从后汉孝明皇帝永平十年（67）佛教传入中土始，至唐神武皇帝开元十八年（730），中土660余年的佛典状况，"总二千二百七十八部，都合七千四十六卷，其见行阙本并该前数"④。

尽管相关文献所收录的中古佛典数量不断攀升，然而尚未囊括全部，因为战乱、人口迁徙等因素所导致的佛典散佚多有发生，这在社会动荡的汉末魏晋南北朝尤为突出。要而言之，中古佛典尽管存在流失，其数目仍极为庞大，为与之相关序跋记提供了丰富的题写对象，中古佛典序跋记理应随之丰富，实则非然，现仅存395篇。

二 中古佛典序跋记题写对象类型的丰富性

中古佛典类型具有多样化的特点。随着佛典的翻译、整理、编纂等生成途径的多样化，其类型日趋丰富。一是纂集类佛典，汤用彤认为它有两

---

① （隋）费长房撰：《历代三宝纪》卷15，《大正新修大藏经》第49册，台北：佛陀教育基金会出版社，1990，第126页上。
② （清）严可均辑：《全上古三代秦汉三国六朝文·全隋文》卷28，第629页下～630页上。
③ （唐）释道宣撰：《大唐内典录》卷1，《大正新修大藏经》第55册，台北：佛陀教育基金会出版社，1990，第219页下。
④ （唐）释智昇撰：《开元释教录》卷1，《大正新修大藏经》第55册，台北：佛陀教育基金会出版社，1990，第477页上。

种形式。(1) 合经，汉末魏晋南北朝有支敏度的《合首楞严经》及《合维摩诘经》、释道安的《合放光光赞略解》等，隋唐五代有释宝贵的《合部金光明经》等。(2) 法苑，汉末魏晋南北朝有释僧祐的《弘明集》等，隋唐五代有释道世的《法苑珠林》、释道宣的《广弘明集》等，详见后文"中古纂集类佛典及其序跋记"。二是注疏类佛典，汉末魏晋南北朝有释道安的《安般注》、梁武帝萧衍的《大般涅槃经义疏》及《注解大品》等，隋唐五代有释道世的《金刚般若经集注》、释提婆的《注若波罗蜜多心经》、李俨的《金刚般若经集注》等，详见后文"中古注疏类佛典及其序跋记"。三是目录类佛典，汉末魏晋南北朝有释僧祐的《出三藏记集》、隋唐五代有费长房的《历代三宝纪》、释法经的《众经目录》、释道宣的《大唐内典录》、释智昇的《开元释教录》等，详见后文"中古目录类佛典及其序跋记"。总而言之，中古佛典类型的多样化，一方面为序跋记提供了丰富的题写对象，与之相对应的序跋记应运而生；另一方面丰富了佛典序跋记的类型与形式，详论参看第五章"中古佛典序跋记类型与形式的新变"的相关内容。

第三章 中古佛典序跋记的文体分类

序跋记包括三个要素：序文、跋文、记，中古佛典序跋记也相应地包括中古佛典序文、中古佛典跋文、中古佛典记，三者的形成丰富了佛教中国化的路径，为读者认知佛典提供了更为多样化的渠道，丰富了中古的文体类型，拓展了序文、跋文、记的题写领域及其题写者群体，推动了中古宗教文学的发展。

整体观之，中古佛典序文、中古佛典跋文、中古佛典记的共性与差异性共存，一方面三者都书写于中古时期，题写者群体具有一定交叉，都以中古佛典为书写对象，题写形式的类型相同；另一方面三者在发展形态、内部构成要素等方面又有所不同。对三者产生影响的要素，既有一定交叉，又有所不同。

第一节 中古佛典序文形态的复杂性

中古佛典序文的形态相对复杂，一方面在题写时间、题写者、题写形式等方面相对多元化；另一方面具有时代性差异，即佛典序文在汉末魏晋南北朝与隋唐五代的形态有所不同。中古佛典序文形态的复杂性由多个因素所致，且具有一定价值。

一 中古佛典序文题写的时代性差异

中古佛典序文的题写时间具有时代性差异，详见表3-1。

由表3-1可知，题写于中古时期的佛典序文凡322篇，占此时佛典序跋记总量的81%，与中古序文日趋成熟的态势相一致。佛典序文在汉末魏晋南北朝与隋唐五代的形态呈现出差异化。一方面在数量方面，佛典序文在汉末魏晋南北朝与隋唐五代分别有121篇与201篇，于隋唐五代进一步发展。另一方面在主体地位方面，隋唐五代佛典序文约为当时佛典序跋记总量的93%，比汉末魏晋南北朝高出25个百分点，其主体地位更为明显。

表3-1　　　　　中古佛典序文题写时间分布表①

时期 数量	汉末魏晋南北朝	隋唐五代
佛典序跋记总量	178篇	217篇
佛典序文篇数	121篇	201篇
佛典序文占佛典序跋记总量的比重	68%	93%

佛典序文在隋唐五代的发展程度之所以高于汉末魏晋南北朝，一方面受隋唐五代佛教繁盛的影响。佛典序文的题写是佛事活动的一部分，与佛教的发展程度以及时人的佛学素养紧密相关，佛典序文作为佛典的组成部分也必然与佛典密切相关，对佛典序文的认识与佛教中国化的进程密不可分，佛典序文的保存也有赖于佛教资源。佛典序文与佛教有着千丝万缕的关联，理应受其影响，隋唐五代佛教的繁盛推动了佛典序文的相应发展。另一方面是对佛典序文发展规律的传承。事物的发展往往具有传承性，隋唐五代佛典序文亦然，在借鉴汉末魏晋南北朝佛典序文的基础上，必然进一步发展。

二　中古佛典序文题写者的复杂化

中古佛典序文题写者凡152人，其形态较为复杂，详见表3-2。

表3-2　　　　　中古佛典序文作者分布表

时期 类型		汉末魏晋南北朝	隋唐五代
佛典序文题写者人数		48人	104人
题写者 国籍	域外	5人	5人
	域内	43人	99人

---

① 若无说明，本章中的表格内容与次第均依据许明先生编著的《中国佛教经论序跋记集·东汉魏晋南北朝隋唐五代卷目录》。若同一题者有多篇佛典序跋记，则按照题名字数由少到多排列，以便于美观。

续表

时期 类型		汉末魏晋南北朝	隋唐五代
题写者 身份	僧人	32 人	65 人
	最高统治者	4 人	7 人
	官僚士大夫	10 人	29 人
	居士	1 人	1 人
	文人学者	0 人	2 人
	隐士	1 人	0 人

注：鉴于中古佛典序文的不完整性，本表尚未囊括其全部作者。

由表 3-2 可知，中古佛典序文作者凡 152 人，占中古佛典序跋记题写者总量的 92%，其主体地位突出。佛典序文的题写者在汉末魏晋南北朝与隋唐五代有所差异，主要表现在以下六个方面。

其一，在数量方面。汉末魏晋南北朝与隋唐五代佛典序文的题写者分别有 48 人与 104 人，后者为前者的两倍多。

其二，在主体地位方面。隋唐五代佛典序文的题写者占当时佛典序跋记题写者总量的 95%，比汉末魏晋南北朝高出近 10 个百分点，其主体地位更为凸显。

其三，在人均题写量方面。汉末魏晋南北朝，48 位作者题写了 108 篇佛典序文，人均题写量约 2.3 篇；在隋唐五代，104 人书写了 198 篇佛典序文，人均题写量 1.9 篇，汉末魏晋南北朝佛典序的人均题写量要高于隋唐五代。

其四，在题写者佚名方面。汉末魏晋南北朝有 13 篇，隋唐五代减少至 4 篇，题写者佚名的大幅度减少标志着中古佛典序文的日趋完善。隋唐五代佛典序文署名的增加，由以下三个因素所致。（1）佛教的发展态势。伴随着隋唐五代佛教的繁盛，佛典生成途径的丰富，对佛典序文认知的提升，书写佛典序文时的署名意识相应增强。（2）时局的相对安定，与汉末魏晋南北朝相比较，隋唐五代的社会环境相对安定，更有利于佛典序文的完整保存，并促进了佛典序文署名的增加。（3）典籍署名的演进。我国著作的署名经历了从无到有的发展历程，"汉魏之际，在经学、文学、史学的发展之下，经史子集四部逐渐出现了独立署名，以姓氏或姓名署，并在魏晋以后渐成常例。到隋唐，四部典籍和各类文体的署名方式基本确立"①。署名始于汉魏,基本上确立于隋唐,佛典序文署名的演进与此大体相当。佛典序文作为佛教中国化的产物,在典籍署名开始形成的汉魏,存在一定的佚名,是一种必然的现象。降至典籍署名基本确立的隋唐五代,佛典序文的署名理应进一步增加。

其五,在题写者国籍方面。中古佛典序文的题写者包括域内142人与域外10人。域内之人主体地位日趋凸显,域外之人地位逐渐减弱,与中古佛典序跋记题写者的演变趋势相一致。

其六,在题写者身份方面。中古佛典序文的题写者包括僧人、最高统治者、官僚士大夫、居士、文人学士、隐士等社会阶层。中古佛典序文的题写者构成具有变化性,僧人所占比重下降,由汉末魏晋南北朝的67%,到隋唐五代的63%。官僚士大夫的地位上升,由汉末魏晋南北朝的21%,到隋唐五代的28%,上升了7个百分点。中古佛典序文作者的官方身份日趋凸显,由汉末魏晋南北朝的14人,到隋唐五代的36人,与佛典翻译、整理与编撰的官方化趋势相一致。

中古佛典序文作者的复杂化形态,一方面彰显了推动中古佛典序文发展的人为要素的多样化形态,作者是中古佛典序文发展过程中重要的人为因素,其复杂化也为中古佛典序文的发展提供了动力;另一方面促使中古佛典序文风格的多样化发展,题写者的复杂化推动了中古佛典序文艺术特色、类型与形式、价值的多样化。

三 中古佛典序题写形式的差异性

在中古佛典序文中,有17篇佚名作品尚无法确定题写形式,在署名的305篇之中,其题写形式因类型、时代与作者而异。

(一)中古严格自序佛典序文

中古严格自序佛典序文的形态相对复杂,详见表2-6与表2-7。②中古严格自序佛典序文的作者凡51人,凡110篇,约为中古严格自序佛典序跋记总量的92%,其主体地位突出。中古严格自序佛典序文的书写

---

① 咸晓婷:《论中古写本文献的署名方式——以唐诗写本为核心的考察》,《浙江大学学报》(人文社会科学版)2015年第5期。
② 鉴于中古严格自序佛典序文在中古严格自序佛典序跋记中的主体地位,其内容与前文之表2-6和表2-7多有重叠,故不再列表。此外,鉴于中古严格自序、中古宽泛自序与中古他序佛典序文的题写者存在一定交汇,也即某一作者的多篇作品分属不同的题写形式,故本书采取分开计量的方式,同一题写者可能在不同题写形式的中古佛典序文中多次出现,故它们的题写者之和多于中古佛典序文题写者的总量。

具有延续性并形成鲜明特征。

中古严格自序佛典序文在发展的过程中形成了一定共性,集中体现在以下三个方面。(1)题写者国籍相同,在汉末魏晋南北朝与隋唐五代,严格自序佛典序文的题写者皆为域内之人。(2)著名僧人的主导作用相同,在汉末魏晋南北朝与隋唐五代严格自序佛典序文形成的过程中,著名僧人所发挥的作用日益重要,以释僧祐与释道宣最具代表性,二人分别书写了11篇与25篇。(3)题写者身份相同,在汉末魏晋南北朝与隋唐五代,严格自序佛典序文的题写者均囊括了域内僧人与官僚士大夫等群体。

中古严格自序佛典序文在发展的过程中也形成了一定差异性,主要表现在以下四个方面。(1)篇数的大幅度增加,由汉末魏晋南北朝的21篇,到隋唐五代的89篇。(2)题写者数量的大幅度提升,由汉末魏晋南北朝的9人,到隋唐五代的42人。(3)最高统治者参与度的变化,在汉末魏晋南北朝,最高统治者参与了严格自序佛典序文的书写,隋唐五代则无。(4)一人题写多篇的增加,在汉末魏晋南北朝仅有2人:释宝唱(3篇)、释僧祐(25篇),于隋唐五代则增至12人:释彦悰(2篇)、释灌顶(2篇)、释玄则(2篇)、释道世(2篇)、释怀素(2篇)、释窥基(2篇)、释义净(3篇)、释澄观(4篇)、释智顗(4篇)、释法藏(5篇)、释宗密(6篇)、释道宣(25篇)。在隋唐五代,一人题写多篇严格自序佛典序文的增加,有利于提升当时佛典序文的数量,推动了中古严格自序佛典序文风格的统一。

(二)中古宽泛自序佛典序文

中古宽泛自序佛典序文具有鲜明特征,其形态分布相对复杂,详见表2-8与表2-9。① 与中古严格自序以及他序佛典序文相比较,中古宽泛自序佛典序文相对较少,与中古宽泛自序佛典序跋记的情形相一致。

中古宽泛自序佛典序文的题写者中皆有域外人士,在汉末魏晋南北朝有康居的康孟祥与月支的康法邃,隋唐五代有于阗的实叉难陀,尽管数量偏少,其作用不容忽视。在中古宽泛自序佛典序文的作者中,最高统治者唯有后秦文桓帝姚兴一人,最高统治者的参与度较弱。中古宽泛自序佛典序文呈现出渐弱的趋势,其题写者由汉末魏晋南北朝的28人,减至隋唐五代的14人;篇数由汉末魏晋南北朝的57篇,减至隋唐五代的17篇;一人题写多篇的情况亦有所减少,由汉末魏晋南北朝的7人,减至隋唐五

---

① 鉴于中古严格自序佛典序文在中古严格自序佛典序跋记中的主体地位,其内容与前文之表2-8与表2-9多有重叠,故不再列表。

代的2人。

(三) 中古他序佛典序文

中古他序佛典序文具有鲜明特点,详见表2-10与表2-11。① 中古他序佛典序文作者共82人,凡120篇,占中古他序佛典序跋记总量的91%,其主体地位毋庸置疑。与中古严格以及宽泛自序佛典序文相比较,最高统治者参与中古他序佛典序文的强度不断提升,由汉末魏晋南北朝的2人,到隋唐五代的7人;所创作的篇数亦相应增加,由汉末魏晋南北朝的3篇,到隋唐五代的10篇。与中古严格自序佛典序文以及中古宽泛自序佛典序文相比较,中古他序佛典序文的题写者与篇数最为丰富,呈现上升趋势,由汉末魏晋南北朝的19人,到隋唐五代的63人;由汉末魏晋南北朝的30篇,到隋唐五代的90篇,与中古他序佛典序跋记的发展趋势相一致。

在中古佛典序文中,有时同一题写者的佛典序文的题写形式不同,在释僧祐所题写的佛典序文中,有11篇属于严格自序,另外7篇则为他序;在释道安所作的佛典序文中,有12篇为宽泛自序,另6篇则为他序;在释道宣所作的佛典序文中,其中25篇属于严格自序,另1篇则归属于宽泛自序。同一题写者所作佛典序文题写形式的不同,一方面彰显了此人佛事活动的丰富,与佛典关联的多样化;另一方面为中古不同题写形式的佛典序文架起了桥梁,促使其在构成要素、艺术特色、类型与形式、价值等方面形成一定共性。

中古佛典序文的题写形式之所以复杂,一方面源于佛典生成方式的多样化。作为佛教的载体,中古佛典的生成途径相对多样化,包括但不限于翻译、整理、编撰等,由此导致了中古佛典的生成者与其序跋记题写者的关系相应丰富。另一方面受序文的影响。由前文可知,中古尤其是隋唐五代序文类型相对完备,为佛典序文题写形式的多元化发展提供了借鉴。

中古佛典序文的形态之所以复杂,一方面受中古佛典序文属性的影响。中古佛典序文与佛典的数量、佛教的发展状况、佛教中国化、社会文化等多个因素密切相关,其自身的构成要素相对复杂。另一方面与题写和保存环境的复杂有关。中古佛典序文的题写时间不仅漫长,而且其题写与保存环境复杂,因此对其发展也产生多方面的影响。

中古佛典序文形态的复杂化被赋予了积极意义:一方面相对于认知佛

---

① 鉴于中古严格自序佛典序文在中古严格自序佛典序跋记中的主体地位,其内容与前文之表2-10与表2-11多有重叠,故不再列表。

典序文而言。中古佛典序文的复杂性具有代表性，基本上涵盖了之后佛典序文的所有形态，为认知我国佛典序文的复杂化形态提供了重要途径。另一方面相对于佛教中国化而言。中古佛典序文的复杂性多由我国的社会文化引起，反映了佛教中国化的发展，彰显了佛教与我国社会文化的多元化互动。

第二节　中古佛典跋文形态的多样化

中古佛典跋文在发展的过程中呈现出"弱中有强"的状态。中古佛典跋文多以后记与后序的形式呈现，尽管二者有所不同，却丰富了中古佛典跋文的类型及其发展维度，满足了读者认知与诵读佛典的多样化需求。中古佛典跋文的题写形式具有多元化差异。中古佛典跋文形态的多样性由多个因素所致，并被赋予了积极意义。

一　中古佛典跋文发展形态的双重性

中古佛典跋文的发展形态具有双重性，呈现出"弱中有强"的状态。由前文可知，与中古序文相比较，中古跋文相对较弱，这一态势亦延续至中古佛典序跋记。在中古时期，佛典跋文在整体上弱于佛典序文，主要表现在以下两个方面。首先，外在方面。第一，数量上，中古佛典跋文凡33篇，中古佛典序文322篇，二者相差悬殊。第二，题写者上，中古佛典跋文题写者凡28人，中古佛典序文题写者152人，二者不可同日而语。第三，中古佛典跋文呈现出日趋弱化的趋势，其题写者由汉末魏晋南北朝的18人，到隋唐五代的10人，其篇数由汉末魏晋南北朝的19篇，到隋唐五代的14篇，题写者与篇数都不断减少，与中古佛典序文的日趋发展形成鲜明对比，详见表3-3。

其次，内在方面。在中古时期，佛典跋文的内涵在多个方面弱于佛典序文。第一，艺术特色相对较弱。观第四章"中古佛典序跋记的艺术特色"可知，句式的四言化与讲说方式的譬喻为中古佛典序跋记的主要艺术特色，而这一特色仅在释僧叡的《自在王经后序》、释道宣的《四分律删繁补阙行事钞后记》、释靖迈的《法蕴足论后序》等少数中古佛典跋文中有所体现，其艺术特色不够鲜明。第二，未发生类型与形式的新变。在中古时期，佛典序跋记的类型与形式发生新变，以纂集类、注疏类、目录类佛典序跋记的形成与形式的非单一性为代表，这些在中古佛典序文中得以全面彰显,于中古佛典跋文中则未发生,详见第五章"中古佛典序跋记类型与形式的新变"。第三,价值的缺失。中古佛典序跋记的文献、文学、历史、思想文化、情感态度等方面的价值,在中古佛典序文中得以全面体现,在中古佛典跋文中的体现则相对较少,其价值存在一定缺失,详见第六章"中古佛典序跋记的价值"的相关论述。

表3-3　　　　　　　　　中古佛典跋文一览表

汉末魏晋南北朝		隋唐五代	
题写者	篇目	题写者	篇目
竺法护	《渐备经后记》	释道宣（5篇）	《释迦氏谱后序》《释迦方志后记》《大唐内典录后记》《四分律含注戒本疏后记》《四分律删繁补阙行事钞后记》
林法师	《佛说称扬诸佛功德经后记》		
释僧叡（2篇）	《自在王经后序》《妙法莲花经后序》		
释法业	《大方广佛华严经后记》		
沮渠京声	《治禅病秘要法后序》		
释僧祐	《弘明集后序》	释明濬	《因明入正理论后序》
释宝唱	《名僧传后序》	释靖迈	《法蕴足论后序》
释僧果	《高僧传跋》	释窥基	《说无垢称经疏后记》
释法虔	《金刚般若波罗蜜经后记》	沈玄明	《成唯识论后序》
佚名（9篇）	《道行经后记》	释法藏	《般若波罗蜜多心经略疏后记》
^	《首楞严经后记》		
^	《正法华经后记》	释道仪	《维摩罗诘经文疏写后记》
^	《持心经后记》	释圆照	《大方广佛华严经后记》
^	《八吉祥经后记》	释行满	《观无量寿经记后记》
^	《僧伽罗刹集经后记》	释惟谨	《大毗卢遮那经广大仪轨后记》
^	《菩萨波罗提木叉后记》		
^	《摩得勒伽后记》		
^	《法镜经后序》		
18人,19篇		10人,14篇	
28人,33篇			

注：鉴于存在同一人分别书写了中古佛典跋文、中古佛典序文、中古佛典记,中古佛典序跋记的题写者存在一定重叠。本书采取分开计量的方式,同一题写者可能在中古佛典跋文、中古佛典序文、中古佛典记中同时出现,因此它们之和应该多于中古佛典序跋记作者的总量。

中古佛典跋文的薄弱性，首先受跋文发展的滞后性所致。跋文始定型于汉末魏晋南北朝，于隋唐五代逐渐成熟，滞后于序文。中古跋文的滞后性，不利于中古佛典跋文的发展。其次受佛教中国化的影响。佛典跋文是佛教中国化的产物，在原始佛教典籍中并未出现，是佛教传入我国之后，形成于佛典翻译、整理与编撰的过程中。书写佛典跋文需要熟悉掌握域内与域外文化，能够驾驭域内与域外语言，对跋文能够借鉴，这些均受佛教中国化的制约。最后与跋文的属性有关。与序文相比较，跋文的篇幅相对短小，内容单一，受此影响，中古佛典跋文亦然，其内容多与佛典的翻译与整理有关，略显单一，不利于其发展。

中古佛典跋文在呈现出弱化倾向的同时，在某些领域又有所强化。一方面署名意识增强，佚名的情况大量减少。佚名的佛典跋文由汉末魏晋南北朝的9篇，到隋唐五代的消失，彰显出对署名观念的接受，与我国典籍署名的演进脉络相一致。与中古佛典序文相比较，中古佛典跋文的署名意识较强。另一方面域外题写者减少，由汉末魏晋南北朝的一人：竺法护，到隋唐五代域外作者的消失，与中古佛典序跋记题写者身份的演变相一致。当然中古佛典跋文的强化，只是相对于它之前发展得薄弱而言，体现了它与中古佛典序跋记、中古佛典序文在某些方面保持了一致。

二 中古佛典跋文表现形态的二元化

跋文又称后叙、后记、后语、卷末语等，形式相对多元，中古佛典跋文则不然，仅以后记、后序的形式呈现。中古佛典后记与后序分别有23篇与10篇，详见表3-3。

(一) 中古佛典后记

后记是指"写在书籍、文章等后面的文字，用以说明写作目的、经过或补充个别内容"[1]，后记具有跋文的功能属性，属于跋文的范畴。尽管中古佛典后记的篇幅较短，内容却相对丰富，如佚名的《道行经后记》曰："光和二年十月八日，河南洛阳孟元士。口授天竺菩萨竺朔佛，时传言译者月支菩萨支谶，时侍者南阳张少安、南海子碧，劝助者孙和、周提立。正光二年九月十五日，洛阳城西菩萨寺中沙门佛大写之。"[2] 该佛典

---

[1] 中国社会科学院语言研究所词典编辑室编：《现代汉语词典》（第6版），商务印书馆，2012，第542页。

[2] （梁）僧祐撰，苏晋仁、萧鍊子点校：《出三藏记集》卷7，第264页。

后记不足百字,却囊括了《道行经》汉译的时间、地点、参与者等要素,言简意赅。中古佛典后记篇幅短小,有时不利于其表达方式的多样化,多以叙事为主,偏重于佛典翻译与整理的记录,抒情性与思想性相对薄弱,因此本书在阐释中古佛典序跋记的佛教思想价值与抒情价值时,更多涉及中古佛典序文,对中古佛典后记的涉及则屈指可数,详见后文"中古佛典序跋记的佛教思想价值"与"中古佛典序跋记的抒情价值"。

(二) 中古佛典后序

后序,也即刊于卷末的序文,属于跋文的范畴。序与后序的观念在明代得以明晰,时人徐师曾认为:"凡经传子史诗文图书之类,前有序引,后有后序,可谓尽矣。"① 从位置的视角,对二者进行区分。从序文到后序只是位置的变化,在其他方面并无过多差异。由序文做铺垫,后序理应发展较快,实则不然,后序于宋元时期始趋于成熟,形成了以欧阳修的《〈韩文公别传〉后序》、曾巩的《〈李白诗集〉后序》、李清照的《〈金石录〉后序》等为代表的名篇。后序发展的滞后性,势必对中古佛典后序产生一定影响,凡10篇,题写者凡9人,其篇数与题写者均相对较少。

与中古佛典后记相比,中古佛典后序在某些层面又有所发展。其一,佚名减少。作者佚名的佛典后序在汉末魏晋南北朝仅存1篇,而同时期作者佚名的佛典后记则有9篇。中古佛典后序署名的增加,源于其作者为释僧叡、释僧祐、释道宣等域内僧人,他们对我国社会文化比较熟悉,对我国典籍署名的借鉴,是佛教中国化的产物。中古佛典后序署名的增加,与我国典籍署名的发展趋势相一致,为认知其书写时间提供了有效途径。

其二,篇幅相对较长。在中古佛典后序中,释宝唱的《名僧传后序》的篇幅最为短小,仅12个字,"岂敢为僧之董狐,庶无曲笔耳"②;沮渠京声的《治禅病秘要法后序》次之;其余的篇幅相对较长。中古佛典后序的篇幅,基本上在中古佛典序文及中古佛典后记之间,这在同一作者的作品之中最为明显,以释道宣的《释迦方志后记》《释迦氏谱后序》《释迦方志序》最具代表性,三者分别约60、270、582个字。中古佛典后序篇幅的增加,是对中古佛典序文属性的继承,融入了更多中古佛典序文元素的结果,如释僧叡的《自在王经后序》阐释了《自在王经》名称的内涵,"以其圆用五方,故名自在,势无与等,故称王"③,表达了对《自在

---

① 徐师曾著,罗根泽校点:《文体明辨序说》,人民文学出版社,1962,第136页。
② (清) 严可均辑:《全上古三代秦汉三国六朝文·全梁文》卷74,第553页下。
③ (梁) 僧祐撰,苏晋仁、萧鍊子点校:《出三藏记集》卷8,第312页。

王经》的赞美之情,交代了《自在王经》被汉译的缘由、汉译的组织者与实施者等。

中古佛典后记与后序的形成具有积极意义。对于中古佛典跋文而言,中古佛典后记与后序凡33篇,为中古佛典跋文的成型与发展奠定了重要基础,促进了其类型的多样化。对于佛教中国化而言,中古佛典后记与后序是佛典与后记、后序相结合的产物,是佛教中国化的产物,拓展了佛教中国化的路径。对于后记与后序而言,中古佛典后记与后序彰显了后记与后序书写领域的拓展,由域内典籍拓展至域外典籍,由文学类典籍拓展至非文学类典籍,由域内作者拓展至域外作者,在后记与后序发展的过程中具有重要意义。对于读者而言,中古佛典后记与后序为读者诵读与认知佛典提供了更多路径,拓展了中古佛典及其序跋记的阅读群体。

三 中古佛典跋文题写形式的差异性

在中古佛典跋文中,除9篇作者佚名之外,另外24篇的题写形式具有多元化差异,详见表3-4。

表3-4　　　　　　中古佛典跋文的题写形式一览表

题写形式类型	汉末魏晋南北朝		隋唐五代	
严格自序（9篇）	释僧祐	《弘明集后序》	释道宣（5篇）	《释迦氏谱后序》《释迦方志后记》《大唐内典录后记》《四分律含注戒本疏后记》《四分律删繁补阙行事钞后记》
	释宝唱	《名僧传后序》	释窥基	《说无垢称经疏后记》
			释法藏	《般若波罗蜜多心经略疏后记》
宽泛自序（8篇）	竺法护	《渐备经后记》	释明濬	《因明入正理论后序》
	释僧叡（2篇）	《自在王经后序》《妙法莲华经后序》	释靖迈	《法蕴足论后序》
	释法业	《大方广佛华严经后记》		
	沮渠京声	《治禅病秘要法后序》		
	释法虔	《金刚般若波罗蜜经后记》		

续表

题写形式类型	汉末魏晋南北朝		隋唐五代	
他序 (7篇)	林法师	《佛说称扬诸佛功德经后记》	沈玄明	《成唯识论后序》
			释道仪	《维摩罗诘经文疏写后记》
	释僧果	《高僧传跋》	释圆照	《大方广佛华严经后记》
			释行满	《观无量寿经记后记》
			释惟谨	《大毗卢遮那经广大仪轨后记》
	9人,10篇		10人,14篇	
		19人,24篇		

注：释僧叡与释靖迈的身份具有双重性，二人同时书写了中古宽泛自序佛典序文与中古宽泛自序佛典跋文。

由表3-4可知，中古佛典跋文的题写形式具有多元性，主要表现在以下四个方面。其一，题写者与篇数的逐渐增加。在中古时期，能够确定题写形式的佛典跋文的题写者与篇数均有增加，分由汉末魏晋南北朝的9人、10篇，发展到隋唐五代的10人、14篇，与中古佛典跋文的整体发展趋势相背离。

其二，内部构成要素的差异化。一方面因类型而异，即中古严格自序、宽泛自序与他序佛典跋文分别有9篇、8篇、7篇。另一方面因人而异，中古严格自序、宽泛自序与他序佛典跋文的题写者分别有5人、7人、7人。中古佛典跋文题写形式的内部要素具有差异化与不均衡性。

其三，同一构成要素的时代性差异。在中古时期，同一题写形式的佛典跋文具有时代性差异，在严格自序与他序方面，隋唐五代在篇数、作者量等方面均多于汉末魏晋南北朝；在宽泛自序方面，汉末魏晋南北朝在篇数、作者数量等方面均多于隋唐五代。要而言之，同一题写形式的佛典跋文在中古的发展不均衡，具有时代性差异。

其四，后记与后序题写形式的差异。在中古时期，佛典后记与后序的题写形式有所不同。在严格自序方面，严格自序的佛典后记与后序在中古分别有6篇与3篇。此外，二者在中古具有时代性差异，其中严格自序的佛典后记于汉末魏晋南北朝消亡或没有流传下来，在隋唐五代有6篇；严格自序佛典后序在汉末魏晋南北朝与隋唐五代分别有2篇与1篇。在宽泛自序方面，宽泛自序的佛典后记与后序在中古分别有3篇与5篇。另外，二者在中古具有时代性差异，其中宽泛自序的佛典后记在汉末魏晋南北朝有 3 篇，在隋唐五代则消亡或没有流传下来；宽泛自序的佛典后序在汉末魏晋南北朝与隋唐五代分别有 3 篇与 2 篇。在他序方面，他序的佛典后记与后序在中古分别有 5 篇与 1 篇。他序的佛典后记与后序在中古具有时代性差异性，其中他序佛典后记在汉末魏晋南北朝与隋唐五代分别有 1 篇与 4 篇，他序佛典后序在汉末魏晋南北朝消亡或没有流传下来，在隋唐五代有 1 篇。

综上可知，中古佛典跋文形态的多样化，是受其发展形态多元化影响的产物。中古佛典跋文的发展形态相对多样，在滞后中实现部分层面的追赶，在薄弱中实现部分领域的强化，形成时代性差异，构成要素也具有不平衡性，其形态相应多样化。此外，其多样化还与中古佛典跋文的属性有关，中古佛典跋文的属性特殊，一方面与中古佛典序文有着千丝万缕的关联，在某些方面与之有着相类似的复杂化；另一方面与跋文有关，跋文在中古具有鲜明的时代性，历经汉末魏晋南北朝的定型与隋唐五代的成熟，作为跋文的范畴，中古佛典跋文亦然。

中古佛典跋文形态的多样化被赋予了一定意义，集中体现在两个方面。就认知域内与域外文化而言，中古佛典跋文作为佛教中国化的产物，其多样化的形态意味着大量域内与域外文化的融入，为认知域内与域外文化提供了多元化途径。就文体特色而言，佛典跋文作为形成于中古时期的新文体，其多样化的形态彰显了鲜明特色，是其有别于其他典籍跋文的重要体现。

第三节　中古佛典记形态的双重性

中古佛典记是一种独立成体，指的是为中古佛典所作的题记，也即佛典"前记"，实则属于序文的范畴，与中古佛典序文具有共同的属性。中古佛典记凡 41 篇，有 21 篇的题写者佚名。中古佛典记呈现出弱中有强的发展态势，题写形式也表现出了差异化，在篇数题写者人数及类型上呈减少趋势，而其篇幅、署名意识，艺术特色等方面则处于不断发展中。

一　中古佛典记的形成

记最初具有动词的词性，多与名词搭配，如记人、记事，具有识记之义。记的词义不断演化，逐步被赋予文体意义。在战国时期，始有以记命名者，明代吴纳认为"记之名，始于《戴记》《学记》"①，不过记的文体意义尚未形成。降至魏晋南北朝，记始被赋予文体生命，集中体现在游记的形成并被视为散文体裁的一种。记的类型在此时进一步丰富，形成了以专记人物言行与传闻轶事为主要内容的志人小说，以葛洪的《西京杂记》最具代表性；以记写神异鬼怪故事传说为主要内容的志怪小说，如干宝的《搜神记》、郭宪的《洞冥记》、王嘉的《拾遗记》等。在唐代，记正式进入文学视野并"成为文学文体的一个重要子目"②，以柳宗元的《永州八记》为代表。中古在记的发展过程中处于重要阶段，一方面记具有了文体生命，进入了文学视野，书写笔法进一步提升，艺术特色更为鲜明；另一方面形成了大量名篇佳作，且作者庞大群体，出现了繁荣的局面。

记在中古开始进入佛教视野，形成了多种相关文体：（1）佛教造像题记，以彰显造像目的并期许功德永世流传为主要内容，如孟达的《始平公造像记》、佚名的《朱永隆等七十人造像记》、佚名的《王僧欢造像记》等。（2）佛教笔记，以记载与佛教相关的事物为主要内容，以杨衒之的《洛阳伽蓝记》为代表。（3）佛教游记，以记载佛教人物的游历为主要内容，如释法显的《历游天竺记传》（又名《佛国记》）、玄奘法师的《大唐西域记》、释义净的《南海寄归内法传》等。在中古时期，与佛教相关的记，拓展了记的书写领域，丰富了记的类型，为中古佛典记的形成奠定了一定基础。

在中古时期，伴随着记的文体意义的形成，记开始进入文学视野，其书写领域不断拓展，如进入佛教并形成了多种与之相关的文体，其也必然会进入佛典，佛典记由此形成。由上可知，记进入中古佛典的时间可能略晚于与佛教相关的记，具体时间则无从考证。

二 中古佛典记发展形态的双重性

中古佛典记的发展形态具有双重性，呈现出弱中有强的态势。首先，中古佛典记在发展过程中，呈现出日趋减弱的趋势，主要表现在以下四个方面。（1）篇数逐渐减少，由汉末魏晋南北朝的 38 篇，到隋唐五代的 3 篇。（2）题写者不断减少，由汉末魏晋南北朝的 27 人，到隋唐五代的 3 人。（3）类型日趋减少，汉末魏晋南北朝有二篇合经类佛典记，如支谦

---

① 吴纳著，于北山校点：《文章辨体序说》，人民文学出版社，1962，第 41 页。
② 曾军：《从经史到文苑——"记"之文体内涵的源流及变迁》，《江汉大学学报》（人文科学版）2007 年第 1 期。

的《合微密持经记》与支敏度的《合首楞严经记》，隋唐五代则无。要而言之，中古佛典记的篇数、题写者数量、类型日趋减少，详见表3-5。

表3-5　　　　　　　　中古佛典记一览表

汉末魏晋南北朝		隋唐五代	
题写者	篇目	题写者	篇目
支谦	《合微密持经记》	贾曾	《阿毗达磨俱舍论略释记》
竺法首	《佛说圣法印经题记》	释圆照	《大唐贞元新译十地等经记》
赵文龙	《贤劫经题记》		
支敏度	《合首楞严经记》		
释僧祐 （4篇）	《贤愚经记》 《略成实论记》 《菩萨善戒菩萨地持二经记》 《大集虚空藏无尽意三经记》	释义云	《文殊八字仪轨题记》
释昙林 （9篇）	《回净论译记》 《业成就论译记》 《毗耶娑问经译记》 《奋迅王问经翻译记》 《转法轮经忧波提舍翻译记》 《三具足经忧波提舍翻译记》 《不必定入定入印经译记》 《圣善住意天子所问经译记》 《宝髻经四法优波提舍经译记》		
佚名 （21篇）	《五分律译记》 《放光经记》 《须真天子经记》 《普曜经记》 《般舟三昧经记》 《阿维越致遮经记》 《魔逆经记》 《文殊师利净律经记》 《正法华经记》 《六卷泥洹经记》 《二十卷泥洹经记》 《华严经记》 《如来大哀经记》 《优婆塞戒经记》		

续表

汉末魏晋南北朝		隋唐五代	
题写者	篇目	题写者	篇目
佚名 （21篇）	《文殊师利发愿经记》		
	《百句譬喻经前记》		
	《三法度经记》		
	《大智论记》		
	《成实论记》		
	《善见律毗婆沙记》		
	《八犍度阿毗昙根犍度后别记》		
27人，38篇		3人，3篇	
30人，41篇			

注：鉴于中古佛典记、中古佛典跋记与中古佛典序文的题写者存在一定重叠，而本书采取分开计量的方式，同一题写者存在被累计统计的现象，因此三者的题写者之和应该多于中古佛典序跋记题写者的总量。

（4）内容单一。汉末魏晋南北朝佛典记以叙事为主，多关注佛典的翻译与整理，如竺法首的《佛说圣法印经题记》全文寥寥46个字：

> 元康四年十二月二十五日，月支菩萨沙门昙法护，于酒泉演出此经，弟子竺法首笔受。令此深法普流十方，大乘常在。①

该佛典记囊括了《佛说圣法印经》翻译的五个要素：汉译时间——晋惠帝元康四年（294），汉译者——竺法护，汉译地点——酒泉，汉译笔受者（记录）——竺法首，汉译缘由——"令此深法普流十方，大乘常在"。赵文龙的《贤劫经题记》、佚名的《百句譬喻经前记》等其他汉末魏晋南北朝佛典记亦然。汉末魏晋南北朝佛典记尽管数量相对丰富，表达笔法却相对单一，内容涉及面窄，篇幅短小，艺术特色不够鲜明，这多由佛典记的不充分发展所致。佛典记形成于汉末魏晋南北朝，在形成之初难免有不完善之处，乃事物的一般规律，佛典记亦然。此外，还与记发展的缓慢性有关。记在汉末魏晋南北朝始具有文体意义，进入佛教视野并与之

---

① （梁）僧祐撰，苏晋仁、萧鍊子点校：《出三藏记集》卷7，第277页。

结合的时间相对较晚，结合的路径也相对复杂，对佛典记的发展产生了一定影响。

其次，经过汉末魏晋南北朝的积淀，隋唐五代佛典记在篇幅、署名、艺术特色等方面呈现出发展的态势，主要体现在以下三个方面。

第一，篇幅的增加。在隋唐五代佛典记中，贾曾的《阿毗达磨俱舍论略释记》、释圆照的《大唐贞元新译十地等经记》分别有 330 与 2700 个字，与汉末魏晋南北朝佛典记相比，二者的篇幅有所增加。

第二，署名意识的增强。汉末魏晋南北朝有 21 篇佛典记佚名，隋唐五代佛典记的题写者明确，分别为贾曾、释圆照与释义云，与中古佛典跋文署名不断增强的趋势相一致。

第三，艺术特色的提升。较之汉末魏晋南北朝，隋唐五代佛典记的艺术特色更为鲜明，以贾曾的《阿毗达磨俱舍论略释记》最具代表性。该记阐释了《阿毗达磨俱舍论》形成的背景与缘由，叙述了经过玄奘法师翻译之后，《阿毗达磨俱舍论》被注疏的状况，阐述了释圆晖撰写《俱舍论颂疏》的缘由，刻画了释圆晖的鲜明形象，揭示了书写该佛典记的初衷："余时迫俗尘……永惭偏识云尔。"[1] 叙事完整，次第有序，逻辑强，视野宏阔，在叙事的过程中融入了贾曾的情感态度，表达了对释圆晖的赞誉之情，实现了叙事与记人、抒情的融合，叙事艺术鲜明。

此外，释圆照的《大唐贞元新译十地等经记》具有鲜明的叙事艺术。(1) 宏阔的叙事视野。该记以时间为脉络，全景展现了法界法师西行求法与归国的过程：752 年随张韬光出使罽宾→因病滞留罽宾→757 年落发披缁（出家）→759 年受具足戒→759 年至 763 年学习小乘戒律、瞻礼佛寺，巡礼圣迹，学习梵语→763 年至 764 年游历犍陀罗王城→764 年南游中印度境，巡礼八处佛塔、著名佛寺和圣迹→780 年与越摩三藏告别，携梵本《十地经》《回向轮经》《十力经》及释迦牟尼佛牙舍利踏上归国之途，途经藩属骨咄国、拘蜜支国、惹瑟知国、式匿国、疏勒国、于阗国、威戎城、据瑟得城、龟兹、北庭州→790 年到上京、进奉释迦牟尼佛牙舍利及所译经→回乡省亲。其叙事地域经历了由域内到域外，再到域内的多次转换；叙事时间历经唐玄宗、唐肃宗、唐代宗、唐德宗，跨度 40 年；叙事人物涉及张韬光、越摩三藏、段明秀、杨袭古等与法界法师西行求法及其归国过程发生关联的多人，展现出宏阔的叙事视野与完整清晰的叙事脉络。

(2) 细腻的微观叙事。释圆照的《大唐贞元新译十地等经记》叙事

---

[1] 许明编著：《中国佛教经论序跋记集·东汉魏晋南北朝隋唐五代卷》，第 368 页。

细腻，力求捕捉法界法师西行求法的细节，如生动描述了他归国途中，在西域睹货罗国的藩属骨咄国城东湖边所遇见的恶劣天气，"彼龙神知有舍利，地土摇动，玄云掩兴，霹雳震雷，雹雨骤堕。有一大树不远海边，时与众商投于树下，枝叶摧落，空心火燃"①。雷雨交加、电闪雷鸣，描述得细致入微，间接塑造了他矢志不渝的求法精神。此外，该记指出释法界在翻译《佛说十地经》与《回向轮经》时，承担了两个角色："读梵文并翻译语"，也即证读梵文并加以汉译，从侧面衬托出他佛学素养之高。

隋唐五代佛典记艺术特色的提升，与记进文学视野后，被赋予的浓厚文学价值有关。记在隋唐五代融入了更多文学笔法，追求艺术美感，以柳宗元的《永州八记》为代表，它实现了"写实与写意、自嘲与自恋、儒学与佛禅、绘境与造境的统一"②。在写景、绘景中实现了情感的表达，在此背景之下，隋唐五代佛典记的艺术特色也有所提升。

三 中古佛典记题写形式的差异性

中古佛典记凡 41 篇，除 21 篇因题写者佚名而无法被确定题写形式之外，在题写者可知的 20 篇中，其题写形式具有差异化，详见表 3-6。

表 3-6　　　　　　　　中古佛典记的题写形式一览表

		汉末魏晋南北朝		隋唐五代
严格自序 （1篇）			贾曾	《阿毗达磨俱舍论略释记》
宽泛自序 （13篇）	竺法首	《佛说圣法印经题记》	释义云	《文殊八字仪轨题记》
	赵文龙	《贤劫经题记》		
	支敏度	《合首楞严经记》		
	释昙林 （9篇）	《回诤论译记》 《业成就论译记》 《毗耶娑问经译记》 《奋迅王问经翻译记》 《转法轮经忧波提舍记》 《三具足经忧波提舍记》 《不必定入定入印经记》 《圣善住意天子所问经译记》 《宝髻经四法优波提舍译记》		

---

① 许明编著：《中国佛教经论序跋记集·东汉魏晋南北朝隋唐五代卷》，第 389~390 页。
② 蒋新红：《柳宗元〈永州八记〉的写作启示》，《作家》2009 年第 20 期。

续表

		汉末魏晋南北朝		隋唐五代
他序 (6篇)	支谦	《合微密持经记》	释圆照	《大唐贞元新译十地等经记》
	释僧祐 (4篇)	《贤愚经记》 《略成实论记》 《菩萨善戒菩萨地持二经记》 《大集虚空藏无尽意三经记》		
	6人, 17篇		3人, 3篇	
	9人, 20篇			

注：以下3人的身份具有双重性：支敏度与释昙林同时书写了中古宽泛自序佛典序文与中古宽泛自序佛典记，释僧祐同时书写了中古他序佛典序文与中古他序佛典记。

由表3-6可知，中古佛典记的题写形式具有差异化，集中体现在以下三个方面。第一，因时代而异。中古佛典记可判断题写形式者凡20篇，其中汉末魏晋南北朝与隋唐五代分别有17篇与3篇，题写者分别有6人与3人，其篇数与题写者数量因时代而异，呈现出逐步减少的趋势。第二，因类型而异。中古严格自序、宽泛自序与他序的佛典记分别有1篇、13篇与6篇，其题写者分别有1人、5人、3人。第三，同一构成要素的时代性差异。同一题写形式的佛典记在中古时期具有差异：在严格自序方面，严格自序佛典记在汉末魏晋南北朝消失或没有流传下来，在隋唐五代仅存1篇，与中古严格自序佛典后记相一致。在宽泛自序方面，宽泛自序佛典记在汉末魏晋南北朝与隋唐五代分别有12篇与1篇，与中古宽泛自序佛典后记相一致。在他序方面，他序佛典记在汉末魏晋南北朝与隋唐五代分别有5篇与1篇，题写者分别有2人与1人，与中古佛典后记的题写形式相一致。

中古佛典记形态所形成的双重性，一方面是受中古佛典序文影响的结果。中古佛典记作为特殊的文体，与中古佛典序文有一定关联，二者的体例具有一定共性，作者群体有一定交叉，题写与保存的环境相同，为其复杂形态所影响。另一方面与记的发展脉络密切相关。由前文可知，记在汉末魏晋南北朝始被赋予文体意义，于隋唐五代进入文学视野，在中古不断发展，作为其组成部分的中古佛典记，与其同步发展，但在此过程中难免出现不均衡。

中古佛典记形态的双重性，一方面推动了中古宗教文学的发展。中古佛典记与文学的关联度相对较高，文学价值相对较强，为中古宗教文学注入了新的元素，丰富了中古宗教文学的类型，有利于提升中古宗教文学的文学价值。另一方面对中古佛教具有特殊意义。中古佛典记属于佛教典籍的范畴，融入了中古佛教的要素，其形态的双重性无疑有助于对中古佛教演进的认知，丰富了中古佛教与我国社会文化互动的途径，拓展了中古佛教发展的路径。

第四章 中古佛典序跋记的艺术特色

中古佛典序跋记具有鲜明的艺术特色，主要表现在四言句式与譬喻讲说方式方面。中古佛典序跋记的艺术特色将中古不同历史时期的佛典序跋记及其题写者有机统一，彰显了共同的艺术价值取向。

第一节 中古佛典序跋记句式的四言化

中古佛典序跋记的句式呈现出四言化，主要表现在以四言为主要句式的佛典序跋记在中古持续存在，且其作者广泛，扩大了四言句式的使用范围。中古佛典序跋记句式四言化的形成与四言句式本身的属性、中土悠久的四言句文化、齐梁骈文的浸染等因素有关。

一 中古佛典序跋记句式的四言化

中古佛典序跋记的句式呈现出四言化，尽管不存在整篇均为四言句式，然而被融入大量的四言，以四言为主要句式的佛典序跋记在中古持续存在，且题写者广泛。

（一）汉末魏晋南北朝佛典序跋记句式的四言化

四言在汉末魏晋南北朝佛典序跋记的句式中尤为明显，为其题写者广泛使用。

首先，僧众。僧众是汉末魏晋南北朝佛典序跋记的题写者主体，对四言的使用相对较多。（1）域外僧人，在汉末魏晋南北朝，有8位域外僧人题写了佛典序跋记，其句式多融入了四言，如康法邃的《譬喻经序》，除首句的"而前后所写""愿率土之贤"之外，其余均为四言。康孟祥的《佛说兴起行经序》也融入了四言句式，"阿耨大泉，外周围山，山内平地，泉处其中"[1]。康僧会的《佛说大安般守意经序》与《法镜经序》、

---

[1] （清）严可均辑：《全上古三代秦汉三国六朝文·全后汉文》卷106，第339页上。

竺法护的《兼备经后记》、竺法首的《佛说圣法印经题记》等其他汉末魏晋南北朝域外僧人所作佛典序跋记的句式中均融入了四言。(2)域内僧人，在汉末魏晋南北朝，有32位域内僧人题写了佛典序跋记，其句式多含有四言，如严佛调的《沙弥十慧章句序》："其文郁郁，其用亹亹，广弥三界，近观诸身。"① 释道安的《阴持入经序》、释僧叡的《法华经后序》、释僧肇的《长阿含经序》等其他域内僧人所作佛典序跋记的句式中均融入了四言。在汉末魏晋南北朝，无论是域外，还是域内僧人所作的佛典序跋记的句式中均融入了四言，构建了四言句式被使用的一个层面。

其次，最高统治者。在汉末魏晋南北朝，有4位最高统治者，即后秦文桓帝姚兴、梁武帝萧衍、梁简文帝萧纲、梁元帝萧绎题写了5篇佛典序跋记，其句式多夹杂了四言，以梁武帝萧衍的《注解大品序》最具代表性，如"若谈一相，事绝百非，补处默然，等觉息行"②。后秦文桓帝姚兴的《释摩诃衍论序》、梁简文帝萧纲的《庄严旻法师成实论义疏序》、梁元帝萧绎的《内典碑铭集林序》等篇章的句式都融入了四言。

最后，官僚士大夫。在汉末魏晋南北朝，有11位官僚士大夫题写了12篇佛典序跋记，其句式多嵌入了四言，如沈约的《佛记序》中有："横书左字，累万方通，蒻叶成文，重译未晓。"③ 萧子显的《御讲金字摩诃般若波罗蜜经序》、杨衒之的《洛阳伽蓝记序》、王僧孺的《慧印三昧及济方等学二经序赞》、周颙的《抄成实论序》等其他汉末魏晋南北朝官僚士大夫所作佛典序跋记的句式中也均融入了四言。

(二) 隋唐五代佛典序跋记句式的四言化

降至隋唐五代，四言句式在佛典序跋记中得以延续。较之汉末魏晋南北朝，隋唐五代佛典序跋记的篇数及其作者相对丰富，于此拣选代表性篇目以论之。

首先，僧众。僧众是隋唐五代佛典序跋记的题写作者主体，对四言句式的使用相对较多。(1) 域内僧人，在隋唐五代，有65位域内僧人题写了佛典序跋记，其句式融入了四言，释法经的《众经目录序》："佛法东行，年代已远，梵经西至，流布渐多。"④ 释道宣的《释门章服仪序》、释道世的《毗尼讨要序》、释法藏的《般若波罗蜜多心经略疏序》与《般若波罗蜜多心经略疏后记》等其他隋唐五代域内僧人所作佛典序跋记的句

---

① （梁）僧祐撰，苏晋仁、萧鍊子点校：《出三藏记集》卷10，第369页。
② （梁）僧祐撰，苏晋仁、萧鍊子点校：《出三藏记集》卷8，第294页。
③ （清）严可均辑：《全上古三代秦汉三国六朝文·全梁文》卷30，第291页上。
④ （清）严可均辑：《全上古三代秦汉三国六朝文·全隋文》卷35，第678页上。

式中均融入了四言。（2）域外僧人，在隋唐五代，有 5 位域外僧人，即释圆测、释提婆、释不空、实叉难陀、释吉藏题写了佛典序跋记，其句式均含有四言，如释圆测的《造塔功德经序》："或方或圆，厥制多绪，乍琢乍璞，文质异宜。"① 释提婆的《注般若波罗蜜多心经序》、释不空的《略述金刚顶瑜伽分别圣位修证法门序》《译大圣文殊师利菩萨赞佛法身礼序》《大乘瑜伽金刚性海曼殊室利千臂千钵大教王经序》、实叉难陀的《华严经骨目序》《大乘入楞伽经序》、释吉藏的《无量寿经序》《金刚般若经序》等隋唐五代域外僧人所作佛典序跋记的句式中均融入了四言。在隋唐五代，无论是域内僧人，还是域外僧人所作佛典序跋记的句式中都融入了四言，彰显了其对汉末魏晋南北朝僧人所作佛典序跋记句式四言化的继承，促进了隋唐五代佛典序跋记句式的有机统一。

其次，最高统治者。在隋唐五代有 7 位最高统治者，即唐太宗李世民、武则天、唐高宗李治、唐玄宗李隆基、唐代宗李豫、唐德宗李适、吴越国君钱俶题写了 10 篇佛典序跋记，其句式夹杂了四言。唐太宗李世民的《大唐三藏圣教序》中有："乘幽控寂，弘济万品，典御十方。"② 武则天的《大周新译大方广佛华严经序》《大周新翻三藏圣教序》《新译大乘入楞伽经序》、唐高宗李治的《圣记三藏经序》、唐玄宗李隆基的《大宝积经序》、唐代宗李豫的《大唐新翻密严经序》《大唐新翻护国仁王般若经序》、唐德宗李适的《大乘理趣六波罗蜜多经序》等隋唐五代最高统治者所作佛典序跋记的句式中都融入了四言，构成了四言句式被使用的一个层面，是对汉末魏晋南北朝最高统治者所作佛典序跋记句式四言化的传承。

最后，官僚士大夫。在隋唐五代，有 30 位官僚士大夫题写了 35 篇佛典序跋记，其句式中夹杂了四言，以虞世南的《破邪论序》最具代表性，"名闻朝野，长该众典，声振殊俗，威仪肃穆"③。褚亮的《金刚般若经注序》、王勃的《四分律宗记序》、李百药的《大乘庄严经论序》等其他隋唐五代官僚士大夫所作的佛典序跋记的句式中也都夹杂了四言，彰显了其对汉末魏晋南北朝官僚士大夫所作佛典序跋记句式四言化的传承。

要而言之，四言持续存在于中古各个历史阶段的佛典序跋记的句式中，为其题写者广泛使用，成为中古佛典序跋记的语言艺术之一。中古佛典序跋记句式四言化的形成不是偶然性的，而是多重因素相叠加的产物。

---

① （清）董诰等编：《全唐文》卷 912《圆测》，第 9505 页下。
② （清）董诰等编：《全唐文》卷 10《太宗皇帝》，第 119 页下。
③ （清）董诰等编：《全唐文》卷 138《虞世南》，第 1399 页下。

二 中古佛典序跋记句式四言化的成因

佛典序跋记作为佛典的构成部分，它的形成要晚于佛典，故四言句式最先呈现于佛典，之后延伸至佛典序跋记。佛典句式的四言化经历了漫长过程，在早期的佛典翻译与整理中，对佛典句式未有严格要求，三言、四言、五言、六言皆可。随着佛典翻译与整理的深入，对佛典认知的加深及佛典审美要求的提高，佛典句式趋于整齐，其句式逐步四言化并以之为主体，颜洽茂、荆亚玲认为："在支曜译《佛说成具光明定意经》及康孟详译《修行本起经》、《中本起经》三经中，首先出现了大篇幅齐整有序的四言句式。"[①] 四言句式始呈现于支曜与康孟祥所翻译的佛典之中。降至魏晋南北朝，四言逐渐被佛典的翻译者、整理者及编撰者所使用，在佛典句式中的比重有所提高，笔者曾对汉译《百喻经》的句式有过相关统计，认为四言在其句式中所占比重极高，以至于成为其主体。[②] 此外，在竺法护所翻译的《生经》中，四言占其句式总量的79%，在鸠摩罗什法师所翻译的《妙法莲华经》中，四言占其句式总量的81%。要而言之，四言在多个汉末魏晋南北朝佛典的句式中均有所体现。

四言于东汉末期始出现于佛典之中，在魏晋南北朝被广泛使用。由于佛典与其序跋记关系密切，二者形成时间相近，其参与者互相重叠，佛典中的四言句式逐步延伸至其序跋记乃是自然而然的过程，中古佛典序跋记句式的四言化得以形成。除此之外，中古佛典序跋记句式的四言化还与以下三个因素密切相关。

其一，四言句式的属性。四言句式具有以下特点：（1）组合规律。四言的组合模式多为"二二"，即每四字为一停顿，形成"二二"组合，康孟祥的《佛说兴起行经序》中的四言句式组合为："阿耨/大泉，外周/围山，山内/平地，泉处/其中，泉岸/皆/黄金，以四/兽头，出水/其口，各绕/一匝，已，还复/其方，出投/四海。"释道安《阴持入经序》中的四言句式也可做"二二"组合："驰骋/人心，变德/成性，耳聋/口爽……酸号/三趣。其为/病也，犹癫/疾焉……来则/冥然，莫有/所识。"王勃的《四分律宗记序》中的四言句式也可做"二二"组合："昔在/调御，利见/迦维，光宅/净都，抚临/法界。""二二"组合具有很强的规律性，

[①] 颜洽茂、荆亚玲：《试论汉译佛典四言格文体的形成及影响》，《浙江大学学报》（人文社会科学版）2008年第5期。
[②] 赵纪彬：《〈百喻经〉故事研究》，硕士学位论文，江苏师范大学，2012。

第四章　中古佛典序跋记的艺术特色　93

有利于中古佛典序跋记的记诵与书写，孙昌武就此认为："汉译佛典多用四字一顿的形式，少用虚词，这主要是为了朗诵方便，特别是齐诵时音节和谐整齐。"① 尽管是针对汉译佛典，然而具有普遍意义。

（2）句型短小。在四言句式中，每四字停顿成一句，句型相对短小，有利于缓解在诵读中古佛典序跋记时的疲劳，便于对中古佛典序跋记的记诵。后秦文桓帝姚兴的《释摩诃衍论序》中有："盖闻月镜日珠，居爱山王禅宫，履于双道，游于百国，乘于等观，达于恒刹。"寥寥28个字被切化为6个分句，其中六言句2个，四言句4个，每句的字数偏少，句型短小不言而喻。释圆测《造塔功德经序》中的"或方或圆，厥制多绪，乍琢乍璞，文质异宜"，寥寥16个字被切化为4个四言句。释法经的《众经目录序》中的"佛法东行，年代已远，梵经西至，流布渐多。……增减亦异"②，亦是每四字成一句，句型短小，组合规律，为其诵读提供了诸多便利。

（3）富有节奏感与韵律美。在四言句中，每四字为一格，"二二"组合模式富有节奏感与韵律美，朱庆之就此认为："这种独特的文体即由于严格的节律而造成的循环反复、易于上口的节奏感，满足了佛典作为宗教宣传品在语言上应当具备的通俗流畅、容易记诵的要求。"③ 朱庆之指出了四言句式的音乐美感及其功能，尽管是针对汉译佛典，亦适用于中古佛典序跋记。沈约《佛记序》中的四言句式可切化为："横书/左字，累万/方通，蒉叶/成文，重译/未晓。自此/迄今，千祀/过半，灵迹/稍启，名僧/间出。律藏/方等，行来/渐至，蕴乎/西国，未至/者多。"以四字为节拍，而每个节拍又以两个字为单位被切划为两个小节，整个句子结构具有规律性及节奏感，便于记诵。总而言之，四言句组合规律、句型短小、富有节奏感与韵律美，为中古佛典序跋记的题写者所认知并加以使用。

其二，中土悠久的四言句文化。四言在我国的渊源可追溯至古谣民谚，于《诗经》《尚书》《周易》等上古典籍的句式中均有所体现，此后得以延续。两汉之际，四言在史书、赋、碑文等文体的句式中均有所呈现，如班固《汉书》："高祖为人，隆准而龙颜，美须髯，左股有七十二黑子。宽厚爱人，意豁如也。"④ 在当时序文的句式中亦有四言，以刘安

---

① 孙昌武：《佛教与中国文学》，上海人民出版社，2007，第37页。
② （清）严可均辑：《全上古三代秦汉三国六朝文·全隋文》卷35，第678页上—下。
③ 朱庆之：《佛典与中古汉语词汇研究》，台北：文津出版社，1992，第11页。
④ （汉）班固撰，（唐）颜师古注：《汉书》卷一《高帝纪》，中华书局，点校本，1962，第2页。

的《淮南子·要略》最具代表性："经纬人事，上考之天，下揆之地，中通诸理。"① 此外，司马迁的《太史公自序》、班固的《两都赋序》等篇章的句式中均融入了四言。降至魏晋南北朝，四言句式进一步发展，为多个文体的序文句式所用，并进一步延伸至汉译及编纂于中土的佛典中。四言在隋唐五代序跋记中应用广泛，在传奇序、游宴诗序、乐府诗序等中均有所呈现。要而言之，四言在我国存在的历史悠久，应用广泛，呈现于多种典籍及其序跋记的句式中，由此为中古佛典序跋记句式的四言化奠定了基础。

中古佛典序跋记是佛典中国化的产物，形成于我国的社会环境之中，其题写者多为我国人士，其题写者主体多为我国僧人，题写者阶层多为最高统治者、官僚士大夫及文人学士，生活于我国的社会文化环境中，对我国悠久的四言应当知晓并积极借鉴，其佛典序跋记句式的四言化乃水到渠成之事。

其三，齐梁骈文的浸染。骈文的主要特征是语言工整、句式四六间隔对仗、结构平衡对称，在描写笔法上力求繁复、讲求用典。骈文盛行于齐梁，对当时的文学产生了重要影响，对序跋记亦然，促使其语言讲究骈偶和"四六"，由此为中古佛典序跋记句式的四言化奠定了一定基础。此外，中古佛典序跋记的题写者——僧众多生活于骈文盛行的文化环境之中，受骈文影响在所难免，其骈文修养得以提升，丁敏就此认为当时主译僧人及其助手都具有很高的骈文修养，在佛典的翻译过程中限于佛典属性，尽管不可能完全照搬骈文的形式，然而会加以借鉴，使用与骈文相似的体式，主要表现为以四字为主的整齐句式，推动汉译佛典句式的四言化并逐步拓展至其序跋记。最高统治者、官僚士大夫、文人学者、居士生存于骈文盛行的社会环境之中，为之浸染亦在所难免，所作佛典序跋记也相应采用了四言化句式。

综上可知，中古佛典序跋记句式的四言化形成于我国的社会文化环境，是佛教中国化的产物，体现了佛教与我国文化的融合，其成因皆与我国文化有关，其中四言句式本身的属性为内在成因，中土悠久的四言句文化与齐梁骈文的浸染为外在成因。尽管它们多发生在汉末魏晋南北朝，然而对隋唐五代佛典序跋记的句式产生了持续影响，使其相应四言化，最终构建了中古佛典序跋记语言艺术的共性，推动了中古佛典序跋记语言风格的统一。

---

① 何宁撰：《淮南子集释》，中华书局，1998，第1437页。

第二节 中古佛典序跋记讲说方式的譬喻性

譬喻不仅是中古佛典，而且也是中古佛典序跋记重要的讲说艺术。譬喻广泛持续存在于中古各个历史阶段的佛典序跋记中，为其题写者广泛使用。中古佛典序跋记讲说方式譬喻性的形成由譬喻本身的属性、对佛教譬喻经的借鉴、中土已有譬论等因素所致。讲说方式的譬喻性，推动了中古佛典序跋记的讲说艺术形成鲜明特色以及讲说风格的统一。

一 譬喻释义

譬喻为佛典的重要讲说方式，首创于佛陀，他在舍卫城为胜光王（波斯匿王）讲说了佛教史上第一个譬喻故事，其内容梗概如下：之前有一人获罪于国王，在潜逃的过程中，为国王的一只醉象（后世传诵或绘画时多以虎代象，被称为"无常虎"）所追捕，在惊慌之际坠入枯井，当身至半空时，发现井底有个穷凶极恶的龙在吐毒汁，龙的身旁还有五条毒蛇，于是此人牢牢抓住一把草以免坠落井底。这时正好有两只老鼠在啃咬他手中的草，在草将要被啃断之际，他头上的醉象也准备用鼻子来袭击。在此危险时刻，从他头顶的树上断断续续落下的甘甜清爽蜂蜜，滴落到他的口中，这使他暂时忘却了险境。该故事后来收入《维摩诘经》卷二。譬喻最初被佛陀用来宣扬佛理，故事性与趣味性极强。

譬喻是一个动态的概念，在演变的过程中被赋予多重含义，其梵文有三个表达方式：aupamya、dṛṣtānta、avadāna。aupamya"接近于以此喻彼的修辞学意义上的譬喻"[1]，具有比喻的某些属性。dṛṣtānta，以讲述故事为先导，随后阐发佛教义理，形成"先喻后理"的模式，为佛家广泛使用。avadāna带有证喻的意味，其最为鲜明的特色是"神通示现"[2]，也即以神通的方式证明与宣扬佛法，具有很强的神奇色彩。譬喻的多义性，使其成为佛教重要的讲说方式，广泛存在于佛典中，中古佛典序跋记也广泛使用之。

---

[1] 刘正平：《佛教譬喻理论研究》，《宗教学研究》2010年第1期。
[2] 王丽洁：《〈妙法莲华经〉的一乘思想及其文学特征》，博士学位论文，复旦大学，2005。

二 中古佛典序跋记讲说方式的譬喻性

譬喻为中古佛典序跋记的主要讲说方式，一方面以譬喻为主要讲说方式的佛典序跋记在中古持续存在，另一方面以譬喻为主要讲说方式的中古佛典序跋记的题写者广泛。中古佛典序跋记讲说方式的譬喻性，主要表现为对比喻的广泛使用，此乃由其属性所决定，因其篇幅短小，未能融入故事的成分，未能形成"先喻后理"。

（一）汉末魏晋南北朝佛典序跋记讲说方式的譬喻性

譬喻在汉末魏晋南北朝佛典序跋记中广泛存在，为其题写者所用，同时也拓展了譬喻的使用范围，集中体现在以下三个方面。

首先，僧众。僧众是汉末魏晋南北朝佛典序跋记的题写作者主体，对譬喻的使用相对较多。（1）域外僧人。在汉末魏晋南北朝，有8位域外僧人题写了佛典序跋记，其讲说方式不乏对譬喻的使用，康法邃的《譬喻经序》阐释了譬喻的基本特征："牵物引类，转相证据。"[①] 此外，竺昙无兰的《大比丘二百六十戒三部合异序》在阐释不以戒自禁的危害时，运用了比喻手法，若不受戒自禁而冀免于三恶道者，犹如无舟欲渡巨海，又好比鱼脱离深渊及鸿毛掉入盛火，不期望死亡及烧焦者，实乃未曾有之事。在汉末魏晋南北朝域外僧人所作佛典序跋记的讲说方式中，涉及譬喻者唯此二篇。（2）域内僧人。在汉末魏晋南北朝，有32位域内僧人题写了佛典序跋记，其讲说方式对譬喻多有所涉及，释道安的《阴持入经序》曰："其为病也，犹癞疾焉，入骨彻髓、良医拱手；犹癫蹶焉，来则冥然，莫有所识。"[②] 以比喻手法阐释了"阴持入"的危害，犹如病入骨髓、良医束手无策的癞病，又好比毫无症状不为人察觉的癫蹶。释道安的《十二门经序》、释慧远的《阿毗昙心序》、释僧叡的《关中出禅经序》《中论序》、释僧肇的《梵网经序》等其他汉末魏晋南北朝域内僧人所作佛典序跋记的讲说方式，都不同程度地运用了譬喻。在汉末魏晋南北朝，无论是域内僧人，还是域外僧人所作佛典序跋记的讲说方式对譬喻尤其是比喻均有所使用，彰显了讲说艺术的共性，构成了譬喻被使用的一个层面。

其次，最高统治者。在汉末魏晋南北朝，有4位最高统治者题写了5篇佛典序跋记，不乏对譬喻的使用，后秦文桓帝姚兴的《释摩诃衍论序》

[①] （梁）僧祐撰，苏晋仁、萧鍊子点校：《出三藏记集》卷9，第354页。
[②] （梁）僧祐撰，苏晋仁、萧鍊子点校：《出三藏记集》卷6，第248页。

在赞誉《释摩诃衍论》时运用了比喻手法:"《释摩诃衍论》者,斯乃穷性海之源密藏,罄行因之本渊词。以轮星而过乎月珠,君子莫识其旨归;以锦华而达于日域,和畴莫测其涯际。可谓一山界中在两日月,一天下中在两皇帝。"① 在汉末魏晋南北朝最高统治者所作佛典序跋记中,涉及譬喻者唯此一篇,尽管数量相对偏少,却也拓展了譬喻的使用范围。

最后,官僚士大夫。在汉末魏晋南北朝,有11位官僚士大夫题写了12篇佛典序跋记,其讲说方式对譬喻的使用相对较多,陆云公的《御讲般若经序》运用比喻手法,阐述了梁武帝萧衍组织宣讲《般若经》的效果:"于是操持慧刃,解除疑纲,示之迷方,归以正辙,莫不涣然冰释,欣然顶戴,若莲花之渐开,譬月初而增长。"② 王僧孺的《慧印三昧及济方等学二经序赞》、萧子显的《御讲金字摩诃般若波罗蜜经序》、杨衒之的《洛阳伽蓝记序》等其他汉末魏晋南北朝官僚士大夫所作佛典序跋记的讲说方式对譬喻皆有所涉及。汉末魏晋南北朝官僚士大夫所作佛典序跋记讲说方式的譬喻性,处于僧人与最高统治之间,与其参与佛典序跋记题写与保存的程度相一致。

(二) 隋唐五代佛典序跋记讲说方式的譬喻性

与汉末魏晋南北朝相比较,隋唐五代佛典序跋记讲说方式的譬喻性相对浓厚,为其题写者广泛所用,集中体现在以下三个方面。

首先,僧众。僧众是隋唐五代佛典序跋记的题写者主体,对譬喻的涉及相对较多。(1) 域内僧人,在隋唐五代,有65位域内僧人题写了佛典序跋记,其讲说方式对譬喻多有所使用,如释法琳的《般若灯论序》把"去圣时远"时的纷乱状态,比喻为上雪山采药而多收毒草、潜深水求珠却获瓦砾:"属以去圣时远,众论纷然,致令雪山采药,多收毒草,深水求珠,兢持瓦砾。"③ 释道宣的《大唐内典录序》、释道基的《摄大乘论释序》、释靖迈的《法蕴足论后序》等其他隋唐五代域内僧人所作佛典序跋记的讲说方式对譬喻都有不同程度的涉及。(2) 域外僧人,在隋唐五代,有5位域外僧人题写了佛典题写序跋记,唯释吉藏的《金刚般若经序》使用了譬喻,其在盛赞《金刚般若经》统万行时,认为其犹如"若沧海之纳众流;荡纷异,若冬霜之凋百草"④,其他4位隋唐五代域外僧人所作7篇佛典序跋记的讲说方式都没有涉及譬喻。在隋唐五代,无论是

---

① 许明编著:《中国佛教经论序跋记集·东汉魏晋南北朝隋唐五代卷》,第76页。
② (清) 严可均辑:《全上古三代秦汉三国六朝文·全梁文》卷53,第419页下。
③ (清) 董浩等编:《全唐文》卷903《法琳》,第9424页上。
④ 许明编著:《中国佛教经论序跋记集·东汉魏晋南北朝隋唐五代卷》,第205页。

域外僧人，还是域内僧人所作佛典序跋记的讲说方式对譬喻均有不同程度的涉及，彰显了其对汉末魏晋南北朝僧人所作佛典序跋记讲说方式譬喻性的继承。

其次，最高统治者。在隋唐五代，有7位最高统治者题写了10篇佛典序跋记，其讲说方式不乏对譬喻的使用，如唐太宗李世民的《大唐三藏圣教序》在赞誉玄奘法师时曰："松风水月，未足比其清华；仙露明珠，讵能方其朗润。"① 松风水月未能比肩他的清华，仙露明珠无以媲美他的朗润。另外，唐高宗李治的《圣记三藏经序》将唐太宗李世民奉行佛事的行为比喻为重昏夜中的慧炬之光，撒至火宅的润泽法雨。武则天、唐玄宗李隆基、唐代宗李豫、唐德宗李适、吴越国君钱俶所作佛典序跋记的讲说方式未运用譬喻。尽管隋唐五代最高统治者所作佛典序跋记讲说方式的譬喻性相对较弱，却构成了譬喻被使用的一个层面，彰显了对其汉末魏晋南北朝最高统治者所作佛典序跋记讲说方式譬喻性的继承。

最后，官僚士大夫。在隋唐五代，有30位官僚士大夫题写了35篇佛典题写序跋记，其讲说方式涉及譬喻者有2篇，陈子良的《辩证论序》在阐释释法琳的《辩证论》驳斥李仲卿毁谤正法时，运用了比喻手法，认为其犹如"叶坠柯摧，云销雾卷，状鸿炉之焚纤羽，犹炎景之铄轻冰"②。此外，乔匡舜的《新得贞元录大小乘经等序》认为贤者与不贤者对《新得贞元录大小乘经等》价值认知所形成的差异，好比一雨洒地，其润泽并无差异，卉物则有甘苦之异；一日照天，其明亮程度并无差别，万物却有昼夜之别。尽管隋唐五代官僚士大夫所作佛典序跋记讲说方式的譬喻性相对较弱，却构建了譬喻被使用的一个层面，彰显了其对汉末魏晋南北朝官僚士大夫所作佛典序跋记讲说方式譬喻性的继承。

由上可知，譬喻持续存在于中古佛典序跋记的讲说方式之中，为其题写者广泛使用，成为中古佛典序跋记重要的讲说艺术。中古佛典序跋记讲说方式的譬喻性是多个因素作用的必然产物。

三 中古佛典序跋记讲说方式譬喻性的成因

中古佛典序跋记讲说方式譬喻性的形成，主要由以下三个因素所致。

其一，譬喻本身的属性。譬喻能够使用贴近读者的语言，促使佛教义理更为形象化，更加浅显易懂，更便于为听众（受众）知晓。李小荣就

---

① （清）董诰等编：《全唐文》卷10《太宗皇帝》，第120页上。
② （清）董诰等编：《全唐文》卷134《陈子良》，第1351页上。

此认为譬喻"用浅近的世俗语言，按照一定的顺序（如由浅及深、由近到远等）来说理，从而使听众（受众）明了相关的佛理"[①]。譬喻的属性为佛教学者所认识，鸠摩罗什法师的《大智度论》曰："譬喻为庄严议论，令人信著故。"[②] "庄严议论"借助譬喻，使其更易为人接受。譬如凭借梯子更易登楼，苦药若配以蜂蜜更易被服用，若将意识、道德、涅槃等抽象义理借助具体事物来阐释，更易为众生所理解与接受。通过比喻与联想剥去佛教义理的抽象面孔，使之形象可感，化深奥难晓为通俗易懂，乃譬喻的基本属性。

僧众对譬喻的基本属性当知晓并逐渐运用于佛典序跋记的题写中，以使其更为通俗易懂。借助譬喻，中古佛典序跋记的形象更为可感，更有利于听众知晓，竺昙无兰的《大比丘二百六十戒三部合异序》运用双重比喻手法，将不守戒所产生的危害，借助舟、鱼、鸿毛等具体事物加以呈现，形象可感，更容易被理解。陈子良的《辩证论序》借助叶坠柯摧毁、云散雾卷、鸿炉焚纤羽、炎热日光铄轻冰等一系列清晰可感且有一定关联的物象，生动形象地展示了释法琳的《辩证论》对李仲卿毁谤正法的驳斥，使其更易为听众所认知。在中古佛典序跋记的题写者群体中，僧众应当最先熟知譬喻的属性并应用之，逐渐延伸至最高统治者、官僚士大夫、文人学者、居士等其他社会阶层。

其二，对佛教譬喻经的借鉴。譬喻的功能早已为佛教徒所意识，并形成了一定数量的譬喻经，其中直接以譬喻命名者有《旧杂譬喻经》《杂譬喻经》《百句譬喻经》等。孙昌武先生认为除上述佛典之外，一些单本譬喻经与别有标题的譬喻故事集也可归入佛教譬喻经的范畴，二者分别以《箭喻经》与《撰集百缘经》为代表。[③] 毋庸置疑，在佛典中存在多部譬喻经。佛教譬喻经以譬喻为主要讲说方式，为中古佛典序跋记讲说方式譬喻性的形成奠定了一定基础，为其题写者提供了蓝本。僧众接触佛教譬喻经的机会相对较多，对譬喻有所认识，在题写佛典序跋记时理应借鉴。此外，最高统治者、官僚士大夫、文人学者、居士在参与或组织佛教譬喻经的翻译、整理与编撰时，有机会接触佛教譬喻经并借鉴譬喻手法，逐渐应用于佛典序跋记的题写。

其三，中土已有的譬论。譬论为先秦诸子重要的言说方式之一，即用

---

① 李小荣：《汉译佛典文体及其影响研究》，上海古籍出版社，2010，第335页。
② （印）龙树菩萨造，（姚秦）鸠摩罗什译：《大智度论》卷35，《大正新修大藏经》第25卷，台北：佛陀教育基金会出版社，1990，第320页上。
③ 详见孙昌武《关于佛典翻译文学的研究》，《文学评论》2000年第5期。

譬喻故事（丛残小语）来议论，与"先喻后理"的模式具有一定共性，为中土人接受譬喻奠定了基础。譬论约形成于"战国中晚期，以《晏子春秋》、《韩非子》、《吕氏春秋》等为代表；中经《韩诗外传》以故事说诗；'譬论'定型于汉代，以《说苑》为代表"①，存在的历史相对悠久，成为我国早期小说的文体特征之一。我国文化中的譬论是重要的譬喻基因，为僧众、最高统治者、官僚士大夫、文人学者、居士等中古佛典序跋记的题写者接触并使用譬喻奠定了一定基础。中古佛典序跋记的题写者在借鉴譬喻时有所选择，一方面限于序跋记自身属性无法融入故事，另一方面出于服务其题写者意图的需要，故摒弃以讲故事来实现论议的模式，而是借助比喻以实现论议的形象性与通俗易懂。

由上可知，譬喻为中古佛典序跋记重要的讲说艺术，是其艺术特色的构成部分。中古佛典序跋记讲说方式的譬喻性，一方面是域外文化在我国传播的结果，是对佛陀宣讲佛理方式的继承以及对佛教譬喻经的借鉴，融入了域外文化的元素，彰显了域外文化的特色；另一方面是佛教与我国文化中的譬论相融合的产物，中古佛典序跋记讲说方式的譬喻性，形成于我国的文化环境之中，必须找到与我国文化相结合的切合点。尽管推动中古佛典序跋记讲说方式譬喻性形成的要素，多发生在汉末魏晋南北朝，然而譬喻的属性、佛教譬喻经、譬论不会因时代的变迁而消失，对隋唐五代佛典序跋记的讲说方式必将形成影响，最终推动了中古佛典序跋记讲说艺术的鲜明特色与讲说风格的统一。

---

① 陈洪：《譬论的定型——以〈说苑〉为例》，《江苏师范大学学报》（哲学社会科学版）2014年第4期。

第五章　中古佛典序跋记类型与形式的新变

佛典序跋记的类型与形式在中古发生新变，集中表现在以下两个方面：一是中古佛典序跋记类型的丰富。在中古时期，佛典序跋记的类型日趋丰富，以纂集类佛典序跋记、注疏类佛典序跋记、目录类佛典序跋记的形成为代表。中古佛典序跋记类型的丰富被赋予多重意义，它的形成，除佛典数量的增加及其形式的多样化之外，其他要素亦扮演了重要角色。

二是中古佛典序跋记形式的新变。佛典序跋记的形式在中古时期发生新变，除具有目录的意味外，其非单一性尤为明显突出。在中古时期，某一佛典可能被题写有多个序跋记，同时在发生时间、题写者身份、题写数量等方面相对复杂。中古佛典序跋记的非单一性间接反映了佛教的发展程度、佛典价值被认可的程度及其被翻译与整理的频度，同时也丰富了对自身的审视视角。中古佛典序跋记非单一性的形成，与佛典的多次汉译与整理、佛典类型的丰富、佛教宗派的推动等因素密切相关。

第一节　中古纂集类佛典及其序跋记

"纂"指的是编纂、编写，"集"具有集合、汇集之意。纂集是一种重要的文献生成方式，旨在把具有关联性的文献加以汇集整理并按照一定体例进行编写，主要包括总集与别集。在中古时期，一方面伴随着佛典生成途径的多样化，佛典数量不断增加；另一方面伴随着佛教中国化的深入，域外文化与域内文化深度融合，纂集的理念逐渐为佛事活动的参与者或组织者所接受，中古纂集类佛典应运而生。中古纂集类佛典包括合经与法苑，也为其序跋记的题写提供了重要对象，中古纂集类佛典序跋记由此形成，也相应包含了合经类佛典序跋记与法苑类佛典序跋记。中古纂集类佛典序跋记的形成，对于中古佛典序跋记与佛教中国化具有积极意义。

一 中古合经类佛典序跋记

合经属于佛典纂集的范畴，汤用彤认为合经是"藏中盖尝有同本异译之经论，会列其文以见源委"①，也就是说，同一原始佛典历经多次翻译及整理，相应形成多个汉译本，而对其作汇集整理，即为佛典的合经。合经类佛典产生于汉末，首创于支谦。汤用彤揭示了支谦创制合经的原委："读旧译佛经，每恨其朴质，且多胡音，因是或修改前人之作，或另行翻译，故甚注意古今出经之异同。"② 支谦有感于佛典朴质无华，在流变过程中产生多个舛误，为探寻其异与同，以冀还原风貌，故创制合经类佛典。

尽管支谦的《合微密持经》是我国首部合经类佛典，然而其佛典记——《合微密持经记》并未阐释合经类佛典的理念，仅简要记载了支谦的合经行为，为后人留下了阐释的空间。吕澂认为他首先查找与搜集《微密持经》的汉译本，做对比与校勘以厘清源与流、母本与子本，随后"分章断句"，最后则是集于一处进行上下排列，如此《微密持经》多个汉译本的异与同，即可一目了然。由上可知，支谦旨在将《微密持经》的汉译本汇集于一处，以便于诵读者的查阅，省去他们在多处翻阅的劳苦，也为其诵读佛典提供了诸多便利。

尽管合经类佛典的理念由支谦首次提出，却为支敏度首次实践。支敏度不仅编撰了《合维摩诘经》与《合首楞严经》，而且分别为之题写了序文与记。(1)《合维摩诘经序》有四个方面的内容：第一，揭示了《维摩诘经》汉译本间的差异，如果没有正确处理它们的关系将产生多方面的负面影响，因此在面对此类问题时应该秉持全局观念，融会贯通。第二，阐释了支敏度汇集与整理《维摩诘经》汉译本的实践，乃是以支恭明译本为底本、竺叔兰译本为子本并作分章断句，使之以类相从。第三，《合维摩诘经序》阐释了支敏度汇集与整理《维摩诘经》汉译本的初衷，即使读者能够在一处诵读《维摩诘经》的汉译本并且做到融会贯通，读彼顾此，消除乖迕的劳顿。第四，《合维摩诘经序》阐释了支敏度汇集与整理《维摩诘经》汉译本的更高目标："若能参考校异，极数通变，则万流同归，百虑一致。庶可以辟大通于未寤，合同异于均致。"③ 如果能够对

---

① 汤用彤：《隋唐佛教史稿》，中华书局，1982，第87页。
② 汤用彤：《汉魏两晋南北朝佛教史》上册，第151页。
③ （梁）僧祐撰，苏晋仁、萧錬子点校：《出三藏记集》卷8，第311页。

比《维摩诘经》的汉译本，认知它们的差异及其成因，并融会贯通，将有开悟之益。支敏度的《合维摩诘经序》对合经的阐释不仅对佛典，而且对历史、文学等文献也将产生一定的启发。(2)《合首楞严经记》，一方面初步阐释了支敏度汇集与整理《首楞严经》汉译本的举措："今以越所定者为母，护所出为子，兰所译者系之，其所无者辄于其位记而别之。或有文义皆同，或有义同而文有小小增减，不足重书者，亦混以为同。"①原文本《首楞严经》历经支谶首译与支越整理后，再次由竺法护、竺叔兰翻译与整理，由此形成3个汉译本。支敏度在整理《首楞严经》的3个汉译本时，以支越译本为母本、支法护译本为子本、竺叔兰译本为参考，并于阙疑处做标识以示区分。另一方面阐释了对《首楞严经》3个汉译本的处理策略，如果文义相同，或文字略有增减，或不足以重复书写，则将之相混。支敏度的《合首楞严经记》对合经的阐释更为系统化，更具有指导意义。

在中古时期，尽管经过支敏度的系统化阐释与实践，合经并未得到广泛应用，所形成的合经类佛典也相应偏少。在汉末魏晋南北朝，除上文提及三部之外，还有释道安的《合放光光赞略解》等。于隋唐五代，则有释彦琮的《合部金光明经》、释宝贵的《新合部金光明经》等。遗憾的是，中古合经类佛典的偏少并未引起学界的关注，仅罗骧作过探讨。罗骧认为中古合经类佛典形成的基础有两个。(1) 对中印文化差异的充分认知，"合本方法的运用，需要对中国文化与印度文化的差异有所了解，察觉以格义方法研究佛典，会造成文本的误读"②。(2) 合经(本)需要"不同的译本"，只有在佛典及其汉译本丰富的基础上，合经方能得以应用。笔者对此提出异议。首先，其实时人并未充分认识中印文化的差异——当时格义盛行便能说明这一点，更未觉察格义对佛典的误读，这就阻碍了合经(本)的理念进入其视野。其次，在中古时期尤其是汉末魏晋南北朝，佛典翻译与整理成为主要的佛事活动，所形成的佛典浩如烟海。历经数次翻译与整理，相关佛典的汉译本不断增加，如《小品般若经》历经7次翻译并形成了7个汉译本。合经的佛典基础显然是具足的。

尽管中古具备合经被应用的文献基础，然而它的应用程度仍然薄弱，这可能与当时重佛典翻译轻整理的倾向有关。在中古尤其是汉末魏晋南北朝，佛典翻译是重要的佛事活动并被高度关注，当时的佛典序跋记对此有

---

① (梁) 僧祐撰，苏晋仁、萧鍊子点校:《出三藏记集》卷7，第270~271页。
② 罗骧:《两晋佛学中的合本研究》,《宗教学研究》2011年第3期。

所论及。对佛典汉译本的整理多被忽略,尽管佛典出自不同人之手,所形成的时代不同,在流传过程中难免"变异",此现象在当时尚未被充分关注,当时佛典序跋记也较少论及。由前文可知,合经旨在汇集与整理佛典的汉译本,并作对比、校勘等,属于佛典整理的范畴,与中古重佛典翻译轻整理的倾向不相符,其发展受到一定制约,合经类佛典相应偏少。

中古合经类佛典偏少,导致其序跋记也相应较少,汉末魏晋南北朝只有5篇,除上文提及的支谦的《合微密持经记》、支敏度《合维摩诘经序》与《合首楞严经记》之外,还有释道安的《合放光光赞略解序》、竺昙无兰的《大比丘二百六十戒三部合异序》。于隋唐五代有释彦琮的《合部金光明经序》与释宝贵的《新合部金光明经序》等。

尽管数量较少,中古合经类佛典序跋记的内容却相对丰富,它们梳理了佛典在我国翻译、整理、流传的脉络,为认知的流变史提供了重要途径,如释道安的《合放光光赞略解序》勾勒了《放光般若经》与《光赞般若经》在我国被翻译与整理的情形:"《放光》、《光赞》、同本异译耳。其本俱出于阗国持来,其年相去无几。《光赞》,于阗沙门祇多罗以康泰七年赍来,护公以其年十一月二十五日出之。《放光分》,如檀以康泰三年于阗为师送至洛阳,到元康元年五月乃得出耳。先《光赞》来四年,后《光赞》出九年也。《放光》,于阗沙门无罗叉执胡,竺叔兰为译。"①《光赞般若经》与《放光般若经》均来自于阗,二者实为同一原始佛典的不同汉译本。经翻阅帝王纪年的资料可知,史上并无康泰年号,故上文中的"康泰"可能有误,实则应为太康。太康为晋武帝司马炎的第三个年号,始于280年,终于290年,凡10载。《光赞般若经》在286年被祇多罗携带至长安,是年十一月二十五日被竺法护翻译。《放光般若经》在282年被如檀送至洛阳,于291年被罗无叉翻译,尽管比《光赞般若经》来华早了4年,被翻译的时间却晚了5年。此外,释彦琮的《合部金光明经序》梳理了《金光明经》在我国被翻译与整理的情形:该经在我国历经3次翻译与整理,形成了3个汉译本:昙无谶译本为4卷,18品;阇那崛多译本为5卷,12品;真谛译本为22品。

二 中古法苑类佛典序跋记

丁福保认为,法苑是"(杂名)法义之庭苑也。佛教之范围法义丛在"②。

---

① (梁)僧祐撰,苏晋仁、萧錬子点校:《出三藏记集》卷7,第265页。
② 丁福保编纂:《佛学大辞典》,文物出版社,1984,第699页。

法苑具有总集的属性，旨在汇集与整理不同类型的文献，而不是某一人的作品。汤用彤阐释了法苑的初衷，"或汇集佛典事理，俾便翻寻；或集中华撰述，免至佚遗"①。法苑类佛典早在汉末魏晋南北朝业已形成，如康僧会的《旧譬喻经》、康法邃的《譬喻经》、求那毗地的《百喻经》、支娄迦谶的《杂譬喻经》、失译者的《杂譬喻经》、鸠摩罗什法师的《杂譬喻经》、释觉慧的《贤愚经》等，均由域外僧人所翻译。域内首部法苑类佛典是释僧祐的《弘明集》。降至隋唐五代，法苑类佛典亦有一定发展，以释道世的《法苑珠林》与《诸经要集》、释彦琮的《众经法式》、释道宣的《广弘明集》等为代表。中古法苑类佛典的构成因时而异，其成分，由汉末魏晋南北朝域外佛典的汉译本，到隋唐五代编撰于域内的佛典；其生成途径，由汉末魏晋南北朝的翻译，到隋唐五代的编撰；其题写者，由汉末魏晋南北朝的域外僧人，到隋唐五代的域内僧人，与中古佛典序跋记及其题写者的演变脉络相一致。

中古法苑类佛典的数量相对丰富，为其序跋记的题写奠定了基础，法苑类佛典序跋记应运而生。汉末魏晋南北朝，以释僧祐的《弘明集序》与《贤愚经记》，康法邃的《譬喻经序》，释宝唱的《经律异相序》，佚名的《百句譬喻经前记》与《百喻经跋偈》等为代表；隋唐五代，以释道宣的《广弘明集序》，唐太宗李世民的《大唐三藏圣教序》，唐高宗李治的《圣记三藏经序》，武则天的《大周新翻三藏圣教序》，唐中宗李显的《大唐中兴三藏圣教序》，李俨的《法苑珠林序》与《金刚般若经集注序》，释道世的《诸经要集序》，释玄则的《禅林妙记前集序》与《禅林妙记后集序》等为代表。

中古法苑类佛典序跋记在演变的过程中形成鲜明特色，集中体现在以下三个方面。（1）题写者呈现不断扩大的倾向，由汉末魏晋南北朝单一的僧人题写者，到隋唐五代最高统治者的加入，与中古佛典序跋记题写者的演变相一致。（2）篇数略有增加，由汉末魏晋南北朝的5篇，到隋唐五代的10篇，与中古佛典序跋记的发展态势相一致。（3）题写时间相对分散，即法苑类佛典序跋记由汉末魏晋南北朝延伸至隋唐五代经历了相对漫长的过程。在汉末魏晋南北朝法苑类佛典序跋记中，除佚名的《百句譬喻经前记》之外，以释宝唱的《经律异相序》的题写时间最晚。刘飒认为《经律异相》成书于"天监十五年"②，即516年。许云和认为：

---

① 汤用彤：《隋唐佛教史稿》，第87页。
② 刘飒：《释宝唱著述考》，《古籍整理研究学刊》2011年第3期。

"宝唱之卒应该就在大同年间。"① 大同是梁武帝萧衍的年号，其起止时间分别为535年与546年，以此而论，释宝唱最晚卒于546年。释宝唱在516年至546年之间，为《经律异相》题写了序文，具体时间不详。尽管如此，与唐太宗李世民题写《大唐三藏圣教序》的时间至少相隔了102年。

由于多数隋唐五代法苑类佛典序跋记未交代题写时间，在此以其题写者的身份为脉络进行梳理。首先，隋唐五代最高统治者题写法苑类佛典序跋记的时间。在隋唐五代最高统治者为法苑类题写的佛典序跋记中，以唐太宗李世民的《大唐三藏圣教序》的形成时间最早。关于《大唐三藏圣教序》的题写时间，释彦悰的《大慈恩寺三藏法师传》有相关记载，梗概如下：唐太宗李世民于648年春季驾幸玉华宫，与玄奘法师交流佛法，应他的奏请，为他所翻译的佛典题写了序文——《大唐三藏圣教序》。关于《圣记三藏经序》的题写时间，由其"伏见御制众经序"的记载可知，其应该题写于《大唐三藏圣教序》之后，唐高宗李治登基之前，也即648年之后，649年之前。关于《大周新翻三藏圣教序》与《大唐中兴三藏圣教序》的题写时间，可参看蓝吉富的相关论述："武则天分别于垂拱元年（685）、长安三年（703）为日照、义净作《大唐新译三藏圣教序》、《大周新翻三藏圣教序》；唐中宗于神龙元年（705）为义净作《大唐中兴三藏圣教序》。"②

其次，隋唐五代官僚士大夫题写法苑类佛典序跋记的时间。在隋唐五代的官僚士大夫中，唯李俨题写了2篇法苑类佛典序文：《法苑珠林序》与《金刚般若经集注序》。《法苑珠林序》的题写时间未被李俨交代，于此以《法苑珠林》的成书时间为线索予以探寻。《法苑珠林》的成书时间为宋代释赞宁的《宋高僧传》所记载："世之用心周乎十稔，至总章元年毕轴。"③ 释道世于659年着手，在668年最终完成《法苑珠林》的编纂。由此可知，李俨为《法苑珠林》题写序文的时间不早于659年。安正燻认为《法苑珠林序》于666年，由释道世邀请李俨题写，"麟德三年，底稿初成，请李俨为序"④，本书从之。此外，《金刚般若经集注序》的题写时间无法判定，一方面李俨未明确交代，另一方面未被其他文献资料提及。

最后，隋唐五代僧众题写法苑类佛典序跋记的时间。释道世的《诸

---

① 许云和：《梁扬都庄严寺沙门释宝唱生平及著作考略》，《宗教学研究》2009年第3期。
② 蓝吉富主编：《中华佛教百科全书》第8册，台北：中华佛教百科文献基金会，1994，第4814页。
③ （宋）赞宁撰，范祥雍点校：《宋高僧传》卷4，中华书局，1987，第67页。
④ 安正燻：《〈法苑珠林〉叙事结构研究》，博士学位论文，复旦大学，2003。

经要集序》记载了《诸经要集》的成书时间，即"显庆年中"。显庆为唐高宗李治的年号，始于656年，止于661年，凡5年。由于《诸经要集序》只能题写于《诸经要集》成书之后，释道世去世之前，即656年至683年之间，具体时间不详。关于《禅林妙记前集序》的题写时间，一方面其题写者释玄未交代，另一方面从现存文献未发现任何线索，由此无法被确定。关于《禅林妙记后集序》的题写时间，可由《禅林妙记后集》的成书时间窥测。《禅林妙记后集》的编撰始于663年五月十七日，最终完成于664年五月四日，耗时近1年，《禅林妙记后集序》也只能在此之后被题写，具体时间不详。

在隋唐五代法苑类佛典序跋记中，以唐太宗李世民的《大唐三藏圣教序》的题写时间最早，与释宝唱的《经律异相序》相隔了百余年。释宝唱的《经律异相序》为汉末魏晋南北朝法苑类佛典序跋记的终结者，唐太宗李世民的《大唐三藏圣教序》是隋唐五代法苑类佛典序跋记的开启者，暗示了中古法苑类佛典序跋记发展的断层。

尽管法苑类佛典序跋记在中古存在断层，但仍然存在诸多共性，在题写思维上尤为突出。中古法苑类佛典序跋记多围绕其题写对象而展开，或阐释其名称的内涵，以释僧祐的《弘明集目录序》与李俨的《法苑珠林序》最具代表性；或记载其卷帙，如释宝唱的《经律异相序》认为《经律异相》"凡为五十卷，又目录五卷"[1]；或揭示其翻译者与整理者的意图，以康法邃的《譬喻经序》与释道世的《诸经要集序》最具代表性。

中古纂集类佛典序跋记的题写，与纂集类佛典的形成密切相关。序跋记以其题写对象为基础。新题写对象的出现为其序跋记的题写奠定了一定基础，中古纂集类佛典序跋记亦然。中古存在纂集类佛典形成的条件，一方面伴随着佛典生成途径的多样化，佛典数量的丰富，为它的查阅、阅读与保存造成不便，对其汇集与整理势在必行，佛典的纂集应运而生。由于纂集的要求不一，分化为合经与法苑。另一方面受域外文化与域内文化融合的影响，佛典的纂集首创于支谦，随着佛教的传播，其与我国已有的文献纂集相融合，为纂集类佛典在我国的实践提供了基础。翻译与整理原始纂集类佛典以及编撰新的纂集类佛典，为其序跋记的题写奠定了基础。

尽管中古纂集类佛典序跋记的数量偏少，却被赋予积极意义。对于中古佛典序跋记而言，中古纂集类佛典序跋记丰富了其类型，彰显了其题写领域的拓展。对于中古佛典而言，为其查阅提供了诸多便利，拓展了其阅读群体，

---

[1] （清）严可均辑：《全上古三代秦汉三国六朝文·全梁文》卷74，第553页下。

丰富了其保存途径。对于佛教中国化而言，中古纂集类佛典序跋记是域内文化与域外文化相融合的产物，是原始纂集类佛典与我国文化相结合的成果，多角度彰显了佛教的中国化，为认知佛教中国化提供了新的视角。

第二节　中古注疏类佛典及其序跋记

在中古时期，伴随着佛事活动的多元化，注疏逐渐进入佛典翻译者、整理者与编撰者的视野，注疏类佛典由此形成，中古注疏类佛典序跋记应运而生。除此之外，中古注疏类佛典序跋记的形成，是对印度早期佛教中佛典注疏传统的继承，也受我国典籍注疏之风的浸染，更是对注疏属性深入认知的必然结果。中古注疏类佛典序跋记的形成，对中古佛典序跋记以及佛教在我国的传播具有积极意义。

一　中古的佛典注疏活动

注疏是注文和疏解的合称，在我国有着悠久历史，二者最初是分开的，内涵亦有所差异。注又称传、笺、解、章句等，旨在注解典籍，始于汉代。汉代在注解经籍上取得了一定成就，形成了以马融的《周易注》、郑玄的《毛诗注》与《仪礼注》、贾逵的《春秋左氏解诂》等为代表的名篇佳作。疏又称义疏、正义、疏义等，是对典籍注解的再次注解，形成于唐太宗时期。唐太宗李世民诏孔颖达与诸儒择定五经，敷畅传疏，谓之正义，也即今之所谓疏，《五经正义》的问世，标志疏的正式确立。注疏这一概念形成于宋光宗绍熙年间，伴随着《十三经》汉注唐疏合刊的完成，正式成为典籍注解的专用术语。

注疏多关注典籍的文字正假、语词意义、音读正讹、语法修辞以及名物、典制、史实等方面，重在对典籍的多角度训解。经过注疏的典籍，更易为人阅读与使用，影响力显著提升，而这又推动了注疏更多的典籍。整体而言，典籍注疏的范围逐步扩大，由经籍逐步拓展至史籍、子书、辞书，乃至佛典。严佛调最先将注疏引入佛典，编撰了我国首部注疏类佛典——《沙弥十慧章句》，为之所题写的序文——《沙弥十慧章句序》，也相应成为我国首篇注疏类佛典序文。

东汉末期，为佛典作注解的活动相对较少，参与者也相应较少，且基本为早期来华的域外僧人。本为康居国人，于汉献帝时期来华的康僧会为《安般守意经》作注解，其《安般守意经序》对此有记："陈慧注义，余助斟酌。"① 此外，本为月氏国人，于汉桓帝时来华的支谦为《了本生死经》作注解，此举为释道安的《了本生死经序》所赞誉，详论可参看相关记载。东汉末期，注解佛典在整体上相对偏弱，与佛教初传我国，传播与发展不充分密切相关。

降至魏晋南北朝，为佛典作注解得以延续，参与者有所增加，如域外僧人竺昙无兰注解了《千佛名号》中的异字，"余今别其可了，各为佛名；意所不了，则全举之，又以字异者注之于下"②。多个域内僧人亦参与其中，如释道安，一方面为《人本欲生经》《道行经》与《十二门经》等多部佛典作注解，详见他为之所题写的序文；另一方面再次注解前人已注解的佛典，如对康僧会所注解的《安般守意经》予以再次注解，其《安般注序》对此有记载。除道安法师之外，其他域内僧人也为佛典作注解，如竺道攸注解了《胜鬘经》，详见释道慈的《胜鬘经序》；释弘允与释僧馥分别为《新出首楞严经》与《菩提经》作注解，详见二人所题写的《新出首楞严经序》与《菩提经序》。此外，释僧卫、释僧肇等亦为佛典作注解。由上可知，在汉末魏晋南北朝，为佛典作注解得到了域外与域内僧人的积极响应，推动了注疏类佛典的形成。

在隋唐五代，为佛典作注解的活动进一步活跃，参与者增加，如释道宣在651年九月十九日完成了对《四分律戒本》的注解，其《四分律含注戒本疏后记》就此有详细记载。释智顗与释宗密分别为《维摩诘经》与《圆觉经》作注解，详见释神迥的《天台法华疏序》与释宗密的《大方广圆觉经略疏序》的相关记载。此外，释法藏、释道液等其他隋唐五代域内僧人亦为佛典作注解，于此不一一述之。

整体而言，在中古时期，与域内僧人相比较，域外僧人参与佛典注解的程度相对较弱，与中古佛典序跋记题写者的演变趋势保持一致。

二 中古注疏类佛典序跋记的形成

在中古时期，为佛典作注解引起时人的重视，参与者也相对较多，由此推动了注疏类佛典的形成。注疏类佛典在中古的持续形成，丰富了其序跋记的题写对象，注疏类佛典序跋记由此形成。关于中古注疏类佛典序跋记的状况，详见表5–1。

---

① （梁）僧祐撰，苏晋仁、萧鍊子点校：《出三藏记集》卷6，第244页。
② （梁）僧祐撰，苏晋仁、萧鍊子点校：《出三藏记集》卷11，第420页。

表 5-1　　　　　　　　中古注疏类佛典序跋记列表①

汉末魏晋南北朝		隋唐五代	
题写者	篇目	题写者	篇目
释道安 （6篇）	《安般注序》 《道地经序》 《十二门经序》 《人本欲生经序》 《道行般若经序》 《大十二门经序》	释智顗	《佛说观无量寿佛经疏序》
		褚亮	《金刚般若经注序》
		释道宣	《四分律含注戒本疏后记》
		李俨	《金刚般若经集注序》
		释窥基 （2篇）	《阿弥陀经通赞疏序》 《说无垢称经疏后记》
释僧卫	《十住经含注序》	释道液	《净名经集解关中疏序》
竺昙无兰	《千佛名号序》	释法藏 （3篇）	《大乘起信论疏序》 《般若波罗蜜多心经略疏序》 《般若波罗蜜多心经略疏后记》
释道慈	《胜鬘经注序》		
释僧肇	《注维摩诘经序》		
释僧馥	《菩提经注序》	李知非	《注般若波罗蜜多心经序》
释弘允	《新出首楞严经序》	释神逈	《天台法华疏序》
陈慧	阴持入经注序	释湛然	《维摩经略疏序》
萧衍 （2篇）	《注解大品序》 《大般涅槃经义疏序》	释澄观 （3篇）	《大方广佛华严经疏序》 《贞元新译华严经疏序》 《大方广佛华严经随疏演义序》
佚名	《首楞严三昧经注序》	梁肃	《维摩经略疏序》
		释宗密 （2篇）	《大方广圆觉经大疏序》 《大方广圆觉经略疏序》
		裴休	《大方广圆觉经疏序》
		释提婆	《注般若波罗蜜多心经序》
10人，16篇		15人，21篇	
25人，37篇			

---

① 若无说明，本章中的表格内容与次第均依据许明编著的《中国佛教经论序跋记集·东汉魏晋南北朝隋唐五代卷目录》。若同一题者有多篇佛典序跋记，则按照题名字数由少到多排列，以便于美观。部分佛典序跋记的名称为笔者所加。随着文献的挖掘与整理，将会形成新的中古注疏类佛典序跋记，本表格并未囊括中古注疏类佛典序跋记的全部。

由表5-1可知，形成于中古时期的注疏类佛典序跋记凡37篇，尽管占当时佛典序跋记总量的比重不高，其意义不容忽视。一方面其题写者与中古佛典序跋记题写者的演变相一致，由汉末魏晋南北朝以僧众为主体，到隋唐五代延伸至官僚士大夫。另一方面彰显了当时佛典序跋记类型的丰富，推动了中古佛典序跋记内容的丰富，中古注疏类佛典序跋记有时揭示了佛典注疏者的意图，如释道安的《大十二门经序》揭示了为《大十二门经》作注解的意图："今为略注，继前人之末，非敢乱朱，冀有以寤焉。"①《道地经序》与《十二门经序》阐释了释道安注解《道地经》与《十二门经》的起因，详情参看二者的相关内容。

三 中古注疏类佛典序跋记的成因

中古注疏类佛典序跋记的形成不是偶然的，而是多重因素共同作用的必然结果。它一方面与中古注疏类佛典的发展密切相关，前文已述；另一方面也与继承印度早期佛教中佛典注疏的传统，受我国典籍注疏之风的浸染，对注疏属性的深入认知等因素有关。

首先，对印度早期佛教中佛典注疏传统的继承。在印度早期佛教中业已存在为佛典作注解的行为，严佛调的《沙弥十慧章句序》说："佛既泥曰，微言永绝……凡所著出十二部经。其后高明各为注说，章句解故，或以十数。"②释慧远的《三法度经序》亦有所记："其后有大乘居士，字僧伽先，以为山贤所集，虽辞旨高简，然其文犹隐，故仍前人章句，为之训传。"③僧伽先，也即僧伽斯，为天竺大乘法师，最早生于354年④，迄今尚未发现他来华的记载，他为《三法度经》作章句的行为可能发生于印度。观上可知，在印度早期佛教中业已存在为佛典作注解的先例，它可能伴随着佛教而传入我国，为我国佛典注解的形成奠定了基础。事实确实如此，在早期来华域外僧人的推动下，印度早期佛教中注解佛典的行为在我国得到实践，为我国的佛典注解提供了一定借鉴。印度早期佛教中注解佛典的行为，被时人的认识、接受、吸纳是一个逐渐深入的过程，因此在佛教初传时期，它更多局限于早期来华的域外僧人，域内僧人很少参与其

---

① （梁）僧祐撰，苏晋仁、萧鍊子点校：《出三藏记集》卷6，第254页。
② （梁）僧祐撰，苏晋仁、萧鍊子点校：《出三藏记集》卷10，第368页。
③ （梁）僧祐撰，苏晋仁、萧鍊子点校：《出三藏记集》卷10，第379页。
④ 业师陈洪教授持此观点，详见陈洪《〈百喻经〉版本校勘佚文等问题考论》，《佛学研究》2003年刊，第198页。

中。降至中古，随着时人对印度早期佛教中佛典注解的深入认识，域内僧人的参与度有所提升。

其次，受中古经籍注疏之风的浸染。中古佛典注疏产生于我国的社会文化环境中，受其影响在所难免。在中古的社会文化中，与佛典注疏关系最为紧密的则为当时的经籍注疏，二者属性相同，只是对象不同而已。中古时期，我国典籍注疏相对活跃，也取得了一定成就，主要表现在以下两个方面。

第一，典籍注疏范畴的拓展。中古时期，时人在"五经"的基础上，进一步拓展典籍注疏的范围。（1）史籍。中古时期，随着史籍的形成，为史籍作注解逐渐兴起，形成了一定数量的史籍注，以《史记》的三家注为代表——刘宋时裴骃的《史记集解》，唐代司马贞的《史记索引》，唐代张守节的《史记正义》。此外，裴松之、颜师古、李贤分别为《三国志》《汉书》《后汉书》作注解。要而言之，中古时期，注解史籍为时人所重视，形成了内容丰富与形式多样的史籍注，详情可参看魏徵《隋书·经籍志》的相关内容。（2）子书。中古时期，以先秦诸子为创作主体的子书得到了一定发展，成为当时文化的重要组成部分之一，为其作注解以挖掘其价值逐渐进入时人的视野，并形成了大量的子书注，汉末魏晋南北朝以何晏的《论语集解》、王弼的《老子注》、皇侃的《论语义疏》等为代表，隋唐五代以卢藏用的《老子注》与《注庄子内外篇》、杜牧的《注孙子》为代表，详情可参看魏徵《隋书·经籍志》的相关内容。（3）辞书。如《楚辞》，形成了以郭璞的《楚辞注》、皇甫遵训的《参解楚辞》、徐邈的《楚辞音》等为代表的注解。（4）类书。以李善及五臣注解《文选》为代表。中古典籍注疏的拓展远不止上述四类，限于篇幅因素，不一一列之。中古典籍注疏的拓展，彰显了典籍注疏的广泛开展，推动了注疏类典籍的形成，柏明、李颖科认为："魏晋南北朝时期，注史风气之盛，史注量之多，均为前所未有。"[1] 对其他典籍的注解亦然。

第二，典籍注疏的精密化。中古典籍注疏呈现出精密化倾向，以典籍的重复注解、形式的多样化、内容的丰富为代表。在中古时期，典籍被重复注解的现象时有发生且不局限于五经，参看表5-2中的例子。

---

[1] 柏明、李颖科：《论魏晋南北朝时期的史注》，《西北大学学报》（哲学社会科学版）1986年第3期。

第五章 中古佛典序跋记类型与形式的新变　113

表 5-2　　　　　　　　中古典籍多次注疏一览表

作品	初次	二次
《周易》	魏·王弼等注	（唐）孔颖达疏
《毛诗》	汉·郑玄笺	（唐）孔颖达疏
《尚书》	汉·孔安国传	（唐）孔颖达疏
《礼记》	汉·郑玄注	（唐）孔颖达疏
《春秋左传》	晋·杜预注	（唐）孔颖达疏
《春秋穀梁传》	晋·范宁注	（唐）杨士勋疏
《春秋公羊传》	汉·何休注	（唐）徐彦疏
《仪礼》	汉·郑玄注	（唐）贾公彦疏
《周礼》	汉·郑玄注	（唐）贾公彦疏
《文选》	唐·李善注	（唐）五臣（吕延济、刘良、张铣、吕向、李周翰）注
《老子》	三国·虞翻训注	（魏晋）王弼子注
《汉书》	齐·陆澄注 梁·刘孝标注 梁元帝萧绎经	（唐）颜师古注
《论语》	三国·虞翻注	（魏晋）何晏集解 （梁）皇侃义疏

此外，中古典籍注解的形式也逐渐多样化，以史籍注为例，它包括"注体、解体、训体、考辨体、音义体、集解体、自注体等体式"[1]。中古典籍注解类型的丰富是其趋于精密化的表现之一，也是其实现途径的多样化表现之一，满足了读者对其的多元化需求。中古时期，典籍注解的内容也相对丰富，以史籍注为例，柏明、李颖科认为它主要包括"注明字音、解释语词、校勘文字、注释地理、注释名物及典故、增补事实、纠纰攻谬、评论人物及史事"[2]，不再限于语词的解释，在注解的过程中融入了议论，在议论中融进了情感态度，实现了由注解到议论的拓展，其内容也相应地被融入了更多元素。

---

[1] 刘治立：《魏晋南北朝时期的史注体式》，《固原师专学报》2003 年第 1 期。
[2] 详见柏明、李颖科《论魏晋南北朝时期的史注》，《西北大学学报》（哲学社会科学版）1986 年第 3 期。

中古典籍注疏范畴的拓展及其精密化，反映了典籍注疏的活跃以及其影响力的不断提升，对佛典形成影响亦在所难免。佛典形成于域外，其翻译、整理、编撰与传播则进行于典籍注疏活跃的社会文化环境之中，为中古佛典注疏的创作营造了良好氛围，也提升了其被时人的关注度。

　　最后，对注疏属性的深入认知。注疏重在对典籍的注解，主要涉及训诂文字，阐释语词意义，标注字词音读，阐释语法修辞，解读名物、典制、史实、地理、历史等文化知识，注疏后的典籍更容易为人接受，版本质量也有所提升，佛典亦然。佛典多形成于域外，用域外语言书写，难免存在语言认知的障碍，加之佛典中的义理抽象且深奥，增加了国人的认知难度。因此，佛典欲在我国广泛传播，就必须去掉其陌生与抽象的面孔，注疏无疑具备此功能。通过注疏，佛典的内容与形式有利于为国人所认知，其书写语言呈现出国人所熟知的风格，其抽象的佛理也更易理解。

　　综上可知，中古注疏类佛典序跋记的形成是多重因素共同作用的结果。印度早期佛教中佛典注疏的传统，是中古注疏类佛典序跋记的域外文化渊源，也是其母体；中古典籍注疏之风的浸染，是中古注疏类佛典序跋记形成的具体社会文化语境；对注疏属性的深入认知，是中古注疏类佛典序跋记形成的内在动力。中古注疏类佛典序跋记，既是域外文化在我国广泛传播的结果，也是佛教与我国社会文化相融合的产物。

　　中古注疏类佛典序跋记的形成，一方面对中古佛典序跋记具有积极意义，它丰富了中古佛典序跋记的类型，为其内容与形式注入了新的元素，推动了其题写领域的拓展；另一方面对佛教具有积极意义，它促使佛典呈现出国人所熟知的风格与语言，为国人认知与诵读佛典提供了更多便利，增进了国人对佛教义理的接受，推动了佛教在我国的传播。

第三节　中古目录类佛典及其序跋记

　　在中古时期，佛典数量越来越庞大，对其查阅造成一定不便，为其编制目录成为需要，目录类佛典应运产生。中古目录类佛典在某种意义上改变了佛典类型的单一性，也为其序跋记的形成奠定了一定基础。目录类佛典序跋记是形成于中古时期的一种新型佛典序跋记，体现了序跋记在中古目录类佛典领域的延伸，彰显了中古佛典序跋记题写范围的扩展。中古目录类佛典序跋记在演进的过程中，亦受目录影响，自身也带有目录的意味，因此它主要包括两个类型：佛典目录文献序跋记与具有目录意味的佛典序跋记，二者同中有异。与其他佛典序跋记相比较，中古目录类佛典序跋记具有鲜明特色，但它在多个方面发展缓慢，不仅形成的时间相对较晚，而且篇数与题写者也相对较少，尤其是具有目录意味的佛典序跋记在隋唐五代趋于消亡。

一　佛典目录的流变

何谓目录？著名文献学者王欣夫认为："目"指的是"书中的篇目"，"录"则是"合篇目和叙的总称"[1]。将二者合为一者始于刘向。刘向在整理典籍时"爰著目录，略序洪烈"[2]。目录在我国存在的历史相对悠久，它萌芽于先秦典籍，"《诗》、《书》之序，即其萌芽"[3]，《诗》与《书》之序为孔子所作，包含了目录的元素。此后，它的发展极为缓慢，至刘向时始定型且应用于典籍的整理，在刘歆的推动下进一步发展。刘歆在撮取刘向《别录》的基础上编撰了《七略》，对典籍开始进行分类，形成"七略"：辑略、六艺略、诸子略、诗赋略、兵书略、数术略、方技略，并加以详细论述，如诗赋略著录了五类作品：屈原赋之属、陆贾赋之属、孙卿赋之属、杂赋、歌诗。刘歆的《七略》是我国第一部官修目录，奠定了我国目录学的基础，对后世产生了一定影响，如班固的《汉书·艺文志》就是在其基础上编撰而成的。

经刘向、刘歆父子之手，我国目录学的体制基本形成，而延及佛典则经历了漫长过程。佛典目录的形成具有渐进性，并非一次性定型。著名目录学家姚名达认为佛典目录萌芽于安世高与支谦，"观乎后竺法护、释真谛之译经有录，则始创佛录者，其安清、支谦之伦"[4]。安世高（即安清）与支谦来华的时间相对较早，在我国翻译与整理了大量佛典，二人"必有一纸账单以为备查之用"。安世高、支谦手中以备查用的"佛典账单"尽管简单，却被视为我国早期佛典目录的雏形，为其正式形成奠定了一定基础。安世高本为安息国之人，于汉桓帝时来华，历时20余载，翻译了30余部佛典。支谦本为月氏人，于汉灵帝时随祖父来华，在华期间，翻译与整理了《维摩诘经》《大般泥洹经》《法句经》《瑞应本起经》等49

---

[1] 王欣夫撰：《文献学讲义》，上海古籍出版社，2005，第7页。
[2] （汉）班固撰，（唐）颜师古注：《汉书》卷100下《叙传第七十下》，第4244页。
[3] 余嘉锡：《目录学发微》，上海古籍出版社，2013，第3页。
[4] 姚名达：《中国目录学史》，商务印书馆，2014，第201页。

部佛典。因此，我国佛典目录的雏形约形成于安世高完成30余部佛典翻译的168年，与刘向、刘歆父子完成典籍整理与编目的公元前6年，相距了174年，较之我国其他典籍的目录，其形成时间相对较晚。在我国早期佛典目录形成的过程中，早期来华的域外僧人发挥了重要作用，域内人士的参与度极低。朱士行的《汉录》可能是我国域内之人所编撰的首个佛典目录，其成书于260年，与安世高完成30余部佛典翻译的168年，相隔了90余载。

尽管安世高、支谦手中以备查用的"佛典账单"并非真正意义上的佛典目录，仍然为佛典目录的编撰提供了借鉴，如朱士行的《汉录》、竺法护的《众经录》、支敏度的《经论都录》与《经论别录》等都是在其基础之上进一步完善的。降至魏晋南北朝，在释道安的推动下，我国佛典目录正式形成，其《综理众经目录》被视为我国佛典目录的开山之作。《综理众经目录》编撰于374年，收录了东汉至晋孝武帝之间的汉译佛典及其注经，凡639部886卷，分门别类，囊括了经论录、古异经录、失译经录、凉土失译经录、关中失译经录、疑经录等。遗憾的是，释道安的《综理众经目录》并未流传下来。尽管如此，它在中国佛典目录演变的过程中具有一定意义，为后之佛典目录的形成奠定了重要基础，如释僧祐的《出三藏记集》则是在其基础上编撰而成的。

我国现存最早的佛典目录为《出三藏记集》，然而它并非一次性成书，而是在释僧祐入梁之后，不断被补充，"直至次年僧祐去世以前，皆在不断增补之中"[①]。释僧祐生于445年，卒于518年，在去世的前一年，也即在517年，仍在不断增补《出三藏记集》。释僧祐的《出三藏记集》凡15卷，包括四个部分："撰缘记"（卷一）、"铨名录"（卷二至卷五）、"总经序"（卷六至卷十二）、"述列传"（卷十三至卷十五），在我国佛典目录的发展过程中发挥了承上启下的作用。

与我国其他典籍的目录相比较，佛典目录的萌芽与正式形成均相对较晚，其发展也相对缓慢，从168年的萌芽到374年的正式形成，历时200余年，再到517年现存最早典籍的成书，又耗时了143年。

二 中古目录类佛典的形成

尽管目录类佛典的形成时间相对较晚且其发展相对缓慢，在中古时期仍然形成了一定数量的目录类佛典，详见表5-3。

[①] （梁）僧祐撰，苏晋仁、萧鍊子点校：《出三藏记集·序言》，第11页。

第五章　中古佛典序跋记类型与形式的新变　117

表 5-3　　　　　　　　　　中古目录类佛典列表①

汉末魏晋南北朝		隋唐五代	
编撰者	篇目	编撰者	篇目
竺道祖	《汉录》	释法经	《大隋众经目录》
王俭	《佛经录》	费长房	《开皇三宝录》
阮孝绪	《佛法录》	释彦琮（2部）	《随仁寿年内典录》《林邑所得昆仑书诸经目录》
竺法护	《众经录》		
刘勰	《定林寺藏经录》		
聂道真	《众经目录》（《聂道真录》）	释灵裕	《译经录》
菩提流支	《译众经论目录》	王彦威	《内典目录》
释法上	《齐世众经目录》	释智果	《众经目录》
释道凭	《释道凭录》	释玄琬	《唐众经目录》
释僧叡	《二秦众经录目》	释道宣（2部）	《大唐内典录》《大唐京师西明寺所写正翻经律论乘传等》
释僧祐	《出三藏记集》		
支敏度（2部）	《经论都录》《经论别录》	释明佺（2部）	《大周刊定众经目录》《大周刊定伪经目录》
释僧绍	《华林佛殿众经目录》		
释正度	《释正度录》	释静泰	《大唐东京大敬爱寺一切经论目》
释宝唱	《梁代众经目录》		
释慧远	《庐山录》		
释道安	《综理众经目录》	释恒安	《续贞元释教录》
释弘充	《释弘充录》	释靖迈	《古今译经图记》
释道慧	《宋齐录》	释智昇（4部）	《续大唐内典录》《续古今译经图记》《大唐开元释教录》《开元释教录略出》
释王宗	《众经目录》		
释真谛	《真谛录》		
李廓	《魏世众经目录》		

① 本表格参考了姚名达的《中国目录学史·中国历代佛教目录所知表》，第193~200页。

续表

汉末魏晋南北朝		隋唐五代	
编撰者	篇目	编撰者	篇目
释道流 竺道祖 (4部)	《晋世杂录》 《魏世经录目》 《吴世经录目》 《河西经录目》（《凉录》）	释圆照 (2部)	《贞元新定释教目录》 《大唐贞元续开元释教录》
佚名	《众经别录》		
佚名	《王车骑录》		
佚名	《岑号录》		
佚名	《二赵经录》		
佚名	《南来新录》		
佚名	《别录》		
佚名	《久录》		
佚名	《一乘寺藏众经目录》		
佚名	《东录》		
佚名	《古录》		
佚名	《众经都录》		
佚名	《始兴录》（又名《南录》）		
36人，40部		14人，21部	

由表5-3可知以下信息。第一，目录体在中古佛典的确立具有连续性。在中古时期，共有50人参与了目录类佛典的编撰，形成了61部典籍。尽管编撰者与作品数均呈现下降的趋势，然而目录类佛典在中古得以延续，彰显了目录体在中古佛典中的连续确立，其价值逐渐被认可。

第二，目录之名未被中古佛典广泛使用。通过对中古目录类佛典名称的梳理可知，其多冠以"某某录"，而以"某某目录"命名者仅有16部，在汉末魏晋南北朝与隋唐五代分别有9部与7部，目录的名称在中古目录类佛典中尚未被广泛使用，与其他典籍的目录相比较，略显滞后，因为"目录的名称自晋以后都通用"[①]。

---

① 王欣夫撰：《文献学讲义》，第6页。

第三，中古目录类佛典的编撰者多为僧众。在中古目录类佛典的编撰者中，有12人佚名，在38人可考者中，除王俭、阮孝绪、刘勰、聂道真、李廓、王彦威6人之外，其余32人均为僧众，所占比重极高，与中古佛典序跋记的题写者主体相一致。

第四，中古目录类佛典的人均编撰量相对偏低。在中古目录类佛典的形成过程中，50人共编撰了61部，人均约1.2部，人均编撰量相对偏低，在汉末魏晋南北朝尤为突出。除释道流与竺道祖共同编撰了4部，支敏度编撰了2部之外，其余每人编纂1部。降至隋唐五代，人均编撰量有所提升，14人共编纂了21部，人均1.5部；以释智昇的4部最多，编撰了2部及以上者凡5人，约占此时目录类佛典编撰者的36%，较之汉末魏晋南北朝有明显上升。

中古目录类佛典的人均编撰量之所以偏低，可能由下述因素所致。一是中古目录类佛典的属性。中古目录类佛典需要以一定数量的佛典为基础并对其进行分类整理，在此过程中涉及搜集、校勘、辨伪等环节，若发生散佚，编撰的难度将进一步增加。中古目录类佛典的编撰是一项庞大、复杂且有一定难度的工作，与其他目录类典籍相比较，其更为耗时费力，进而导致其人均编撰量的相对偏低。二是社会环境。汉末魏晋南北朝社会动荡，导致佛典散佚，对目录类佛典的编撰形成了一定制约，增加了难度，导致其人均编纂量的相对偏低。尽管隋唐五代社会稳定，一定程度上提升了目录类佛典的人均编撰量。三是中古目录类佛典对编撰者要求较高。较之其他典籍，中古目录类佛典对编纂者的要求相对较高，一方面需要熟知域内与域外文化，另一方面能够承担佛典的校勘、辨伪等复杂工作。但编撰者素养的提升是渐进的过程，这无疑制约了其编撰量，导致其人均编撰量相对偏少。

三 中古目录类佛典序跋记的双重性

中古目录类佛典序跋记的形成，一方面得益于中古时期61部目录类佛典，为其题写奠定了一定基础；另一方面得益于中古序跋记的成熟，影响力的扩大，价值的广为认可，推动了其在中古目录类佛典中的延伸。事物的影响往往是双向的，序跋记在延伸至中古目录类佛典的过程中，也为目录所影响，相应融入了目录的元素。整体观之，中古目录类佛典序跋记包括两种类型：佛典目录文献序跋记与具有目录意味的佛典序跋记。

首先，中古佛典目录文献序跋记。现存最早的佛典目录文献为释僧祐的《出三藏记集》，且被题写有序文。释僧祐《出三藏记集序》的内容较为丰富，囊括了《出三藏记集》的编撰起因及其体例构成等，为我国佛典目录文献序文的开山之作，标志着序跋记的题写正式延及中古佛典目录文献，彰显了中古佛典序跋记类型的丰富。整体观之，随着佛典目录文献的编撰，中古佛典目录文献序跋记不断形成，详见表5－4。

表5－4　　　　　　中古佛典目录文献序跋记一览表①

汉末魏晋南北朝		隋唐五代	
题写者	篇目	题写者	篇目
释僧祐	《出三藏记集序》	费长房	《开皇三宝录总目序》
		释法经	《众经目录序》
		释道宣（3篇）	《大唐内典录序》《大唐内典录后记》《续大唐内典录序》
		释静泰	《大唐东京大敬爱寺一切经论目序》
		释明佺	《大周刊定众经目录序》
		释智昇	《大唐开元释教录序》
1人，1篇		6人，8篇	

由表5－4可知，在中古时期有7人，题写了9篇佛典目录文献序跋记，在整体上数量较少，尤其是在汉末魏晋南北朝，仅有释僧祐的《出三藏记集序》。此外，中古佛典目录文献序跋记的发展具有间断性，也即由释僧祐的《出三藏记集序》到隋唐五代最早佛典目录文献序跋记的形成，经历了较长时间。《出三藏记集序》的具体题写时间无法判定，一方面源于释僧祐未交代，另一方面源于《出三藏记集》成书时间的不确定性。傅秀莲认为其初稿完成于"建武五年之前"②。建武为南朝齐明帝萧鸾的年号，始于494年，终于498年。《出三藏记集序》只能题写于《出三藏记集》初稿形成之后，释僧祐去世之前，即498年至518年之间，具体时间不详。

---

① 本表格参考了释僧祐的《出三藏记集》、姚名达的《中国目录学史》、许明的《中国佛教经论序跋记集·东汉魏晋南北朝隋唐五代卷》等资料。中古佛典目录文献序跋记存在佚失在所难免，故本表格并未囊括其全部。

② 傅秀莲：《释僧祐生平交游研究》，硕士学位论文，福建师范大学，2012。

由于隋唐五代佛典目录文献序跋记未交代题写时间，于此作简要梳理。《历代三宝纪》编撰于597年，其编纂者费长房的生卒年不详，故《开皇三宝录总目序》被题写于597年之后，具体时间不详。《众经目录》编撰于594年，由于其编撰者释法经的生卒年不详，故《众经目录序》被题写的时间上限为594年，下限无法确定。《大唐内典录》编撰于664年，其编撰者释道宣卒于667年，《大唐内典录序》与《大唐内典录后记》只能被题写于《大唐内典录》成书之后，释道宣去世之前，也即664年至667年之间，具体时间无法确定。《续大唐内典录》由释智昇编撰而成，具体编纂时间不详，其序文——《续大唐内典录序》由释道宣所题写，文末有"麟德元年于西明寺起首移总持寺释氏撰毕"，故其被题写于664年。《大唐东京大敬爱寺一切经论目》编撰于唐高宗麟德元年，"麟德元年，奉敕编次经论，撰成《大唐东京大敬爱寺一切经论目》"①，其序只能在此之后被题写，故其题写于664年之后，同时由于其题写者释静泰的卒年不详，故其题写的具体时间下限无法被判定。《大周刊定众经目录》由佛授记寺70位僧人编撰于695年，释明佺的《大周刊定众经目录序》只能在此之后被题写，故其题写于695年之后，具体时间不详。《开元释教录》由释智昇在730年完成编撰，其序文《开元释教录序》只能在此之后被题写，故其题写于730年之后，同时由于其题写者释智昇的卒年不详，故其具体题写时间的下限无法被判定。通过对隋唐五代佛典目录文献序跋记题写时间的梳理可知，以释法经的《众经目录序》的形成相对较早。尽管如此，仍然与释僧祐的《出三藏记集序》至少相距了76年，佛典目录文献序跋记在由汉末魏晋南北朝向隋唐五代演进的过程中曾一度中断。

其次，具有目录意味的中古佛典序跋记。序跋记的题写在延伸至中古目录类佛典的同时，也为其所浸染，被融入了目录元素，具有目录意味的中古佛典序跋记由此形成。在中古时期，具有目录意味的佛典序跋记不断形成，为释僧祐的《出三藏记集·杂录序》所收录。释僧祐的《出三藏记集·杂录序》收录了11篇具有目录意味的佛典序跋记，开启了佛典序跋记目录化的先河，详见表5-5。

具有目录意味的中古佛典序跋记形成了固定的表述模式，首先阐释与佛典相关的内容，如"每披圣文以凝感，望遐踪以翘心。遂搜访古今，撰《萨婆多记》。其先传同异，则并录以广闻；后贤未绝，则制传

---

① 许明编著：《中国佛教经论序跋记集·东汉魏晋南北朝隋唐五代卷》，第290页。

以补阙。总其新旧九十余人"①，交代了《萨婆多记》的成书起因、叙事策略及其内容。再如，"每服佩思寻，惧有坠失，遂集其旧闻，为《义记》十卷"②，交代了《十诵律义记》的成书原委及其卷帙情况。接着罗列了相关佛典构成篇目的目录，鉴于其复杂性，于此不予详细列举。此外，在上述 11 篇序中，有 10 篇出自释僧祐之手，他将目录的元素引入中古佛典序跋记，在中古佛典序跋记目录化形成的过程中发挥了重要作用。

表 5-5　　　　　　　　中古佛典序跋记目录化一览表

题写者	篇目
陆澄	《宋明帝敕中书侍郎陆澄撰法论目录序》
释僧祐 （10 篇）	《释迦谱目录序》 《世界记目录序》 《弘明集目录序》 《十诵律义记目录序》 《法集杂记铭目录序》 《释僧祐法集总目录序》 《萨婆多部师资记目录序》 《法苑杂缘原始集目录序》 《齐太宰竟陵文宣王法集录序》 《齐竟陵王世子抚军巴陵王法集序》

注：释僧祐在《出三藏记集》中未交代《宋明帝敕中书侍郎陆澄撰法论目录序》《齐太宰竟陵文宣王法集录序》《齐竟陵王世子抚军巴陵王法集序》《释僧祐法集总目录序》的题写者，而今人许明认为它们分别为陆澄与释僧祐所作，本书从之。

综上可知，我国佛典目录经历了以下历程：从萌芽于安世高、支谦等手中以备查用的"佛典账单"，到正式形成于释道安的《综理众经目录》，再到释僧祐的《出三藏记集》的完整保存，最后到目录类佛典的大量形成。中古目录类佛典为序跋记的题写提供了丰富对象，目录类佛典序跋记应运而生。在中古目录类佛典序跋记演进的过程中，释僧祐发挥了重要作用，他不仅题写了首篇中古目录类佛典序文——《出三藏记集序》，而且将目录的元素融入其中。中古目录类佛典序跋记的形成，对于中古佛典序跋记具有积极意义。（1）丰富了中古佛典序跋记的类

---

① （梁）僧祐撰，苏晋仁、萧鍊子点校：《出三藏记集》卷 12，第 466 页。
② （梁）僧祐撰，苏晋仁、萧鍊子点校：《出三藏记集》卷 12，第 496 页。

型。中古目录类佛典序跋记是形成于中古时期的一种新的佛典序跋记，丰富了中古佛典序跋记的类型，展现了其题写范围的拓展，为其融入了新的元素。（2）促进了中古佛典序跋记发展形态的多元化。中古目录类佛典序跋记构成要素的发展形态相对多元化，就佛典目录文献序跋记而言，其发展具有时代性差异。与汉末魏晋南北朝相比较，隋唐五代佛典目录文献序跋记的数量与题写者均有所提升，题写时间也相对集中，其中4篇集中写于664年之后，另4篇的题作时间亦相对接近，其"弱"中有"强"，呈现出强化之势。就具有目录意味的佛典序跋记而言，它仅存在于汉末魏晋南北朝，于隋唐五代消失。中古目录类佛典序跋记构成要素发展态势的多元化，有助于拓展中古佛典序跋记发展的路径，推动其发展形态相应多元化。

第四节　中古佛典序跋记的非单一性

在中古时期，佛典序跋记的类型不仅丰富，而且在形式上发生新变，首先表现为融入目录的某些元素，该问题在上文已有论及，于此不再赘述。其次是非单一性的形成。中古佛典序跋记呈现出非单一性，也即某一部佛典被题写了多个序文或跋文或记，佛典与其序跋记一一对应的关系被打破，这一点在中古佛典之前未曾出现，是佛典序跋记的形式在中古时期的新变。中古佛典序跋记的非单一性在发生时间、题写者身份及题写数量等方面具有广泛的复杂性。中古佛典序跋记的非单一性具有重要价值，能够多角度反映佛教的发展程度、佛典价值被认可的程度及其被翻译与整理的频度，同时也丰富了对自身的审视视角等。中古佛典序跋记非单一性的形成与佛典的多次翻译与整理、佛典类型的丰富、佛教宗派的推动等因素密切相关。

一　中古佛典序跋记非单一性的复杂形态

在中古时期，佛典与其序文或跋文或记的一一对应关系被打破，一部佛典被题写有多个序文或跋文或记，佛典序跋记的非单一性由此形成。中古佛典序跋记非单一性呈现出复杂形态，主要表现在以下三个方面。

首先，就发生时间而论，包括两种情形。（1）中古佛典序跋记的非单一性发生在同一历史阶段之内。如同一佛典的多个序跋记均题写于汉末魏晋南北朝，《中论》的2篇序文——释僧叡的《中论序》与释昙影的《中论序》，二者均题写于姚秦时期。释真谛所翻译的《摄大乘论》有2篇序文——释慧恺的《摄大乘论序》与释道基的《摄大乘论序》，二者均题写于南朝。又如同一佛典的多个序跋记均题写于隋唐五代，《大唐西域记》的2篇序文——于志宁的《大唐西域记序》与敬播的《大唐西域记序》，二者均题写于隋唐五代。《辩证论》的2篇序文——释法琳的《辩证论序》与陈子良的《辩证论序》，二者都题写于隋唐五代。释义净翻译与整理的佛典总集序文，分别为685年的《大唐新译三藏圣教序》，703年的《大周新翻三藏圣教序》与705年的《大唐中兴三藏圣教序》，三者都题写于唐代。总而言之，中古佛典序跋记的非单一性发生在同一历史阶段的现象相对普遍，相关事例也较为丰富。（2）中古佛典序跋记的非单一性发生在不同历史阶段，如《金刚般若波罗蜜经》的跋文与序文分别是释法虔的《金刚般若波罗蜜经后记》与释吉藏的《金刚般若经序》，二者分别题写于南朝梁与隋代。再如，《梵网经》的序文分别是《梵网经序》与《梵网经记序》，二者分别题写于东晋与唐代。此外，与《四十二章经》相关的2篇序文，尽管内容相近，却被许明分别收录于东汉魏晋南北朝与隋唐五代。① 由上可知，佛典序跋记非单一性的发生时间相对复杂，广泛存在于中古的各个历史阶段。

其次，就题写者而论，主要包括三种情形。（1）题写者均不详，同一佛典的多篇佛典序跋记的题写者均不可考，如前文所述及的《四十二章经序》，二者的题写者均不详，在中古佛典序跋记非单一性中，唯此2篇。（2）题者可知与不可知共存，如《法镜经》的序文与跋文分别是《法镜经序》与《法镜经后序》，前者的题写者是康僧会，后者的题写者佚名。再如，《阿毗昙心经》的序文分别是《阿毗昙心序》《阿毗昙心论经序》与《阿毗昙心序》，前两篇的题写者分别是释慧远与优婆扇多，最后一篇的题写者佚名。（3）题写者均可知，其中又包括两种情形。同一佛典的多篇序跋记的题写者同属一人，如《弘明集》的序文与跋文是《弘明集序》与《弘明集后序》，二者的题写者皆为释僧祐。再如，《名僧传》的序文与跋文分别是《名僧传序》与

---

① 分别详见许明编著《中国佛教经论序跋记集·东汉魏晋南北朝隋唐五代卷》，第176、454页。

《名僧传后序》，二者皆出自释宝唱之手。又如，《般若波罗蜜多心经略疏》的序文与跋文分别是《般若波罗蜜多心经略疏序》与《般若波罗蜜多心经略疏后记》，二者皆为释法藏所题写。最后如，《大唐内典录》的序文与跋文分别是《大唐内典录序》与《大唐内典录后记》，《释迦氏谱》的序文与跋文分别是《释迦氏谱序》与《释迦氏谱后序》，《四分律删繁补缺行事钞》的序文与跋文分别是《四分律删繁补缺行事钞序》与《四分律删繁补缺行事钞后记》，上述佛典序跋记均为释道宣所题写。同一佛典的多篇序跋记的题写者为不同人，如《安般守意经》的2篇序文同名为《安般守意经序》，二者的题写者分别是康僧会与谢敷。再如，《阴持入经》的2篇序文为《阴持入经序》与《阴持入经注序》，二者的题写者分别是释道安与陈慧（晋代居士）。又如，《般若灯论》的2篇序文同名为《般若灯论序》，二者的题写者分别为释法琳与释慧颐。最后如，《大宝积经》的2篇序文同名为《大宝积经序》，二者的题写者分别是唐玄宗李隆基与徐锷。要而言之，佛典序跋记非单一性的题写者相对复杂，广泛存在于中古的各个历史阶段。

最后，就题写数量而论，中古佛典序跋记非单一性的表现层次比较复杂。在中古佛典序跋记中，普遍存在某一原始佛典被题写有2篇甚至3篇序文或跋文或记，除上文所提及的之外，还有其他数篇，详见表5-6。

由表5-6可知，就题写量而论，在中古时期，由不同原始佛典所衍生出的相关序跋记凡59篇，其中以《华严经》的16篇居于榜首，《金刚般若波罗蜜经》与《般若波罗蜜多心经》均为8篇。就题写者的题写量而论，释道宣与释澄观以4篇居首位，释宗密与释法藏以3篇居其次，其他题写者多为1篇或2篇，尤以1篇居多。就题写者可知与否，除《梁朝传大士颂金刚经序》《华严经记》《佛说楞伽经禅门悉谈章序》与《大涅槃经记序》之外，其他佛典序跋记的题写者都可知，反映了原始佛典序跋记署名的不断增多，与中古佛典序跋记署名的发展趋势保持一致。就题写时间而论，上述佛典序跋记的题写时间相对复杂，或处于中古的同一历史阶段，或横跨中古的不同历史阶段。

综上可知，在中古时期，佛典与其序跋记一一对应的关系被打破，呈现出非单一性，并且在发生时间、题写者身份、题写数量等方面呈现出复杂性，由此被赋予多重价值。

表5-6　　　　　　　中古佛典序跋记非单一性一览表

原始佛典	佛典序跋记	
《合部金光明经》	释彦琮	《合部金光明经序》
	释宝贵	《新合部金光明经序》
《金刚般若波罗蜜经》	释法虔	《金刚般若波罗蜜经后记》
	释吉藏	《金刚般若经序》
	褚亮	《金刚般若经注序》
	李俨	《金刚般若经集注序》
	释慧能	《金刚般若波罗蜜经序》
	释道氤	《御注金刚般若波罗蜜经宣演叙》
	段成式	《金刚经鸠异序》
	佚名	《梁朝传大士颂金刚经序》
《般若波罗蜜多心经》	释道安	《摩诃钵罗若波罗蜜经抄序》
	释僧叡	《摩诃般若波罗蜜经释论序》
	释法藏（2篇）	《般若波罗蜜多心经略疏序》《般若波罗蜜多心经略疏后记》
	张说	《般若心经序》
	释慧忠	《般若波罗蜜多心经序》
	李知非	《注般若波罗蜜多心经序》
	释提婆	《注般若波罗蜜多心经序》
《四分律》	竺佛念	《四分律序》
	释道宣（4篇）	《四分律比丘含注戒本序》《四分律含注戒本疏后记》《四分律删繁补阙行事钞序》《四分律删繁补阙行事钞后记》
	释怀素	《四分戒本序》
	释澄观	《终南山四分律钞搜玄录序》
《大乘起信论》	释慧恺	《大乘起信论序》
	释复礼	《新译大乘起信论序》
	释法藏	《大乘起信论疏序》
	释澄漪	《大乘起信论略述序》

续表

原始佛典	佛典序跋记	
《华严经》	释法业	《大方广佛华严经后记》
	佚名	《华严经记》
	武则天	《大周新译大方广佛华严序》
	释法藏 （3篇）	《华严经旨归序》 《华严经义海百门序》 《修华严奥旨妄尽还源观序》
	实叉难陀	《华严经骨目序》
	释慧苑	《新译大方广佛华严经音义序》
	释圆照	《大方广佛华严经后记》
	释照明	《华严经决疑论序》
	释澄观 （4篇）	《华严法界元镜序》 《大方广佛华严经疏序》 《贞元新译华严经疏序》 《大方广佛华严经随疏演义序》
	志宁	《大方广佛华严经合论序》
	裴休	《注华严法界观门序》
《大乘入楞伽经》	武则天	《新译大乘入楞伽经序》
	实叉难陀	《大乘入楞伽序》
	佚名	《佛说楞伽经禅门悉谈章序》
《大般涅槃经序》	释道朗	《大般涅槃经序》
	萧衍	《大般涅槃经义疏序》
	佚名	《大涅槃经记序》
《圆觉经》	释宗密 （3篇）	《圆觉经疏科文序》 《大方广圆觉经大疏序》 《大方广圆觉经略疏序》
	裴休	《大方广圆觉经疏序》
《维摩诘经》	支敏度	《合维摩诘经序》
	释僧肇	《注维摩诘经序》
	释湛然	《维摩经略疏序》
	梁肃	《维摩经略疏序》

二　中古佛典序跋记非单一性的价值

中古佛典序跋记的非单一性具有多重价值，主要体现在以下三个方面。

其一，间接反映了中古佛教的发展程度。中古佛典序跋记非单一性的形成与发展，以佛典数量的增加及其类型的丰富为基础，而后者与佛教的发展程度密切相关。中古佛典序跋记的非单一性通过佛典，与佛教建立起关联，反映了其日趋发展的状态，为认知佛教发展态势提供了一个有效途径。

其二，对佛典本身具有积极暗示。它一方面暗示了佛典价值的被认可度。在中古时期，佛典所被题写的序跋记的数量，与其价值被时人的认可度密切相关，二者基本上正相关。如在以《华严经》为题写对象的16篇序跋记中，除佚名的《华严经记》题写于汉末魏晋南北朝之外，其余均形成于隋唐五代，反映出《华严经》的价值被时人广泛认可。再如，在以《金刚般若波罗蜜经》为题写对象的8篇序跋记中，除佚名的《梁朝传大士金刚经序》题写于汉末魏晋南北朝之外，余下7篇均形成于隋唐五代，也可印证《金刚般若波罗蜜经》的价值被时人广为认可。总而言之，中古佛典序跋记的非单一性，为管窥佛典价值的被认可度提供了有效途径。另一方面反映了原始佛典被翻译与整理的频度。序跋记的数量与原始佛典在我国被翻译与整理的频度密切相关，二者基本上正相关。不同的序跋记可能对应于不同的佛典汉译本，序跋记数量越丰富，意味着汉译本佛典数量越多，如在以《华严经》为题写对象的16篇序跋记中，释法业的《大方广佛华严经后记》及佚名的《华严经记》是以东晋佛驮跋陀罗译本为题写对象；武则天的《大周新译大方广佛华严经序》，释法藏的《修华严奥旨妄尽还源观序》《华严经旨归序》《华严经义海百门序》，实叉难陀的《华严经骨目序》是以实叉难陀译本为题写对象；释澄观的《贞元新译华严经疏序》与《大方广佛华严经随疏演义序》是以唐代般若译本为题写对象。上述序跋记分别以《华严经》的3个汉译本为题写对象，暗示了《华严经》在我国至少历经3次翻译与整理。事实确实如此，《华严经》在我国历经3次翻译与整理，分别形成了3个汉译本：东晋佛驮跋陀罗译本，60卷，又称《旧华严》或《晋经》；唐代于阗实叉难陀译本，80卷，又称《新华严》或《唐经》；唐代般若译本，40卷，由于在唐德宗贞元十二年（796）被汉译与整理，又称为《贞元经》。再如，以《金刚般若波罗蜜经》与《般若波罗蜜多心经》为题写对象的序跋记均为8篇，暗示了二者在我国的多次翻译与整理，详见蓝吉富所绘制的"汉译各本般若经译时、译者一览"①。要而言之，中古佛典序跋记的非单一性，在一定程度上反映了其书写对象在我国被翻译与整理的频度。

其三，对中古佛典序跋记的多维度论证。（1）论证了中古佛典序跋记的灵活性。中古佛典序跋记在由单一发展为多元的过程中，其题写对象的数量或增加，或不变化。中古佛典序跋记随着佛典汉译本的增加而增加，这就反映了它随着佛典的变化而不断变化的灵活性。即使中古佛典汉译本的数量没有变化，但同一个汉译本佛典被题写的序跋记，这也可证明其灵活性，尽管其题写对象相同，然而其题写者、题写时间等又有所不同，如在《中论》的2篇序文中，由于其题写者不同，对"中论"内涵的认知相应有所差异，释僧叡认为："以中为名者，照其实也；以论为称者，尽其言也。"② 释昙影则认为："寂此诸边，故名曰中；问答析微，所以为论。是作者之大意也。"③ 二人对"中论"认知的差异不言而喻。此外，《大唐内典录序》与《大唐内典录后记》的题写者同为释道宣，其题写对象同为《大唐内典录》，由于题写时间不同，二者仍然存在一定差异，前者重在阐释佛教义理，后者着重揭示了《大唐内典录》成书的原委与时间等。在中古时期，同一佛典不同序跋记的差异，间接反映了其能够为不同的题写者用以表达不同的意图。（2）论证了中古佛典序跋记独特的属性。与东汉相比较，非单一性是中古佛典序跋记特有的形式，体现了其形式的新变，彰显了其独特属性。（3）反映了中古佛典序跋记的发展性。中古佛典序跋记的非单一性在发生时间、题写者身份、题写数量等方面所呈现出的复杂性，在一定程度上暗示了自身的成熟状态，因为只有在不断发展的基础之上，其自身才能够日趋复杂。（4）彰显了中古佛典序跋记书写笔法的提升。同一佛典不同序跋记间的差异，呈现了其内容的丰富、风格的多样化以及题写笔法的多元化。中古佛典序跋记的非单一性，对自身形成了多维度的论证，丰富了其被认知的视角。

中古佛典序跋记非单一性的形成被赋予了多重价值，呈现出中古佛事活动的多个层面：佛教、佛典、佛典序跋记，暗示了中古佛教的成熟状态，映射了中古佛典价值的被认可度及其在我国被翻译及整理的频度，论证了佛典序跋记的灵活性，丰富了对自身的审视视角等。

---

① 蓝吉富主编：《中华佛教百科全书》第6册，台北：中华佛教百科文献基金会，1994，第3690~3691页。
② （梁）僧祐撰，苏晋仁、萧鍊子点校：《出三藏记集》卷11，第400页。
③ （梁）僧祐撰，苏晋仁、萧鍊子点校：《出三藏记集》卷11，第402页。

三 中古佛典序跋记非单一性的成因

中古佛典序跋记非单一性的形成不是偶然性的,而是多种因素共同作用的必然产物,与佛典的多次翻译与整理,佛典类型的丰富,佛教宗派的推动等密切相关。

其一,与佛典的多次翻译及整理密切相关。在中古时期,佛典被多次翻译及整理的情形普遍存在,如自6世纪始,《妙法莲华经》在我国历经6次翻译与整理,形成了6个汉译本,详见表5-7。

表5-7　　　　　　汉译诸本《法华经》一览表

经名	翻译时间	翻译者	卷帙
《法华三昧经》	三国吴甘露元年(265)	支疆梁楼	6卷
《萨芸芬陀利经》	晋武帝泰始元年(265)(前译)	竺法护	6卷
《正法华经》	晋武帝太康七年(286)(后译)	竺法护	10卷
《方等法华经》	晋成帝咸康元年(335)	支道根	5卷
《妙法莲华经》	姚秦弘始八年(406)	鸠摩罗什	7卷
《添品妙法莲华经》	隋文帝仁寿元年(601)	阇那崛多 达摩笈多	7卷

注:在上述6个译本中,支疆梁楼译本、支道根译本、竺法护(前译本)已经佚失,竺法护(后译本)、鸠摩罗什译本、阇那崛多及达摩笈多译本得以保存,其中鸠摩罗什译本最为盛行。

此外,《金光明经》在我国历经5次翻译与整理:南朝释真谛译本,《金光明帝王经》7卷(或6卷);北凉昙无谶译本,《金光明经》4卷;北周耶舍崛多(一说阇那崛多)译本,《金光明更广大辩才陀罗尼经》5卷;隋代释宝贵等编译本,《合部金光明经》八卷;唐代释义净译本,《金光明最胜王经》(简称为《最胜王经》)10卷。般若类佛典传入我国之后,更是历经多次翻译与整理,形成多个汉译本。要而言之,多部佛典在我国历经多次的翻译与整理,形成了与之相对应的汉译本,促进了汉译佛典数量的增加。

在中古时期,佛典的多次翻译与整理,汉译本不断形成,推动了佛典数量的增加,为其序跋记提供了丰富的题写对象。由于这些汉译本佛典都衍生于同一原始佛典,其序跋记具有一定共性,由此推动了佛典序跋记非单一性的形成。如《大乘起信论》在我国经过2次翻译与整理,形成了2个译本:南朝释真谛译本,1卷;唐代实叉难陀译本,2卷。释慧恺与释复礼为其所题写的序文《大乘起信论序》与《新译大乘起信论序》，其非单一性由此形成。此外，《金刚般若波罗蜜经》在我国先后经过7次翻译与整理，形成了7个汉译本，被题写的序文有8篇，《金刚般若波罗蜜经》序文的非单一性由此形成。总而言之，佛典被多次翻译与整理，丰富了其序跋记的题写对象，推动了其序跋记非单一性的形成。

其二，与佛典类型的丰富密切相关。中古佛典的类型日趋多样化，在原始佛典的基础上衍生出多个类型，以纂集类、注疏类、目录类佛典为代表，也丰富了其序跋记的题写对象。尽管这些佛典序跋记的题写对象不同，仍然具有一定共性，也是佛典序跋记的非单一性形成的原因之一。如《维摩诘经》在我国经过纂集与注疏，形成了与之相对应的佛典类型及其序跋记：支敏度的《合维摩诘经序》、释僧肇的《注维摩诘经序》、释湛然的《维摩经略疏序》、梁肃的《维摩经略疏序》。鉴于这些佛典序文的题写对象都由《维摩诘经》衍生而出，因此它们在某种意义上都属于《维摩诘经》序文的范畴，《维摩诘经》序文的非单一性由此形成。此外，与《圆觉经》相关的序文有4篇：释宗密的《大方广圆觉经大疏序》《圆觉经疏科文序》《大方广圆觉经略疏序》与裴休的《大方广圆觉经疏序》，由于它们的题写对象与《圆觉经》的注疏、纂集密切相关，也可视为《圆觉经》序文的范畴，《圆觉经》序文的非单一性由此。总而言之，中古佛典类型的丰富，推动了其序跋记非单一性的形成。

其三，与佛教宗派的推动密切相关。中古时期，随着佛教的深入发展，在我国形成了天台宗、三论宗、唯识宗、华严宗、禅宗、净土宗、律宗、密宗、三阶教等宗派。中古的佛教宗派多以某一部或多部佛典为根本经典，详见表5-8。

在佛教教派推动下，形成了大量与其根本经典相关的典籍群，如华严宗翻译、整理与编撰了与《华严经》相关的典籍：二祖释智俨的《华严搜玄记》《华严一乘十玄门》《华严五十要问答》《华严孔目章》；三祖释法藏的《修华严奥旨妄尽还源观》《华严经旨归》《华严经义海百门》等，与《华严经》相关的典籍群由此形成。此外，释道宣翻译、整理与编撰了大量与《四分律》相关的典籍，以《四分律删繁补缺行事钞》《四分律比丘含注戒本疏》《四分律删补随机摩羯疏》《四分律拾毗尼义钞》《四分比丘尼钞》为代表，与《四分律》相关的典籍群由此形成。

表 5-8　　　　　　　　中古佛教宗派一览表

佛教派别	根本经典
天台宗	《法华经》
三论宗	《中论》 《百论》 《十二门论》
唯识宗	《瑜伽师地论》
华严宗	《华严经》
净土宗	《往生论》 《无量寿经》 《阿弥陀经》 《观无量寿佛经》
律宗	《四分律》
三阶教	《三阶教法》

　　佛教宗派推动了被其奉为根本经典的数量的增加与类型的丰富，为其序跋记提供了丰富的题写对象，进而推动了其序跋记非单一性的形成，如以《华严经》为题写对象的序文有释法藏的《修华严奥旨妄尽还源观序》《华严经旨归序》《华严经义海百门序》等，《华严经》序文的非单一性由此形成。另外，以《四分律》为题写对象的序跋记有释道宣的《四分律删繁补缺行事钞序》《四分律删繁补缺行事钞后记》《四分律比丘含注戒本序》与释怀素的《四分戒本序》《僧羯磨序》《尼羯磨序》等，《四分律》序跋记的非单一性由此形成。尽管上述佛典序跋记的题写对象不同，然而都由同一部原始佛典衍生而出，在某种意义上也可视为原始佛典序跋记的范畴，相关原始佛典序跋记的非单一性由此形成。总而言之，在中古尤其是隋唐五代，佛教宗派推进了佛典序跋记非单一性的形成。

第六章 中古佛典序跋记的价值

中古佛典序跋记的内容极为丰富，集多种价值于一体，集中体现在以下七个方面：第一，佛典文献方面；第二，人物传志方面；第三，意旨阐释方面；第四，佛教史方面；第五，佛典汉译方面；第六，佛教思想方面；第七，情感态度方面。

中古佛典序跋记所形成的价值，非常丰富，遗憾的是，尚未引起学界的重视，相关研究成果也屈指可数。鉴于此，本书将中古佛典序跋记置于广阔的社会文化环境之中，并参考中古佛教的发展脉络、佛典的翻译及整理等因素，以挖掘其多重价值。在此过程中，鉴于中古佛典序跋记体量庞大，无法实现面面俱到，本书将选择代表性篇目，以点带线，以线辐射面，点、线、面相结合，兼顾深度与广度，以实现对中古佛典序跋记价值的多维度挖掘。

第一节 中古佛典序跋记的佛典文献价值

中古佛典序跋记是原始佛典及其汉译本的组成部分，集中保存了原始佛典的因子，指出了佛典的价值，多角度解析了佛典名称，记录了佛典翻译与整理的详情，勾勒了佛典的流变痕迹，记录了佛典版本的构成要素。中古佛典序跋记的佛典文献价值，对于认知中古乃至早期佛教与佛典具有积极意义。

一 保存原始佛典的风貌

中古佛典序跋记的题写者大多参与了原始佛典的翻译与整理，有机会接触到其成书细节、编撰时间及编撰者、卷帙等文献信息并加以记载。因此，中古佛典序跋记含有丰富的原始佛典文献因子，保存了原始佛典的风貌。

（一）成书细节

中古佛典序跋记记载了原始佛典的成书细节，主要表现在以下两个方面。（1）原始佛典的生成途径。根据一些中古佛典序跋记记载，有些原始佛典由抄集而成，以佚名的《杂阿毗昙心序》为代表。该佛典序文说："如来泥洹数百年后，有尊者法胜，于佛所说经藏之中，抄集事要为二百五十偈，号《阿毗昙心》。"①《阿毗昙心》抄自佛所说的经藏。佚名的《百句譬喻经前记》也明确指出《百喻经》抄自修多罗藏十二部经，与前者相比较，其明晰地指出了具体的资料来源。中古佛典序跋记在一定程度上，多角度还原了一些原始佛典的生成机制。（2）原始佛典的成书地。中古佛典序跋记记录了原始佛典的成书地，以支敏度的《合维摩诘经序》为代表。该佛典序文就此曰："然斯经梵本，出自维耶离。"②即《维摩诘经》抄写于维耶离。维耶离，位于今中印度，在东晋之前的汉译佛典中多被译为毗舍离。

（二）编撰者

中古佛典序跋记多角度揭示了原始佛典的编撰者。首先，原始佛典由一人编撰而成，以释僧叡的《中论序》为代表。该佛典序文就此曰："《中论》有五百偈，龙树菩萨之所造也。"③据此可知，《中论》为龙树菩萨所造。中古佛典序跋记对原始佛典编撰者的记载相对复杂，或较为简略，对其生平无过多论及；或相对详尽，如释法琳的《般若灯论序》交代了《般若灯论》编撰者的姓氏、汉译之名、生平等多个信息。

其次，原始佛典由多人编撰而成，以释慧远的《庐山出修行方便禅经统序》为代表。该佛典序文指出《达磨多罗禅经》出自"达磨多罗与佛大先"之手。达磨多罗，又名昙摩多罗，梵名为Dharmatrata，师承富若密罗，为说一切有部之师，禅法的传持者，与佛大先在罽宾共同弘扬大乘禅法。佛大先，梵名Buddhasena，又可汉译为佛驮先、佛陀斯那，是5世纪北印度罽宾国人，秉承婆陀罗法要，为说一切有部之师，后为禅法传持者，行化罽宾，为第三训首，在我国产生了重要影响，入其道者有七百人。此外，释道安的《增一阿含经序》交代了《四阿含》（《长阿含经》《中阿含经》《杂阿含经》《增一阿含经》）由40位阿罗汉集体协作抄集而成，也即每10位阿罗汉负责抄集一部阿含经。

---

① （梁）僧祐撰，苏晋仁、萧鍊子点校：《出三藏记集》卷10，第384页。
② （梁）僧祐撰，苏晋仁、萧鍊子点校：《出三藏记集》卷8，第310页。
③ （梁）僧祐撰，苏晋仁、萧鍊子点校：《出三藏记集》卷11，第400页。

最后，揭明原始佛典子要素的编纂者，以释僧叡的《关中出禅经序》为代表。该佛典序文就此曰："寻蒙抄撰众家禅要，得此三卷，初四十三偈，是鸠摩罗罗陀法师所造，后二十偈，是马鸣菩萨之所造也。……初观淫、恚、痴相及其三门，皆僧伽罗叉之所撰也。"①《坐禅三昧经》是鸠摩罗什法师在长安抄集众佛典而成，其子要素的编撰者相对复杂，其中开头的四十三偈，也即其卷首的偈颂为鸠摩罗罗陀法师所造；后二十偈，也即其卷末的偈颂为马鸣菩萨所造；五门（不净观、慈悲观、数息观、缘起观、念佛观）抄集于波须蜜、僧伽罗叉、沤波崛、僧伽斯那、勒比丘、马鸣、罗陀的禅要；六觉中偈为马鸣菩萨所修习；初观淫、恚、痴相及其三门出自僧伽罗叉之手。

（三）句数

中古佛典序跋记交代了原始佛典的句数，以佚名的《华严经记》为代表。该佛序文认为胡文本《华严经》含有十万偈语，详见该佛典序文的相关内容。此外，释道安的《鞞婆沙序》交代了胡文本《鞞婆沙》包含了"一万一千七百五十二首庐，长五字也，凡三十七万六千六十四言"②。首庐是佛教典籍句数的常用计算方法，包含 32 个音节字符，故胡文本《鞞婆沙》为 376069 个字符（11752×32+5）。此外，释法琳的《般若灯论序》指出梵文本《般若灯论》包含 6000 余偈语，其《宝星经序》指出梵文本《宝星经》有 3000 余偈。

要而言之，中古佛典序跋记多角度记录了原始佛典的成书细节、编撰者、句数等文献信息，对于认知原始佛典的成书过程与时间、思想、文本形态乃至印度早期佛教的原貌等均具有积极意义，同时也为自身融入了域外文化的因子，使其自身具有了一定的域外文化色彩。

二　阐释佛典的价值

中古佛典序跋记是佛典重要的辅助性"副文本"，多角度阐释了佛典的价值，此举犹如"一把钥匙、一座桥梁，引导读者提前进入被其营造的阅读空间和氛围中"③。中古尤其是汉末魏晋南北朝佛典序跋记对般若类佛典的价值有所论及，如释僧叡的《大品经序》运用比喻手法，盛赞《大品般若经》是出八地的途径，登十阶的渡口，在肯定该佛典功能的同

---

① （梁）僧祐撰，苏晋仁、萧錬子点校：《出三藏记集》卷 9，第 342 页。
② （梁）僧祐撰，苏晋仁、萧錬子点校：《出三藏记集》卷 10，第 382 页。
③ 张昳：《论序跋的文献学价值》，《图书馆理论与实践》2010 年第 8 期。

时，表达了对其价值的认可。萧子显的《御讲金字摩诃般若波罗蜜经序》盛赞《御讲金字摩诃般若波罗蜜经》是佛法之尊，为佛教之上乘教义。支道林的《大小品对比要抄序》、释僧叡的《小品经序》等其他中古佛典序跋记对般若类佛典的价值也多有盛赞。

中古佛典序跋记对佛典价值的阐释不断演进，在书写笔法上日趋成熟，在语言风格上进一步丰富，以释僧肇的《梵网经序》为代表。该佛典序文盛赞《梵网经》是"万法之玄宗，众经之要旨，大圣开物之真模，行者阶道之正路"[1]。在阐释《梵网经》价值的过程中，采用了整齐的句式。《梵网经》之所以为释僧肇高度评价，与其自身属性有关。《梵网经》的全称是《梵网经卢舍那佛说菩萨心地戒品第十》，是大乘佛教重要的戒律经典之一，由鸠摩罗什法师所译，上卷叙述了释迦牟尼从第四禅接引大众到莲华台藏世界以见卢舍那佛，询问一切众生为何获得成菩萨十地之道、所得果位是何等相，卢舍那佛为此而说菩萨修道阶位四十法门；下卷述说了释迦牟尼受教之后，示现降生、出家、成道、十处说法，于摩醯首罗天王宫，观诸大梵天王网罗幢，为众生说无量世界如网孔，一一世界各不同，佛教法门亦然。

汉末魏晋南北朝佛典序跋记阐释佛典价值的传统为隋唐五代佛典序跋记所继承，以武则天的《大周新译大方广佛华严经序》为代表。该佛典序文认为《大方广佛华严经》是"诸佛之密藏，如来之性海"[2]。表达了对《华严经》的推崇。其另一篇佛典序文《新译大乘入楞伽经序》也充分肯定了《入楞伽经》的价值。此外，释窥基的《观弥勒菩萨上生兜率天经题序》运用了比喻手法，多角度阐释了《观弥勒菩萨上生兜率天经》的价值。

要而言之，中古佛典序跋记与佛典的正文构成一种评价关系，指向佛典的价值，为佛典的诵读营造了良好氛围，拓展了佛典的阅读群体，推动了佛教的深入发展。当然中古佛典序跋记在阐释佛典价值的过程中，也具有一定局限性，它们有时仅仅涉及其中的某一层面，这可能与其题写者的素质、佛典在我国的发展程度等因素相关。此外，中古佛典序跋记对佛典价值的阐释具有差异性，因其题写者、佛典、时代等因素而异。

三　佛典释名

中古佛典序跋记多角度对佛典进行释名，集中体现在以下三个方面。

---

[1] （清）严可均辑：《全上古三代秦汉三国六朝文·全晋文》卷165，第294页下。
[2] （清）董诰等编：《全唐文》卷97《高宗武皇后》，第1002页上。

首先，以微观视角释名佛典。汉末魏晋南北朝佛典序跋记有时以微观视角释名佛典，以释僧叡的《十二门论序》为代表。该佛典序文逐一阐释了《十二门论》名称的意蕴，"十二者，总众枝之大数也；门者，开通无滞之称也；论之者，欲以穷其源尽其理也。"[1] 十二者，为总众枝之大数；门者，为开通无滞之意；论者，为三藏之一，希望穷源而尽理，《十二门论》名称的内涵以此可知。又如，释僧叡的《自在王经后序》指出《自在王经》因圆用无方而取名自在、无与势等而称为王，《自在王经》名称的意蕴不言而喻，也暗含了对《自在王经》要义的归纳。再如，释僧叡的《思益经序》阐释了"思""益"二字的内涵：超绝殊异与自强不息。

隋唐五代佛典序跋记有时也以微观视角释名佛典，以释窥基的《阿弥陀经通赞疏序》为代表。该佛典序文就此曰："阿弥陀者，无量寿也。经者，常法摄贯也。常则百王不易，法则千代同规，摄则包括众诠，贯则通连妙理，故云《佛说阿弥陀经》也。"[2] 阿弥陀者，译作无量。密教认为它有三个译名：无量寿、无量光、甘露，此三名依次为法、报、应三身的称号；而显教唯取无量寿、无量光二名，此处取无量寿之意。经是三藏之一，具有贯、摄、常、法之意。"贯"，也即贯穿所说之义，犹如一串念珠似的，把佛典逐字贯穿在一起。"摄"指的是摄持所化一切众生。"常"者，古今不变也，过去不变、现在不变、将来也不变。"法"，也即过去世、现在世、未来世，三世都修行此法。客观而论，中古佛典序跋记对佛典释名的微观视角，有时相对零散，不利于对佛典释名的整体把握。

其次，以宏观视角释名佛典。中古佛典序跋记有时以宏观视角释名佛典，以释僧祐的《弘明集目录序》为代表。该佛典序文阐释了《弘明集》的整体意蕴，"道以人弘，教以文明，弘道明教"[3]，道由人得以弘扬，教由文得以明晰。之所以取名《弘明集》，意在弘道明教，这也正是释僧祐编纂《弘明集》的意图。中古佛典序跋记中多有以宏观视角释名佛典者。

最后，微观与宏观相结合。中古佛典序跋记在对佛典释名时，有时秉持微观与宏观相结合的视角，力避偏执一隅，一般宏观阐释在前，微观阐释随其后，以释道安的《了本生死经序》为代表。该佛典序文就此曰："于是碎痴冠，决婴佩，升信车，入谛轨，则因缘息成四喜矣。故曰了本生死也。了，犹解也；本，则痴也，元也。"[4] 首先对《了本生死经》之

---

[1] （梁）僧祐撰，苏晋仁、萧鍊子点校：《出三藏记集》卷11，第403页。
[2] 许明编著：《中国佛教经论序跋记集·东汉魏晋南北朝隋唐五代卷》，第319页。
[3] （梁）僧祐撰，苏晋仁、萧鍊子点校：《出三藏记集》卷12，第492页。
[4] （梁）僧祐撰，苏晋仁、萧鍊子点校：《出三藏记集》卷6，第250页。

名做整体解释,了本生死源于因缘息而成四喜,而这又源自碎痴冠,决婴佩,升信车,入谛轨。随后具体阐释了《了本生死经》名称中个别字的内涵,"了"指的是解,"本"有痴之意。

除上述情况之外,中古佛典序跋记还揭示了佛典名称形成的原委,以释僧叡的《中论序》为代表。该佛典序文就此曰:"以中为名者,昭其实也;以论为称者,尽其言也。"[①] 由此可知,《中论》之命名,源于昭其实、尽其言。随后对"中论"进一步阐释,实非名则不悟,所以借助"中"以宣之;言非释则无以穷尽,故借"论"来阐明。此外,释慧皎的《高僧传序》揭示了《高僧传》的取名原委,阐释了释慧皎命名《高僧传》时的深层思考,暗含了他的著述意图、材料的甄选等信息。

名称是认识佛典的重要途径,因此中古佛典序跋记对佛典的多角度释名,不仅有利于增进对佛典的认识及对其要义的把握,而且为窥测其编撰者的著述思维提供了有效途径。中古佛典序跋记对佛典的多角度释名,既是对序跋记属性的继承,又彰显了鲜明特色。

四 记录佛典翻译与整理的详情

中古时期,翻译与整理是汉语佛典文献生成的重要途径,也是汉语佛典文献的主要内容,由此这一活动被中古佛典序跋记所关注。中古佛典序跋记客观记录了佛典翻译与整理的环节,真实还原了佛典翻译与整理的过程。

中古佛典序跋记记载了佛典翻译及整理的地点、时间、参与者等要素,以后秦文桓帝姚兴的《释摩诃衍论序》为代表。该佛典序文交代了《释摩诃衍论》被翻译与整理的地点:长安大庄严寺;被翻译与整理的时间:401年九月上旬至403年,历时近2年;翻译者与整理者:筏提摩多三藏、刘连陀、谢贤金。此外,佚名的《正法华经后记》记载了《正法华经》被翻译与整理的要素:地点:白马寺;时间:290年;参与者:竺法护、张季博、董景玄、刘长武、长文等。

中古佛典序跋记还详细记录了佛典翻译与整理的全过程,以佚名的《正法华经记》为代表。该佛典记就此曰:

> 太康七年八月十日,敦煌月支菩萨沙门法护手执胡经,口宣出《正法华经》二十七品,授优婆塞聂承远、张仕明、张仲政共笔受,

[①] (梁)僧祐撰,苏晋仁、萧錬子点校:《出三藏记集》卷11,第400页。

竺德成、竺文盛、严威伯、续文承、赵叔初、张文龙、陈长玄等共劝助欢喜。九月二日讫。天竺沙门竺力、龟兹居士帛元信共参校，元年二月六日重覆。又元康元年，长安孙伯虎以四月十五日写素解。①

该佛典序文真实再现了《法华经》被翻译与整理的全过程，也即由竺法护在286年八月十日手执胡本，口宣《正法华经》，并由聂承远、张仕明、张仲政笔受，并得到了竺德成、竺文盛、严威伯、续文承、赵叔初、张文龙、陈长玄等人的协助，历时22天，于同年九月二日完成。后于291年二月六日由天竺沙门竺力、龟兹居士帛元信进行了两次校订与润色，是年四月十五日由长安孙伯虎作全方位的阐释，《法华经》的翻译与整理至此正式完成，历时约5年。

中古佛典序跋记的题写者有时与佛典的翻译者与整理者为同一人，即使其没有亲自参与佛典的翻译与整理活动，也可能与参与者或组织者有一定关联，对其详情的记录相应较为真实，对其过程的还原也较为客观。中古佛典序跋记对佛典翻译与整理的真实记录具有积极意义：一方面有助于对中古佛典文献生成途径准确认知，丰富了中古佛典文献的内容；另一方面也丰富了自身内容，中古佛典序跋记在记录佛典汉译与整理活动时，有时会涉及中古的社会环境、文化思潮等要素，为其自身融入了更多元素。

五 梳理了佛典的流变

同一原始佛典在我国被翻译与整理的状况比较复杂，多因时间与参与者而异，并由此形成多个汉译本。这些汉译本难免有所差异，作为佛典文献的构成元素之一，其为中古佛典序跋记真实记录，集中体现在以下三个方面。

首先，中古佛典序跋记梳理了同一原始佛典相关汉译本之间的差异，主要包括以下三个方面。（1）偈语有异，以佚名的《法句经序》为代表。该佛典序文认为："《法句经》别有数部，有九百偈，或七百偈及五百偈。"②《法句经》在我国历经数次翻译与整理，与此相对应的汉译本或有九百偈，或有七百偈，或有五百偈。（2）卷帙或品数有别，以释彦琮的《合部金光明经序》为代表。该佛典序文记载了《金光明经》相关汉译本

---

① （梁）僧祐撰，苏晋仁、萧錬子点校：《出三藏记集》卷8，第304页。
② （梁）僧祐撰，苏晋仁、萧錬子点校：《出三藏记集》卷7，第272页。

卷帙及品数的差异:"有昙无谶译为四卷,止十八品。其次周世,阇那崛多译为五卷,成二十品。后逮梁世,真谛三藏于建康译三身分……等四品,足前出没,为二十二品。"① 《金光明经》在我国历经 3 次汉译与整理,由此形成了 3 个汉译本,其中卷帙及品数多有差异:昙无谶译本为四卷,十八品;阇那崛多译本为五卷,二十品;真谛译本为二十二品。其序勾勒了《金光明经》流变的痕迹。释怀素的《僧磨羯序》也记录了《僧磨羯》汉译本卷帙的流变:由隋代之前的 1 卷,到隋代的 2 卷,再到唐代的 1 卷。(3) 繁简之异,以支敏度的《合首楞严经记》为代表。该佛典序文真实记录了《首楞严经》汉译本的繁简差异:"恐是越嫌谦所译者辞质多胡音,所异者,删而定之;其所同者,述而不改。二家各有记录耳。此一本于诸本中辞最省便,又少胡音,遍行于世,即越所定者也。"② 支谦与支越均翻译与整理了《首楞严经》,其中支谦译本的胡音较多且语言较为繁琐,支越对其进行删减,力求语言简洁。

其次,中古佛典序跋记记录了同一原始佛典名称的变化,以支谦的《合微密持经记》为代表。该佛典序文记载了《微密持经》名称差异的状况:"此经凡有四本,三本并各二名,一本三名,备如后列。其中文句参差,或胡或汉音殊,或随义制语,各有左右,依义顺文,皆可符同。"③ 由此可知,《微密持经》有 4 个汉译本,其中每个汉译本的名称又或有 2 个或有 3 个名称,每个名称都可指代一部佛典,暗示了该佛典汉译本流变的情形。此外,李俨的《金刚般若经集注序》记录了《金刚般若经》历经多次翻译与整理后,相关汉译本名称的差异,也即虽意旨相同,语词却殊途迥异。若将名称相异的汉译本《金刚般若经》的差异加以汇集,在某种意义上就构成了其流变史。要而言之,名称是汉译佛典本身的重要构成部分之一,其所呈现出的变化在一定层面上能够反映出汉译佛典的流变脉络,因而中古佛典序跋记的记录,有利于对汉译佛典文献流变的认知。

最后,中古佛典序跋记记录了佛典被多次翻译与整理的情形。佛典的多次翻译与整理,也是佛典流变史的重要组成部分,汉译本的差异有时彰显了佛典的流变状况。如《维摩诘经》,在支敏度之前,先后历经支恭明、竺法护、竺叔兰的汉译与整理,所形成的 3 个汉译本在语言、意旨、文义等方面有一定差异,这些为支敏度的《合维摩诘经序》所记:"或辞

---

① (清) 严可均辑:《全上古三代秦汉六朝文·全隋文》卷 33,第 665 页下。
② (梁) 僧祐撰,苏晋仁、萧鍊子点校:《出三藏记集》卷 7,第 270 页。
③ (梁) 僧祐撰,苏晋仁、萧鍊子点校:《出三藏记集》卷 7,第 279 页。

句出入，先后不同；或有无离合，多少各异；或方言训古，字乖趣同；或其文胡越，其趣亦乖；或文义混杂，在疑似之间。"① 此外，释行矩的《药师如来本愿功德经序》勾勒了《药师如来本愿功德经》在我国被多次翻译与整理的情形：宋武帝刘裕时释慧简完成翻译，释行矩却认为其译本纰缪过多，于是在597年初次获得该译本时并未旋即展开重译，至615年再次获得其他译本时，方与他人展开汉译并校订了释慧简译本的纰缪。《药师如来本愿功德经》汉译本间的差异，一定程度上展示了其流变的过程。

中古佛典序跋记在梳理佛典流变脉络的过程中，被赋予重要的佛典文献价值。一方面有助于对佛典的全面认知。中古佛典序跋记在梳理佛典在中古不同历史时期的流变过程中，全景展现了其流变的脉络，拓展了全面认知佛典的路径。另一方面有助于提升对不同汉译佛典版本质量的认识。中古佛典序跋记在记载佛典的多次汉译与整理时，对其汉译本有所评价，这就在某种程度上有助于对佛典版本质量的认识，为佛典版本的选取提供了参考。

六　记载佛典版本的构成要素

中古佛典序跋记多角度记录了佛典版本的构成要素，主要体现在以下三个方面。首先，佛典的卷帙。卷帙是佛典版本的重要构成要素，为中古佛典序跋记所论及，以释慧恺的《摄大乘论序》为代表。该佛典序文记载了《摄大乘论》的卷帙情况："本论三卷，释论十二卷，义疏八卷，合二十三卷。"② 据此可知，该佛典凡23卷，其中本论3卷、释论12卷、义疏8卷。佚名的《渐备经十住梵名并书叙》也记载了《渐备经》的最初卷帙情况，指出了现存卷帙的阙失。

其次，佛典的偈语。中古佛典序跋记记录了相关佛典的偈语。偈语是汉译佛典的组成部分之一，其句式复杂且具有很强的音乐美感。尽管在我国并不存在完全与偈语相对应的文体，然而在佛典汉译的过程中仍然被保留，成为其版本的构成要素，由此为中古佛典序跋记多次论及，如释慧远的《阿毗昙心序》有："始自《界品》，讫于《问论》，凡二百五十偈。"③ 由此可知，《阿毗昙心》的汉译本最初包含二百五十偈。释僧肇的《百论序》记录了《百论》中原始偈语的数目为一百偈，指出了其汉译本偈语

---

① （梁）僧祐撰，苏晋仁、萧錬子点校：《出三藏记集》卷8，第310页。
② （清）严可均辑：《全上古三代秦汉三国六朝文·全陈文》卷18，第656页上。
③ （梁）僧祐撰，苏晋仁、萧錬子点校：《出三藏记集》卷10，第378页。

的阙失仅有五十偈。

最后，佛典的篇章。篇章是佛典的基本构成单位，也是佛典版本的重要构成要素，为中古佛典序跋记所涉及，如佚名的《法句经序》认为《法句经》的汉译本有九百偈、七百偈、五百偈之别，后被整理为"一部三十九篇，大凡偈七百五十二章"①。其中的篇章数奠定了《法句经》整理本的框架，也成为版本的构成要素之一。

文献价值居于序跋记的多重价值之首，中古佛典序跋记继承了序跋记的这一书写传统，保存了丰富的佛典文献价值：原始佛典风貌的因子、佛典的价值、佛典的释名、佛典的翻译与整理、佛典的流变、佛典版本的构成要素等多个方面，对窥测原始佛典及其汉译本的原貌、甄别其版本、认识其流变具有诸多裨益，对于认知中古乃至早期佛教、佛典也具有积极意义。中古佛典序跋记的佛典文献价值具有鲜明的佛教特色，体现出与佛事活动的深度融合，以及与佛教发展的同步性。

第二节　中古佛典序跋记的人物传志价值

序跋记记人笔法的形成经历了漫长过程，在先秦时期，其并未涉及对人物的记载，即使其题写者的形象也未被勾勒，正如《诗论》与《诗序》并未述及孔子及子夏，尽管《高唐赋序》与《神女赋序》有宋玉与楚王的简单对话，却不足以勾勒宋玉的形象。降至汉代，《太史公自序》一改前人的笔法，在行文中对司马迁有所记，由此推动了序跋记记人笔法的形成，其在序跋记发展史上具有重要意义。序跋记记人笔法在发展的过程中，逐步延伸至中古佛典序跋记，促使其人物传志价值得以形成。中古佛典序跋记所记之人多与佛事活动有关，主要包括佛典编撰者、佛典翻译者与整理者、持佛教态度的统治阶层。本书以人物的主要属性为划分标准，当然这种划分并非绝对，因为中古佛典序跋记所记之人的身份往往相互交叉，如佛典的编撰者与上层统治者关系密切，他们有时也参与了佛典的翻译与整理，二者理应也是佛典翻译者与整理者的一部分。

一　佛典编撰者

由于序跋记的记人笔法始于司马迁的《太史公自序》，其书写对象的

---

① （梁）僧祐撰，苏晋仁、萧鍊子点校：《出三藏记集》卷7，第273~274页。

第六章 中古佛典序跋记的价值 143

编撰者往往成为关注的焦点。作为序跋记的类型之一，中古佛典序跋记继承了其书写人物的传统，多围绕佛典的编撰者展开，重在记载与其相关之事，着重勾勒其人物形象。因为他们是佛事活动的主要参与者，在佛典成书的过程中发挥了重要作用。中古佛典序跋记对佛典编撰者的记载，主要包括两种情形。

其一，中古佛典序跋记的题写者与佛典的编撰者同属一人。中古佛典序跋记对佛典编撰者的记载，其实就是对其自身的书写，以牟融的《牟子理惑论序》最具代表性。该佛典序文对牟融的记载相对丰富，一方面交代了其学识涵养，"修经传诸子，书无大小，靡不好之；虽不乐兵法，然犹读焉；虽神仙不死之书，抑而不信，以为虚诞"①。牟融博览群书，精通经传诸子百家，不局限于个人爱好，即使不喜爱的兵法类典籍仍然有所涉猎，同时在读书的过程中带有批评意识，对神仙之书颇有微词，认为其虚诞不可信，主张会通三教，兼修儒释道。另一方面暗示了其无意为仕，一心归隐的品格。牟融与其母亲避乱于交趾，多次被邀请为吏，都被他以各种借口婉言谢绝。要而言之，《牟子理惑论序》具有鲜明的记人笔法，着重塑造了牟融鲜明的形象，突出了牟融性格的多面性。

其二，中古佛典序跋记的题写者与佛典的编撰者分属二人。伴随中古佛典序跋记的演进，其题写者与佛典的编撰者分属二人的情况增加，但其对佛典编撰者的记载也相对真实。中古佛典序跋记在记载佛典编撰者时，对其多有所赞誉，以李俨的《法苑珠林序》最具代表性。李俨的《法苑珠林序》着力刻画了《法苑珠林》的编撰者——释道世的慈悲形象，对戒律的擅长，对大乘佛教的崇奉，称赞他慈悲为怀，爱惜蝼蚁，严守戒律，熟知戒律，仰慕大乘佛教，洞晓实相。李俨的《法苑珠林序》对释道世的记载具有一定价值，为后世文献积累了一定材料，对宋代释赞宁的《宋高僧传·唐京师西明寺道世传》产生了一定影响。赞宁对释道世的生平有详尽记载："释道世，字玄恽，姓韩氏，厥先伊阙人也。……从执德瓶，止临欣鉴，律宗研核。"② 明显带有李俨《法苑珠林序》的痕迹。释道宣的《大唐内典录》、释智昇的《开元释教录》、释圆照的《贞元新定释教目录》等隋唐五代典籍均引用了李俨该序，由此证明了其可信度与价值。

中古佛典序跋记在记载佛典编撰者的过程中形成了鲜明的记人笔法，在展现其人物事迹时，着力塑造其人物形象，着重凸显其人物性格。有时

---

① （汉）牟融撰：《牟子理惑论》，《弘明集》卷1，上海古籍出版社，1991，第1页中—下。
② （宋）赞宁撰，范祥雍点校：《宋高僧传》卷4，第67页。

限于篇幅，中古佛典序跋记对佛典编撰者的记载，无法实现面面俱到，则会筛选其较有代表性的事迹，以此凸显其鲜活的人物性格。

中古佛典序跋记对佛典编撰者的记载，彰显了其人物传志价值，被赋予了积极意义。一方面为全面认知佛典提供了有效途径。中古佛典序跋记在记载佛典编撰者的过程中，也往往涉及佛典的成书背景、成书原委及材料的甄选等，有利于对佛典的全面认知。另一方面为认知社会文化环境提供了有效渠道。中古佛典序跋记在记载佛典编撰者时，往往延伸至佛典编撰者所处的时代背景，如牟融的《牟子理惑论序》交代了灵帝崩后"天下扰乱"，对东汉末年社会动乱的刻画可谓言简意赅。

二 佛典翻译者与整理者

佛典多形成于域外，为梵语、巴利语等域外语言所书写，对其翻译与整理必不可少，其翻译者与整理者在我国佛教史上具有重要地位，中古佛典序跋记亦以其为重要的记载对象。

中古佛典序跋记所记载的佛典翻译者与整理者较为丰富，其角度也较为多元，具有选择性，主要体现在两个方面。其一，鉴于佛典的翻译者与整理者众多，无法被中古佛典序跋记全部囊括，故其多选择具有代表性者。其二，限于篇幅，中古佛典序跋记无法实现对佛典翻译者与整理者生平事迹的详尽记载，故其选择材料具有代表性者。鉴于此，同一佛典的翻译者与整理者，可能在中古佛典序跋记中多次出现，以安世高最具代表性。

安世高作为早期主要的来华僧人，在我国佛事活动中相对活跃，翻译与整理了多部佛典。安世高始出现于严佛调的《沙弥十慧章句序》："有菩萨者，出自安息，字世高。韬弘稽古，靡经不综，愍俗童蒙，示以桥梁。于是汉邦敷宣佛法，凡厥所出数百万言。"[1] 首先交代了安世高的身世，暗示了他域外僧人的身份；随后指出他博览佛典，悯俗众之暗昧，想要以度化，以塑造他的仁者形象；最后交代了他在我国广泛弘扬佛法与宣扬佛教之事，旨在塑造他弘法宣教的"传教士"形象。康僧会的《安般守意经序》着力刻画了安世高的灵异特质，观人面色而知晓病状，熟知鸟兽鸣啼之意等，具备我国神仙的一些特质。释道安的佛典序跋记对安世高亦有所记，其《安般注序》认为："有安世高者，博闻稽古，特专阿毗昙学。其所出经，禅数最悉。"[2] 其《阴持入经序》与《十二门经序》也

---

[1]（梁）僧祐撰，苏晋仁、萧鍊子点校：《出三藏记集》卷10，第369页。
[2]（梁）僧祐撰，苏晋仁、萧鍊子点校：《出三藏记集》卷6，第245页。

认为安世高以宣扬禅观为务。除安世高之外，鸠摩罗什法师、释道安等其他佛典翻译者与整理者，也成为中古尤其是汉末魏晋南北朝佛典序跋记的重要记载对象。

中古佛典序跋记对佛典翻译者与整理者的记载具有延续性，由汉末魏晋南北朝延续至隋唐五代。隋唐五代佛典序跋记对佛典的翻译者与整理者多有涉及，以释彦悰的《大慈恩寺三藏法师传序》最具代表性。该序以时间为脉络，详细记载了玄奘法师西行求法的过程，塑造了其鲜明的人物形象。它首先揭示了玄奘法师西行求法的起因："每慨古贤之得本行本，鱼鲁致乖；痛先匠之闻疑传疑，豕亥斯惑。窃惟音乐树下必存金石之响，五天竺内想具百篇之义。"① 即有感于我国佛典的鱼目混杂，字形相近而被曲解，佛教义理紊乱，因此痛先人之不察，以疑传疑，故敬慕天竺之圣迹，汲汲于佛祖之圣教。序文衬托出了玄奘法师强烈的责任感。其次，该序勾勒了玄奘法师西行求法的梗概，述说了玄奘法师在印度数十年间的状况，如瞻仰了灵鹫山等名胜古迹，广泛搜集佛典，游历130个国家，宣扬盛唐的威武之风在多个场合与异学人士展开论辩，宣扬佛教义理，促使"异学"偃旗息鼓，为王公贵族膜拜，吸引众多僧侣慕名而至，"风猷"无出其右，勾勒了他光辉高大的鲜明形象。再次，该序交代了玄奘法师西行求法的收获，"大、小二乘三藏梵本等，总六百五十七部"。他西行求法所获颇丰，带回梵文佛典多达 657 部，其实远不止此。最后，该序记录了玄奘法师归国后的情形，迎接他的人挤满街巷。在觐见唐太宗李世民时，被数次慰劳与盛赞，所带回的佛典也得到重视，被立即组织翻译与整理。玄奘法师西行求法引起了强烈反响，为社会各界赞誉与敬慕。

要而言之，释彦悰的《大慈恩寺三藏法师传序》具有鲜明的记人笔法，以玄奘法师西行求法为主线，融记事与记人于一体，正面刻画与侧面烘托相结合，着力塑造玄奘法师鲜明的人物形象，全景式展现了玄奘法师的活动轨迹。

除玄奘法师外，波罗颇迦罗蜜多罗（汉译"明友"）、波颇（汉译"光智"）等其他佛典翻译者与整理者，也为隋唐五代佛典序跋记所记，从而反映出序跋记所记对象广泛，囊括了域外与域内僧人。

尽管中古佛典序跋记对佛典翻译者与整理者的记载具有延续性，从汉末魏晋南北朝延续至隋唐五代，然而其笔法略有不同，其记载对象由汉末魏晋南北朝对域外僧人的偏重，到隋唐五代转向域内僧人，与我国佛典翻

---

① （唐）慧立、彦悰著，孙毓棠、谢方点校：《大慈恩寺三藏法师传序》，第 2 页。

译者与整理者身份的转变有关。在汉末魏晋南北朝佛典翻译与整理活动中，以域外僧人为主，域内僧人为辅助，而到了隋唐五代，二者发生了转移。中古佛典序跋记所记载的佛典翻译者与整理者的变换，彰显了其与佛事活动的紧密结合，与其题写者的演变趋势相一致。此外，中古佛典序跋记记载佛典翻译者与整理者的笔法相对灵活，或寥寥数语，或长篇宏论，或平铺直叙，或侧面烘托。上述现象多由以下两个因素所致。一方面与社会文化环境有关，如康僧会的《安般守意经序》对安世高神异性的描绘"可能与他在建邺的信仰处境有关"①，也即通过对安世高的神仙化，实现对神仙方术的附着，以此融入当时的社会环境；另一方面与记载对象及其书写者有关，如玄奘法师在我国佛教史上具有重要地位，为人敬仰，其西行求法为我国重要的佛事活动。

三　统治阶层

鉴于统治阶层与佛教的关系较为特殊，对佛教的影响不可忽视，由此其为中古佛典序跋记所关注，成为其重要记载对象。中古佛典序跋记对统治阶层多有论述，以释僧肇的《长阿含经序》为代表。该佛典序文盛赞后秦文桓帝姚兴，"大秦天王涤除玄览，高韵独迈，恬智交养，道世俱济"②。"大秦王"即指姚兴，"涤除玄览"出自《道德经》第十章，意为涤除妄念杂想，心灵空虚无目，指姚兴涤除妄念杂想、高雅风度无人匹及，他怡养心志、勤于政事、治国安民。序文赞誉了姚兴的修养、风度、心智、政治才能，刻画了其丰满的形象，不乏赞誉之情。释僧祐的《齐太宰竟陵文宣王法集录序》多角度刻画了萧子良的形象：忠孝淳和仁智博爱，敬奉三宝崇奉佛事，推行有利于佛教发展的政策，慈悲悯人，救苍生，济黎庶。记录了萧子良的佛事活动，突出了他对三宝的敬奉，采用反复的笔法达到了渲染的效果。释僧祐的《齐竟陵王世子抚军巴陵王法集序》对齐竟陵王世子抚军巴陵王赞誉有加，认为该人聪明机颖，敏智过人；孝敬长辈，品质淳和；勤奋好学，博览群籍，才华横溢。

中古佛典序跋记所记载的统治阶层具有广泛性，除最高统治者之外，对官僚士大夫也有所涉及。如释僧肇的《长阿含经序》述及右将军、使

---

① 魏斌：《安世高的江南行迹——早期神僧事迹的叙事与传承》，《武汉大学学报》（人文科学版）2012 年第 4 期。
② （梁）僧祐撰，苏晋仁、萧鍊子点校：《出三藏记集》卷9，第 336 页。

者、司隶校尉晋公姚爽，赞誉他品质正直、为人柔和、洞察力高、尊奉佛法、领悟自然。

中古佛典序跋记所记载的统治阶层具有选择性，主要体现在以下两个方面。一方面在记载对象的选取上，往往关注持积极佛教态度并积极推动佛教发展者。如前文所述及的后秦文桓帝姚兴，他曾派兵伐凉，并以国师之礼迎请鸠摩罗什法师，《高僧传》对此有详记。后秦文桓帝姚兴虽为一国之君，对鸠摩罗什法师却是发自内心的尊敬，并非单纯利用佛教以巩固政权。他大力支持鸠摩罗什法师的佛事活动，为他的佛典翻译与整理活动提供了很多支持。他还亲自参与佛事活动，撰写《通三世论》，表达对佛教的思考。尤为重要的是，后秦文桓帝姚兴积极推行有利于佛教发展的政策，营造了崇奉佛教的浓厚氛围，"兴既托意于佛道，公卿已下莫不钦附，沙门自远而至者五千余人"[1]。他崇奉佛教的行为产生了很强的示范效应，为时人所响应。另一方面在记载策略上，仅仅涉及统治阶层与佛事活动相关之事并对其多有赞誉，以此获取其对佛事活动的支持，表达了中古佛典序跋记题写者的意图及其对佛教的关注与思考。

中古佛典序跋记具有鲜明的记人笔法，记载了佛典编撰者、佛典翻译者与整理者、统治阶层等人物的生平事迹，塑造了他们鲜明的人物性格，展现了他们鲜活的人物形象，建构了人物传志史，被赋予重要的人物传志价值。首先，彰显了序跋记与佛事活动相结合的属性。中古佛典序跋记是佛事活动的一部分，其形成与发展与佛事活动密切相关，在以佛事活动为中心的过程中，必然涉及佛典的编撰者、佛典翻译者与整理者、统治阶层等人物。其次，对中古佛典序跋记具有积极意义。中古佛典序跋记往往记人与记事相互穿插，以佛事活动为线索，同时触及其所处的社会环境、时代思潮等相关层面，由此拓展了其内容。最后，也推动了中古佛典序跋记风格的多样化。尽管中古佛典序跋记重在记人叙事，有时也触及其逸闻趣事，为自身相应融入了趣闻元素，改变了其单一的风格。

中古佛典序跋记人物传志价值的形成，主要由以下五个因素所致。其一，对序跋记记人笔法的继承，前文就此有所述。

其二，对佛典记人的借鉴。无论是汉译，还是编撰于中土的佛典，对人物均有所记，如释僧祐的《出三藏记集》首设"述列传"，记载了佛家人物的生平事迹。此外，释慧皎的《高僧传》为佛家人物立传，是一部佛家人物的传志史。佛典对人物的书写，为中古佛典序跋记记人笔法的形

---

[1] （唐）房玄龄等撰：《晋书》卷117《姚兴上》，中华书局，点校本，1974，第2985页。

成提供了参考。

其三，记录佛教史之所需。中古佛典序跋记对佛典的编撰者、翻译者与整理者、统治阶层等生平事迹的记载，为相关佛教史积累了重要资料，也推动了自身佛教史价值的实现。

其四，抒发情感的需要。中古佛典序跋记在记载佛典编撰者、翻译者与整理者、统治阶层的生平事迹时，也融入了情感态度，对其多有赞誉，在写人叙事的过程中形成了鲜明的情感态度，从而推动了自身抒情价值的实现。

其五，相关人物的属性所致。编撰、翻译与整理是重要的佛典生成途径，其实施者在佛事活动中扮演着重要角色。此外，统治阶层对佛教的发展至关重要，以至于"不依国主，则法事难立"，鉴于此，其无法被任何佛典所忽略，中古佛典序跋记亦然。

第三节　中古佛典序跋记的意旨阐释价值

序跋记在紧紧围绕其题写对象展开时，并非浅尝辄止，而是作深层次的思索，着力深度揭示相关各方的意旨，也推动了自身思辨色彩的形成。序跋记之所以融入深度思考，一方面源自其在被题写的过程中，难免触及典籍的形成原委及其著述思维；另一方面与其题写者有关，他们在题写的过程中融入了自身的意愿或愿望，或揭示书写对象成书的原委，或阐释书写对象的价值，或概述书写对象的内容，或厘清问题等。总而言之，序跋记被融入了与其题写对象相关的意旨，成为窥测其题写者心态的重要途径。

作为序跋记的分支，中古佛典序跋记在围绕佛典展开时，必然触及与佛典相关的意旨，并与佛典的生成途径紧密结合，具体包括佛典成书的原委、佛典编撰者的著述思维、佛典翻译者与整理者的意愿、佛典序跋记题写者的愿望。当然本书的划分并非绝对，因为它们往往相互交叉，所从事的佛事活动也多有交织。

一　佛典成书的原委

成书原委是佛典的重要构成部分，其内容相对丰富，有时蕴藏了其编撰者的心态，在深度认知佛典过程中必不可缺，由此为中古佛典序跋记所关注。中古尤其是汉末魏晋南北朝佛典序跋记多角度揭示了佛典成书的原委，集中体现在以下五个方面。

其一，时代形势。中古佛典序跋记揭示了佛典的形成，源于时代形势，也即佛法遭致破坏，邪论竞起，故编撰佛典以摧毁邪论，导众生以正法，以释僧肇的《百论序》为代表。该佛序文认为《百论》的形成，旨在"防正闲邪，大明于宗极者矣"①。与《百论》破斥古印度佛教以外的其他哲学流派的主题相一致。释僧肇是鸠摩罗什的门徒，参与了《百论》的翻译与整理活动，对该佛典的把握非常准确，其《百论序》对该佛典形成原委的揭示也具有可信度。此外，释慧恺的《大乘起信论序》揭示了《大乘起信论》的成书背景：马鸣菩萨在佛陀圆寂六百年后，有感于诸外道竞兴，破坏正法，故造此论。释慧恺为南朝陈时僧人，生于518年，卒于568年，其《大乘起信论序》乃为释真谛译本而写。鉴于释慧恺与释真谛的关系亲密，且他还参与了《大乘起信论》的翻译与整理，故他对该佛典的把握较为准确，对该佛典成因的揭示也是真实可靠的。释慧恺的《阿毗达磨俱舍释论序》、释道安的《阴持入经序》与《道地经序》、释昙林的《毗耶娑问经译记》等其他汉末魏晋南北朝佛典序跋记亦揭示了佛典的形成源于时代形势。

中古佛典序跋记将佛典的成书归因于时代形势，具有一定合理性。佛典作为佛教的重要载体，旨在宣扬佛教义理，当佛法被破坏，邪论竞起时，编撰佛典以弘扬佛法，护卫佛教，不失为有效措施。中古佛典序跋记的题写者与佛典的关系较为紧密，多是其编撰者、翻译者与整理者，对其认知比较准确，故其论述也比较可信。

其二，匡正佛典谬误。佛典在我国流传的过程中难免出现舛误，为此编撰佛典势在必行，中古尤其是汉末魏晋南北朝佛典序跋记对此多有论及，如释僧祐《出三藏记集序》记载：

> 国音各殊，故文有同异；前后重来，故题有新旧。而后之学者鲜克研覆，遂乃书写继踵，而不知经出之岁，诵说比肩，而莫测传法之人，授受之道亦已阙矣。……
> 昔安法师以弘才渊鉴，爰撰经录，订正闻见，炳然区分。……岁月逾迈，本源将没，后生疑惑，奚所取明？②

---

① （梁）僧祐撰，苏晋仁、萧鍊子点校：《出三藏记集》卷11，第402页。
② （梁）僧祐撰，苏晋仁、萧鍊子点校：《出三藏记集》卷1，第2页。

佛典之所以出现舛误,与其在翻译与整理时受域内与域外语言差异以及时代的影响等因素有关。后之学者有时对此熟视无睹,以此形成了以讹传讹的局面。此局面为释道安所改变,因为他在编撰《综理众经目录》时,订正闻见,正谬炳然尽显。释道安之后所出佛典的编撰时间及编撰者多被湮没,以至于佛典的本源难寻,众生因此产生疑惑,释僧祐有感于此而编撰《出三藏记集》。他不仅指出了佛典产生舛误的情形以及原因,而且也揭示了其编撰《出三藏记集》的成因。支敏度的《合首楞严经记》、释僧叡的《大品经序》、佚名的《法句经序》等其他汉末魏晋南北朝佛典序跋记,亦揭示了佛典的形成源于匡正谬误。

隋唐五代佛典序跋记对佛典成书的原委也有所关注,其中不乏将之归因于匡正谬误者,以释法经的《众经目录序》最具代表性。该佛序文曰:"旧来正典,并由翻出,近遭乱世,颇失原起。前写后译,质文不同,一经数本,增减亦异。致使凡人得容妄造,或私采要事,更立别名;或辄构余辞,仍取真号;或论作经称,疏为论目。大小交杂,是非共混,流滥不归,因循未定。将恐陵迟圣说,动坏信心,义阙绍隆,理乖付嘱。"① 概述了释法经编撰《众经目录》时的佛坛状况,即隋统一中国之前的数百年间,佛典遭到严重破坏,原貌尽失,文质迥异,同一原始佛典有数个汉译本,增减有异,舛误比比皆是,不乏滥竽充数与鱼目混珠者,底本与抄本混杂难辨,以至于圣说凌迟,信奉佛法之心动摇,佛理阙失而邪论兴,故编撰《众经目录》。释法经的《众经目录序》在阐释佛坛状况的过程中,暗示了《众经目录》的成书原委。

其三,阐扬佛理。佛典为佛教的重要载体,是阐扬佛理、弘扬佛法的工具,其形成也必然与此相关,此现象为中古佛典序跋记所揭示,以释慧恺的《摄大乘论序》为代表。该佛典序文认为无著法师欲阐扬至理而编撰《摄大乘论》:"法师得一会通,体二居宗,该玄鉴极,凝神物表,欲敷阐至理,故制造斯论。"② "法师"是指阿僧伽,或曰无著。"至理"与唯识学有关,因为《摄大乘论》建立了较为完整的唯识学体系,为后世唯识学的发展奠定了一定基础。释慧恺与释真谛的关系较为紧密,其《摄大乘论序》对《摄大乘论》成因的揭示具有一定可信度。此外,释昙林的《奋迅王问经翻译记》亦揭示了《奋迅王问经》的成因,即高公为弘扬"四种奋迅法",于是命令昙林、瞿昙流支等创笔,与《奋迅王问

---

① (清)严可均辑:《全上古三代秦汉三国六朝文·全隋文》卷35,第678页上一下。
② (清)严可均辑:《全上古三代秦汉三国六朝文·全陈文》卷18,第656页上。

经》中，如来为奋迅王说"四种奋迅法"之事相一致。

中古佛典序跋记将佛典的成书归因于弘扬佛理的举措，具有一定科学性，充分考虑了佛典是佛理重要载体的属性，同时也为自身融入了佛教义理的成分，推动了自身佛教思想价值的形成。

其四，存史记人。有时佛典的形成，与其记录佛教史与为佛教人物立传有关，此现象为中古佛典序跋记所揭示，以杨衒之的《洛阳伽蓝记序》最具代表性。该佛典序文曰："京城表里凡有一千余寺，今日寮廓，钟声罕闻，恐后世无传，故撰斯记。"① 唯恐后人对洛阳城内一千余寺无所记，故著《洛阳伽蓝记》以记之。《洛阳伽蓝记》成书于"魏孝静帝武定五年（547）以后"②。杨衒之在547年之后途经北魏旧都洛阳时，目睹寺宇遭到破坏，有感于其苍凉之状，于是撰写了《洛阳伽蓝记》。此外，释宝唱的《比丘尼传序》也揭示了《比丘尼传》成书的缘由，即为比丘尼立传以存英风。

中古佛典序跋记将部分佛典的形成归因于其存史记人的举措，拓宽了认知佛典的途径。由于佛典是佛理的载体，其浓厚的义理色彩往往成为关注的焦点，其存史记人往往被忽视，因此中古佛典序跋记的相关论述，是对佛典片面认知的矫正，有助于对佛典的全面认识，同时也拓展了佛典价值被认知的途径。

其五，抒发情感。佛典的创作主体是僧人，另外，官僚士大夫、文人等社会人士，有时会因抒发情感的需要而翻译、整理与编撰佛典，此现象为中古佛典序跋记所揭示，以严佛调的《沙弥十慧章句序》最具代表性。该佛典序文阐释了《十慧章句》的成书源于严佛调情感的抒发，即他悲无过庭之教，仕途多舛，抱负不得施展，故作《十慧章句》以慰藉内心的悲伤。此外，《牟子理惑论序》也描写了牟融编撰《牟子理惑论》时的矛盾心态："欲争则非道，欲默则不能，遂以笔墨之间，略引圣贤之言证解之，名曰《牟子理惑论》云。"③ 牟融生于东汉末年的乱世之中，欲有所为而不得志，欲洒脱自然超脱于世则心有不甘，所以编撰《牟子理惑论》以证解，引圣贤之言以纾解内心的矛盾。

中古佛典序跋记将部分佛典的成因归于其创作者内心情感的抒发，是对其形成原委的新认识，拓展了佛典成书原委被认知的途径，有利于对佛

---

① （北魏）杨衒之撰，周祖谟校释：《洛阳伽蓝记校释》，中华书局，2013，第23页。
② 曹道衡：《关于杨衒之和〈洛阳伽蓝记〉的几个问题》，《文学遗产》2001年第3期。
③ （汉）牟融撰：《牟子理惑论》，《弘明集》卷1，第1页下。

典情感因子的新发现，同时也推动了自身抒情价值的形成。

中古佛典序跋记对佛典成书原委的多元化阐释，体现了对佛典的深度关注，有利于对佛典的深层次把握及对其价值的深入挖掘，在对其佛理载体定性的基础上，实现了对其叙事记人与抒情价值的发掘。

二　佛典编撰者的著述思维

典籍的创作者在书写序文或跋文或记时，必然涉及自身的著述思维。作为序跋记的分支，中古佛典序跋记继承了其题写思维，也多方面揭示了佛典编撰者的著述思维，深度挖掘了他们的著述心态，主要体现在以下两个方面。

其一，佛典的体例编次。佛典的体例编次并非随意为之，而是经过创作者的深思熟虑，暗含了其著述思维；它也是深度展现佛典必不可缺的内容，由此为中古佛典序跋记所关注。中古佛典序跋记深入揭示了佛典的体例编次，以释僧祐的《出三藏记集序》为代表。该佛典序文着力阐释了《出三藏记集》的体例构成、编次及其内容："一撰缘记，二铨名录，三总经序，四述列传。缘记撰则原始之本克昭，名录铨则年代之目不坠，经序总则胜集之时足征，列传述则伊人之风可见。"① 由此可知，《出三藏记集》包括四个部分："撰缘记""铨名录""总经序""述列传"。其中"撰缘记"主要涉及佛典及其翻译的来源，旨在探源溯流，与释僧祐"沿波讨源"的创作初衷相一致，体现了《出三藏记集》成书的初衷，故被列为首位。"铨名录"具有目录的性质，罗列了佛典的翻译时间、翻译者、卷帙等信息，暗示了释僧祐"缀其所闻"的著述思路，也是"撰缘记"具体的展开，故被列为第二。"总经序"涵盖了大小乘经律论序文及题记，凡110篇，多围绕佛典展开，是"铨名录"的进一步细化，故被列为第三。"述列传"记载了49位高僧的生平事迹，鉴于僧众为三宝之一，是佛事活动的主要参与者，相应也是"总经序"的主角，故被列为第四。

此外，释慧皎的《高僧传序录》也深入解析了《高僧传》的体例编次："然法流东土，盖由传译之勋，……震旦开明，一焉是赖，兹德可崇，故列之篇首。……其转读宣唱，原出非远，然而应机悟俗，实有偏功。故齐宋杂记，咸条列秀者，今之所取，必其制用超绝，及有一介通感，乃编之传末。"② 佛教传入我国，传译功不可没，译经师所发挥的作

---

① （梁）僧祐撰，苏晋仁、萧鍊子点校：《出三藏记集序》卷1，第2页。
② （梁）释慧皎撰，汤用彤校注，汤一玄整理：《高僧传》卷14，第524~525页。

用亦不容忽视，故将之列为首位。从义解至经师的各个人物，尽管其行为因人而异，却德效四依（依法不依人，依义不依语，依了义不依不了义，依智不依识），功在三业（身口意），为众经所称赞，也为众圣所褒誉，故被依次列之。唱导者虽"原出非远"，却能应机开导俗众，"实有偏功"，所以被列于末尾。由上可知，《高僧传》的体例编次是释慧皎深思熟虑的结果，体现了其著述思维。

其二，佛典编撰者的著述策略。编撰者的著述策略对佛典的框架结构、语言风格、叙事记人次第等产生了重要影响，体现了佛典编撰者的著述思维，在佛典成书的过程中占据着重要地位，由此为中古佛典序跋记所关注，以释慧皎的《高僧传序录》最具代表性。该佛典序文就此曰："凡十科所叙，皆散在众记，今止删聚一处，故述而无作，俾夫披览于一本之内，可兼诸要。其有繁辞虚赞，或德不及称者，一皆省略。"① 《高僧传》是将散落的十科（《高僧传》的体例）相聚集并作一定处理，是述而无作，以便融进诸多要旨，同时省略其中的繁琐言辞以及品德不配位者。此外，杨衒之的《洛阳伽蓝记序》揭示了《洛阳伽蓝记》叙述对象的取舍及其次第。鉴于洛阳庙宇众多，无法被逐一记载，《洛阳伽蓝记》为此上取大者，退而取小者，首以城内庙宇为记载对象，次及城外。

中古佛典序跋记对佛典编撰者著述思维的揭示，体现了对佛典生成途径的深入探析，也是对佛典编撰者心态的深入认知，推动了对佛典体例编次、框架结构、语言风格、叙事记人次第等方面的深入认知。

三　佛典翻译者与整理者的意愿

佛典数量繁多，在被翻译与整理时必然有所甄选，在此过程中融入其翻译者与整理者的意愿。翻译者与整理者的意愿，也是佛典的重要内容，对于认知其成书目的具有积极意义，由此为中古佛典序跋记所关注，以《譬喻经序》为代表。该佛典序文表达了康法邃翻译与整理《譬喻经》的意愿，"愿率土之贤，有所遵承，永升福堂，为将来基"②。他希望《譬喻经》在我国贤士中广泛传播并给他们带来福祉。此外，《圣法印经记》亦阐释了竺法首翻译与整理《圣法印经》的意愿：希望《圣法印经》普流十方，大乘永存。

隋唐五代佛典序跋记对佛典翻译者与整理者的意愿也多有揭示，以

---

① （梁）释慧皎撰，汤用彤校注，汤一玄整理：《高僧传》卷14，第525页。
② （梁）僧祐撰，苏晋仁、萧錬子点校：《出三藏记集》卷9，第355页。

《四分比丘戒本序》为代表。该佛序文阐释了释怀素整理《四分戒本》的意愿,"顺菩提之妙业,成实相之嘉谋,作六趣之舟航,为三乘之轨躅者也"①。希望顺承菩提的妙业,成为实相的嘉谋,驶向六趣(地狱趣、饿鬼趣、畜生趣、阿修罗趣、人趣、天趣)的船只,成为三乘(声闻乘、缘觉乘、菩萨乘)的轨迹。另外,《僧羯磨序》亦表达了释怀素翻译与整理《僧羯磨》的意愿:弘扬戒律。

中古佛典序跋记对佛典翻译者与整理者意愿的深入挖掘,具有积极意义。一方面暗示了佛典生成的概率。中古佛典序跋记就此记载,有利于认知佛典与其翻译者和整理者意愿的契合度密,即二者的契合度越高,佛典被翻译与整理的可能性就越大。另一方面有利于对佛典翻译者与整理者的全面认识。中古佛典序跋记对佛典翻译者与整理者意愿的记载,有利于对其佛学修养、文化素养、个人爱好、精神世界等方面的认识。

四 佛典序跋记题写者的愿望

序跋记多蕴藏着其题写者的愿望,作为其分支,中古佛典序跋记亦然,成为题写者表达题写心态与展现内心世界的工具。

在汉末魏晋南北朝佛典序跋记中,不乏表达其题写者愿望的篇章,以康僧会的《法镜经序》为代表。该佛典序文曰:"今记识阙疑,俟后明哲,庶有畅成,以显三宝矣。"② 其旨在说明康僧会为《法镜经》所作的注疏存在不足,希望后人能够加以补充,以弘扬三宝。《胜鬘经序》也表达了释慧观渴望宣扬《胜鬘经》的愿望。《胜鬘经》,又名《狮子吼经》,全称《胜鬘狮子吼一乘大方便方广经》,在我国历经2次翻译与整理:求那跋陀罗译本,1卷;昙无谶异译本,1卷。释慧观的《胜鬘经序》乃为求那跋陀罗译本题写。

隋唐五代佛典序跋记,亦有对其题写者愿望的表达,以《大周新译大方广佛华严经序》为代表。该佛典序文表达了武则天希望利用佛教维护自身统治地位的愿望:"金仙降旨,大云之偈先彰;玉扆披祥,宝雨之文后及。"③ 她之所以提及《大云》与《宝雨》,源于二者包含"净光天女"与"故现女身""日月光天子"的典故,旨在宣扬她今生前世皆崇奉佛事,是"净光天女"与"日月光天子"的转世,她当权是佛意,符合

---

① (清)董诰等编:《全唐文》卷912《怀素》,第9504页下~9505页上。
② (梁)僧祐撰,苏晋仁、萧鍊子点校:《出三藏记集》卷6,第255页。
③ (清)董诰等编:《全唐文》卷97《高宗武皇后》,第1002页上。

佛典的预言，以此美化自身的统治。

中古佛典序跋记所表达出的其题写者愿望，多因人因时而异，其中僧人题写佛典序跋记的愿望多与佛教有关，旨在推动佛教的发展与佛典的生成，此情形在汉末魏晋南北朝尤为突出。降至隋唐五代，伴随着佛典序跋记题写者群体的进一步扩大，统治阶层参与进来，他们题写佛典题写序跋记的愿望多与政治活动有关，旨在借助佛教维护与巩固自身的统治地位，以武则天为代表。中古佛典序跋记所呈现的题写者愿望的差异性，一方面彰显出自身的灵活性，即它能够为不同的题写者群体所使用，成为他们言说达意的工具，故而备受青睐；另一方面也使自身带上一定的主观色彩，尽管微乎其微，却增添了人文气息。

中古佛典序跋记在阐释佛典相关意旨的过程中，形成了鲜明特色，具体表现在以下两个方面。（1）多重性。中古佛典序跋记多角度揭示了佛典的成因，阐明了佛典成书的原委、佛典编撰者的著述思维、佛典翻译者与整理者的意愿、佛典序跋记题写者的愿望，体现了对佛典相关方面的深度关注。（2）域外与域内文化的融合。中古佛典序跋记对佛典相关意旨的阐释有时涉及域外文化，一方面，大多数佛典形成于域外，即使编撰于我国的佛典也被融进了域外文化的因子，因此在探析佛典的意旨时，必然触及域外文化；另一方面，在中古时期，佛典的编撰者、翻译者与整理者、佛典序跋记题写者多有域外僧人，在探究他们的心态时，难免触及其域外文化的素养。但同时，中古佛典序跋记是在我国的社会文化环境中，阐释佛典的相关意旨，难免被融入域内文化的因子，触及当时的社会文化、政治环境、时代思潮、佛事活动组织者或参与者的域内文化修养。域外与域内文化在中古佛典序跋记阐释佛典相关意旨过程中的融合，彰显了佛教与中国文化的深度结合，体现了佛教的中国化。

第四节　中古佛典序跋记的佛教史价值

序跋记在记载题写对象所形成的时代背景及其题写者的生平事迹，梳理其题写对象的演变时，有时被融入历史因子，集中体现在记史范畴的应用及其笔法的多样化，由此被赋予鲜明的历史价值。

作为序跋记的一个分支，中古佛典序跋记亦有鲜明的记史笔法，与佛教与佛典等密切相关，融进了大量的佛教史因子：印度早期佛教的风貌、佛教中国化变迁的痕迹、佛典翻译与整理底本的变化、中古政教关系、中古佛教的发展程度、中古佛教的发展态势、佛教史实,都被赋予了重要的佛教史价值。

一 保存印度早期佛教的风貌

中古佛典序跋记尽管在形式上源于我国,其内容多与佛教、佛典等域外文化有关,其中不乏涉及印度早期佛教的风貌者,主要表现在以下两个方面。其一,描述了佛陀讲经的情形,以康孟祥的《佛说兴起行经序》最具代表性。该佛典序文描述了如来因舍利弗问及十事宿缘,对众讲授的情形:"如来将五百罗汉,常以月十五日,于中说戒。因舍利弗,问佛十事宿缘。……往所以十问而九答者,以木枪之对人间偿之,欲示人宿缘不可逃避故也。"[1] 佛陀在讲经时,往往先有一人发问,然后由他为之作答,康孟祥所述与之一致。此外,康僧会的《安般守意经序》描述了佛陀讲授《安般守意经》时所引起的反响:三界为之震动,天人为之变色,他的身体一分为二,于是为大士、上人、六双、十二辈所尊奉。佛陀讲经时所引起的反响,被视为佛典的流通品,尽管不乏神异虚构,却有利于增强其流传。

其二,记载了早期佛典的形成机制。阿难在佛陀的众多弟子中,记忆力最强,被誉为"多闻第一",他在小乘佛教的第一次结集大会上背诵了《长阿含》《中阿含》《杂阿含》《增一阿含》《譬喻经》《法句经》等佛典,释道安的《阴持入经序》对此有所记载:"大弟子众深惧妙法混然废没,于是令迦叶集结,阿难所传,凡三藏焉。"[2]

尽管中古佛典序跋记对印度早期佛教风貌的融入量微乎其微,其价值却不容忽视。一方面扩大了自身所载佛教史的范围。鉴于多数中古序跋记所记载的历史囿于域内,中古佛典序跋记对印度早期佛教的涉及,使其笔法触及域外,扩大了其记史的范围,也是其有别于其他中古序跋记之处。另一方面暗含了其著述思维。中古佛典序跋记对印度早期佛教风貌的触及之所以相对偏少,源自其题写者充分考虑了时人对印度早期佛教相对陌生的实际情况,是其题写者深思熟虑的产物。

二 勾勒佛教中国化的变迁

佛教作为外来宗教,欲在我国拥有广泛受众,有必要与中国文化相结

---

[1] (清)严可均辑:《全上古三代秦汉三国六朝文·全后汉文》卷106,第339页下。
[2] (梁)僧祐撰,苏晋仁、萧鍊子点校:《出三藏记集》卷6,第248页。

合，实现中国化是必由之路。佛教中国化是一个动态过程，具有时代性差异，这在中古佛典序跋记中有鲜明反映。

佛教初传时，对神仙方术有所依附，对道教多有借助，附着于黄老，时人常将浮屠与黄老并提，常将道家人物的属性移植到佛教徒身上。释僧祐的《弘明集》中有："恍惚变化，分身散体，或存或亡，能小能大，……欲行则飞，坐则扬光。"① 佛陀被赋予"神通"属性，此乃其原始形象所未曾有的，是其中国化的产物。中古佛典序跋记对上述情形亦多有论及，以佚名的《四十二章经序》为代表，该佛典序文曰："昔汉孝明皇帝夜梦见神人，身体有金色，项有日光，飞在殿前。"② 佛陀被神仙化。在中古佛典序跋记中，除佛陀外，还有多个佛教人物被神仙化，如康僧会的《安般守意经序》刻画了安世高能预知吉凶祸福、观色知病、识鸟兽鸣啼之音，其博学多识亦非常人所能具备，具有神异的特征。整体而言，受早期佛教中国化影响的中古佛典序跋记，多题写于佛教比附于道教的环境之中，在一定程度上对此一历史事实有所呈现。

佛教中国化处于动态之中，随着我国的社会文化、佛教自身的实力等因素而变化。降至魏晋南北朝，佛教的实力有所提升，其与玄学的互相交流也比较深入。中古佛典序跋记对此有所记载，以释道安的《戒因缘经鼻奈耶序》为代表。该佛序文认为："以斯邦人庄老教行，与方等经兼忘相似，故因风易行也。"③ 般若学借助玄学得以广泛传播，玄学凭借般若学更加兴盛，彰显了佛教与当时社会文化思潮的融合。

中古尤其是汉末魏晋南北朝佛典序跋记对佛教中国化变迁的勾勒，与佛教中国化的进程同步，反映了其题写者对佛教的及时关注及其与时俱进的品格。在此过程中，佛典序跋记往往超越佛教本身，向纵深延伸，更多触及时代思潮、社会文化、时人的思维方式等。

三　记录佛典翻译与整理的底本

中古尤其是汉末魏晋南北朝佛典序跋记，记载了佛典被翻译与整理时的底本，以支敏度的《合首楞严经记》为代表。该佛典序文对此曰："敦煌菩萨支法护手执胡本，口出《首楞严三昧》。"④ 由此可知，支法护在翻译与整理《首楞严三昧》时以胡本为底本。释慧远的《阿毗昙心序》认

---

① （梁）僧祐撰：《弘明集》卷1，第2页中。
② （梁）僧祐撰，苏晋仁、萧鍊子点校：《出三藏记集》卷6，第242页。
③ （清）严可均辑：《全上古三代秦汉三国六朝文·全晋文》卷167，第307页下。
④ （梁）僧祐撰，苏晋仁、萧鍊子点校：《出三藏记集》卷7，第271页。

为僧伽提婆在翻译与整理《阿毗昙心经》时以胡本为底本，释僧叡的《大品经序》认为鸠摩罗什在翻译与整理佛典时亦以胡本为底本。释道慈的《中阿含经序》、佚名的《首楞严经后记》与《华严经记》等其他中古尤其是汉末魏晋南北朝时的佛典序跋记，对佛典被翻译与整理时，以胡本为底本的现象多有所记。

中古佛典序跋记对佛典被翻译与整理时所依底本的触及程度具有不平衡性，汉末魏晋南北朝佛典序跋记记载相对较多，隋唐五代佛典序跋记则相对偏少，尽管如此，其积极意义不容忽视。一方面它为认识佛典翻译与整理提供了重要途径。所依底本是佛典翻译与整理的重要构成要素，中古佛典序跋记中的此类内容，为认知佛典翻译与整理活动提供了重要途径。另一方面它对佛教问题的解决有诸多裨益，尤其是对佛教传入我国的路线问题最有帮助。学界目前就佛教传入我国的路线尚未有定论，形成两个派系，一派认为佛教由印度直接传入，另一派对此持有异议，如翦伯赞认为："佛教之最初传入中国的边疆塔里木盆地一带。"① 中古佛典序跋记对此问题的解决之所以具有一定启示，就在于它对佛典被翻译与整理时以胡本为底本的记录，从侧面证明了佛教并非由印度直接传入，而是在西域胡化后传至。中古佛典序跋记在存史的过程中，也为相关佛教问题的解决提供了重要线索，是其佛教史价值的升华，亦体现了其佛教史的实用价值。

四　映射政教关系

在中古时期，佛教与统治者的关系相对微妙，中古佛典序跋记就此有多维度映射。在汉末魏晋南北朝，统治者多推行积极的佛教政策，组织甚至亲自参加佛事活动，对佛教极为尊奉，这些在当时的佛典序跋记中多有反映，以陆云公的《御讲般若经序》最为代表。该佛典序文真实记录了梁武帝萧衍组织宣讲《御讲般若经》时的情形："皇太子智均悉达，德迈昙摩，舍三殿之俗娱，延二坐以问道。宣成王及王侯宗室等，亦咸发深心，并修净行，薰戒香以调善，服染衣而就列。"② 描述了梁武帝萧衍时皇太子、宣成王及其他王侯宗室听讲《御讲般若经》前的准备工作与虔诚态度。该佛典序文也交代了听讲者的情况，多达千人，多为官僚士大夫，亦有域外杂使。隋唐五代佛典序跋记对统治者与佛教的亲密关系也多有记载，以武则天的《大周新译大方广佛华严经序》与《大周新翻三藏

---

① 翦伯赞：《秦汉史》，北京大学出版社，1999，第607页。
② （清）严可均辑：《全上古三代秦汉三国六朝文·全梁文》卷53，第419页下。

圣教序》为代表。中古佛典序跋记对统治者与佛教亲密关系的记载，是对当时政教关系的直接映射，体现了题写者对佛教发展问题的关注，充分考虑了统治者在佛教发展过程中的重要地位。

在中古时期，后秦文桓帝姚兴、梁武帝萧衍、梁简文帝萧纲、梁元帝萧绎、唐太宗李世民、武则天、唐高宗李治、唐玄宗李隆基、唐代宗李豫、唐德宗李适、吴越国君钱俶，均为佛典题写序跋记，此举揭明了他们对佛典价值的认可及对佛事的崇奉，也是对当时政教关系的另一种映射。

中古佛典序跋记对统治者与佛教亲密关系的记录，是对当时政教关系的多角度映射，具有多重意义。为把握中古佛教的发展脉络提供了重要途径。纵观中古时期，佛教与统治者的关系以亲密为主流，佛教依附于统治者，统治者以佛教维护自身的统治，二者构成了中古政教关系的重要内容，中古佛典序跋记就此记录，为认知佛教的发展脉络提供了重要途径。整体而言，中古佛典序跋记就政教关系的映射较为真实客观，符合历史事实，彰显出对历史的尊重。

五　折射佛教的发展程度

佛典序跋记可被视为佛教的"晴雨表"，它的数量、题写者群体、题写笔法等构成要素与佛教的发展程度密切相关。在汉末，佛典序跋记相对偏弱，其篇数少，题写者偏少且多为域外僧人，题写笔法尚未形成特色，篇幅相对短小，艺术特色不够鲜明，这些多由佛教初传，发展得不够成熟所致。

降至中古，佛典序跋记的构成要素进一步发展。中古佛典序跋记的篇数进一步增加，多达 395 篇，则意味着佛典的增多，而后者与佛教的深入发展密不可分。中古佛典序跋记的题写者群体进一步扩展，其题写者主体由域外僧人逐步转变为域内僧人，同时其题写者阶层由先前单一的僧人群体拓展至最高统治者、官僚士大夫、居士、文人学者等，意味着佛教影响力的提升，而后者与佛教的深入发展密切相关。中古佛典序跋记题写笔法的提升，篇幅的明显增加，内容涵盖面的广泛，类型丰富与形式的新变，在与中古道教典籍序跋记对比过程中所形成的鲜明艺术特色，则意味着佛典的发展，而后者与佛教的深入发展密不可分。要而言之，中古佛典序跋记构成要素的进一步发展，与佛教的日趋成熟密切相关。

中古佛典序跋记对佛教发展程度的折射有时更为细腻，不仅触及该时期内佛教的整体状况，而且关注每个历史阶段的具体情形。佛教在中古时期趋于繁盛，具体到每个历史阶段的情形则不尽相同，这在中古佛典序跋记中亦多有体现，尤以其篇数最为明显。如南朝多数统治者推行积极的佛教政策，佛教发展较快，此时期内的佛典序跋记相应增加。此外，由于魏太武帝拓跋焘推行消极佛教政策，严重阻碍了佛教的发展，此时的佛典序跋记相应偏少。佛典序跋记发展的不平衡性在隋唐五代也有所体现，如武则天对佛教的尊崇，推动了佛教的发展，此时的佛典序跋记相应增多。唐武宗李炎所推行的消极佛教政策，严重阻碍了佛教的发展，导致当时佛典序跋记偏少。一言以蔽之，中古佛典序跋记与佛教的发展程度在一定范围内正相关。

中古佛典序跋记在一定范围内反映了佛教的发展程度，因为它的构成要素与后者密切相关。中古佛典序跋记以佛典为题写对象，在数量上与佛典正相关，而后者与佛教的发展程度有关，中古佛典序跋记以此与佛教的发展程度建立关联。中古佛典序跋记题写者的增加与佛教影响力的提升密切相关，而后者为佛教的发展所制约，中古佛典序跋记以此与佛教的发展程度建立关联。中古佛典序跋记的题写笔法与佛教的发展存在间接关联，因为后者对佛典书写章法所产生的影响，可能波及中古佛典序跋记的题写者，其题写笔法以此与佛教的发展程度建立关联。中古佛典序跋记对佛教发展程度的反映，是其存史价值的升华。

六 记录佛教的发展态势

佛教的发展态势，是指佛教在某一时期内的主要走向。佛教自传入我国，其态势主要包括两个方面："自汉以来，佛教之大事，一为禅法，安世高译之最多，道安注释之甚勤。一为《般若》，支谶、竺叔兰译大小品，安公研讲之最久。"① 据此可知，禅法与般若成为中古佛教的主流态势。

禅为外来语汇，属于佛教术语的范畴，是"'禅那'的简称，汉译为'思维修'、'静虑'。意谓于所观境（五欲、五盖，甚或一切诸法），专注一趣，审谛观察，如实了知其过患相、功德相、杂染相、清净相、粗苦相、净妙相等，从而引生神通智慧现行，成办一切诸应所作"②。据此可知，禅是一种内心专注的状态，内心专注而没有任何意念，进而获得智慧，成办一切诸应所作。康僧会的《安般守意经序》也阐释了禅的内涵，认为："禅，弃也，弃十三亿秽念之意。"③ 禅的要义在于弃众秽，唯有如

---

① 汤用彤：《汉魏两晋南北朝佛教史》上册，第136页。
② 唐思鹏：《禅法要义》，《佛教文化》2005年第1期。
③ （梁）僧祐撰，苏晋仁、萧鍊子点校：《出三藏记集》卷6，第243页。

此，方能内心专一。释慧远的《庐山出修行方便禅经统序》对禅法的涉及面相对广泛，表达了赞誉之情，概括了其特色，指出了修习的裨益，阐释了其"五门"中的"四门"，概括了佛大先修习禅法的行为。释僧叡的《关中出禅经序》亦大为赞许禅法，指出其形成的途径，记载了鸠摩罗什法师对禅学典籍的整理。最后，释慧观的《修行地不净观经序》也论及了禅智的特色，为初学禅法者指明了修习途径。总而言之，多篇中古尤其是汉末魏晋南北朝佛典序跋记对禅法的涉及，反映了禅法在当时佛教界广为盛行的态势，是对当时佛教态势的真实记录。

般若是般若波罗蜜多的简称，是大乘佛教中佛、菩萨所具备的一种智慧，既是大乘佛教修行所要达到的目的，又是观察一切事物的准则。般若类佛典约产生于印度案达罗王朝中叶（约1世纪中叶），其中《大品般若经》与《小品般若经》在龙树时代（2或3世纪）已开始流行。《大品般若经》在我国被翻译的时间相对较晚，先后产生了3个译本：西晋竺法护译的《光赞般若波罗蜜经》，15卷；西晋无罗叉与竺叔兰合译的《放光般若波罗蜜经》，30卷；后秦鸠摩罗什法师与僧叡法师等合译的至少还有玄奘的译本《摩诃般若波罗蜜经》，40卷。《小品般若经》在我国先后历经7次翻译：东汉竺佛朔译的《道行经》，1卷；三国康僧会译的《吴品经》，5卷；三国支谦译的《大明度无极经》，4卷；西晋竺法护译的《新道行经》，10卷；东晋祇多蜜译的《大智度经》，4卷；前秦昙摩蜱与竺佛念合译的《摩诃般若波罗蜜经》，5卷；后秦鸠摩罗什法师译的《小品般若波罗蜜经》，10卷。

般若类佛典在我国历经多次翻译与整理，广为流传，为中古尤其是汉末魏晋南北朝佛典序跋记广泛涉及，主要体现在以下两个方面。一方面对般若多有赞誉，以释僧叡的《小品经序》为代表。该佛典序文盛赞《般若波罗蜜经》为"穷理尽性之格言，菩萨成佛之弘轨也"[1]。支道林的《大小品对比要抄序》也大为赞誉般若。另一方面以般若类佛典为题写对象的序跋记极为丰富，释僧叡有3篇，除上文所提及的《小品经序》外，还有《摩诃般若波罗蜜经释论序》与《大品经序》；另有释道安的《道行般若经序》与《摩诃钵罗若波罗蜜经抄序》、释慧远的《大智论抄序》、释智昕的《胜天王般若波罗蜜经序》、梁武帝萧衍的《注解大品序》、释法虔的《金刚般若波罗蜜经后记》等。在隋唐五代有以释吉藏的《金刚般若经序》、释法藏的《般若波罗蜜多心经略疏序》等为代

---

[1] （梁）僧祐撰，苏晋仁、萧錬子点校：《出三藏记集》卷8，第297页。

表的 14 篇般若类佛典序跋记，详见表 5-6。这不仅彰显了中古佛典序跋记对般若的广泛关注，更是反映了般若类佛典在中古佛教态势中的地位。

综上可知，中古尤其是汉末魏晋南北朝佛典序跋记对禅法及般若的广泛涉及，构成了中古佛教的态势，在多个层面形成价值。一方面有利于对中古佛教整体风貌的认识。佛教态势是某一历史阶段内佛教的风向标，反映了其主要的发展走势，亦是其整体风貌的重要构成要素。中古佛典序跋记的此类内容，在某种程度上有利于对中古佛教整体风貌的认识，体现了其存史价值及其在认知佛教史时所发挥的积极作用。另一方面有利于对中古佛教发展规律的归纳。佛教的发展态势受多个因素影响，因时而异，若将中古佛典序跋记中的相关内容汇集在一起，则构成了佛教发展脉络的一部分，有利于归纳佛教的发展规律。

七 记载佛教史实

中古佛典序跋记记载了一些与佛教相关之事或人，保存了一些佛教史实，被赋予存史记人的功能。中古佛典序跋记着力聚焦佛教的某一类事，尤为关注佛典的翻译与整理，不仅记载了其时间、地点、参与者等构成要素，而且详细记录了其全过程，实现了对其原貌的真实呈现，以佚名的《道行经后记》与释昙林的《毗耶娑问经译记》等为代表，详见前文所述，在此过程中也呈现了相关佛典的翻译与整理史。

中古佛典序跋记记载了佛教史上的某一重大事件。在佛教发展过程中，具有重要意义的历史事件多为中古佛典序跋记所记录，如佛教传入我国的时间，佚名的《四十二章经序》记载：

> 昔汉孝明皇帝夜梦见神人，身体有金色，项有日光，飞在殿前。……明日问群臣，此为何神也？有通人傅毅曰："臣闻天竺有得道者，……殆将其神也。"于是上悟，即遣使者张骞、羽林中郎将秦景……至大月支国写取佛经《四十二章》，在第十四石函中，登起立塔寺。于是道法流布，……于今不绝也。[①]

此内容极具历史价值，为确认佛教传入我国的时间提供了弥足珍贵的史料。遗憾的是，《四十二章经序》的题写时间与题写者均不详，汤用彤为

---

① （梁）僧祐撰，苏晋仁、萧錬子点校：《出三藏记集》卷6，第242页。

此认为它要早于《理惑论》,"牟子《理惑论》作于汉末,《四十二章经序》出世或更早"①。以此而论,《牟子理惑论》的"永平求法说"源自《四十二章经序》,故后者对佛教传入我国时间的记载具有开创意义。总而言之,不能因题写时间及题写者的模糊,否定《四十二章经序》的历史价值。

敬播的《大唐西域记序》、唐高宗李治的《圣记三藏经序》、释彦悰的《大慈恩寺三藏法师传序》等隋唐五代佛典序跋记对玄奘法师西行求法均有所涉及。

中古佛典序跋记不仅记录佛教史实,而且加以评述,也即在尊重佛教史实的基础上,对其进行评判,以释宝唱的《比丘尼传序》为代表。该佛典序文认为:"比丘尼之兴,发源于爱道。"② 比丘尼始于爱道的论断具有一定科学性。在原始佛教僧团中,最初并没有比丘尼。比丘尼始于佛陀的姨母爱道,《瞿昙弥经》与《四分律》卷48、《五分律》卷下、《中本起经》卷下、《中阿含经》卷28、《大爱道比丘尼经》卷上、《毗尼母经》卷1等均有记载,梗概如下:摩诃波阇波提(汉译爱道),在听佛陀讲授佛法之后,萌发了出家的意念,遂率五百女子到佛陀的住所请求,如此三次均被回绝,她们身着法衣,颜色憔悴而不悦。后来在阿难的多次请求下,佛陀应允,条件是她们必须遵守八敬法。爱道答应了佛陀的条件,最终得以出家为尼。

释宝唱的《比丘尼传序》认为我国比丘尼始于净检,"像法东流,净检为首"③。净检之所以被视为我国首位比丘尼,源自她意识到佛教戒律的重要性,在出家之初即受戒。由于当时我国没有比丘尼,净检"从和上受十戒",后来又上戒坛受戒,由此成为我国第一位真正意义的比丘尼。由上可知,释宝唱的《比丘尼传序》对我国比丘尼始于净检的论断相对科学。

中古佛典序跋记保存了大量佛教史实,关注佛教史上的某一类事件与具有影响力的重大事件,并在此基础上进行评述,形成了鲜明的佛教史价值,集中体现在以下三个方面。(1)保存了佛教史。中古佛典序跋记无论是记录佛教史实,还是对其评述,均是对佛教史的真实记录,为后世留下了弥足珍贵的佛教史料。(2)对佛教史实的完整记录。中古佛典序跋

---

① 汤用彤:《汉魏两晋南北朝佛教史》上册,第18页。
② (梁)释宝唱著,王孺童校注:《比丘尼传序》,中华书局,2006,第1页。
③ (梁)释宝唱著,王孺童校注:《比丘尼传序》,第1页。

记既记载了佛教史上的某一类事件，又重点关注具有影响力的重要事件，体现出点与面的结合，做到了宏观概述与微观探析的有机统一，实现了对佛教史实的完整记录。（3）对佛教史实的客观评判。中古佛典序跋记不仅是佛教史实的客观记录者，亦是其评判者，在尊重佛教史实的基础上进行评判，重在厘清问题并为解决问题提供参考。要而言之，中古佛典序跋记对佛教史实做到了真实记录、客观评判。

中古佛典序跋记具有多重的佛教史价值，在保存、勾勒、记录、映射、反映、还原、评判佛教史的过程中形成了鲜明特色，主要体现在以下两个方面。一方面所承载佛教史的广阔性。中古佛典序跋记所承载的佛教史范围极为广阔，不仅涉及域内，而且触及域外，既囊括了佛教史内部的各个要素，又纵深延伸至与佛教史相关的层面，体现了书写笔法的封闭与开放，既以佛教史为主要对象，又囊括了与佛教史密切相关的要素，实现了所承载佛教史的广阔性。另一方面承载佛教史笔法的多样化。中古佛典序跋记对佛教史既有正面记录，全面直观呈现了佛教史实，又有侧面折射，间接多点式触及佛教，实现了承载佛教史笔法的多样化。

第五节　中古佛典序跋记的佛典汉译阐释价值

汉译是佛典生成的重要途径，在我国佛教史上处于重要地位，对中古佛典序跋记亦然。中古佛典序跋记触及了佛典汉译的多个层面，探讨了佛典汉译时域内外文化差异、佛典语言的繁简、佛典语言的文质等相关问题，总结了佛典汉译的时代特征，阐释与保存了佛典汉译理论，多角度揭示了佛典汉译阙佚的原委，全景式展现了佛典汉译的场景。中古佛典序跋记对佛典汉译的全景式关注，被赋予阐释佛典汉译的价值，有利于佛典汉译史完整性的形成。

一　佛典汉译相关问题

原始佛典形成于域外，是域外文化的载体，由域外语言书写，若在我国传播，必须经由汉译。佛典在被汉译时，难免产生一些问题。中古佛典序跋记不仅记录了这些问题，而且提出了相应的解决方法。

首先，域内与域外文化有别。佛教初传时，佛典汉译的主体为域外僧人，由于他们不知晓汉文，在佛典汉译的过程中难免遇见语言障碍，即使逐渐掌握汉文，仍然会遇到一些不便，毕竟佛典汉译不只是域内与域外语言之间的转译，更会涉及更为深层次的文化。原始佛典是域外文化的载体，在我国未必存在等同物，即使存在，在汉译后也可能丧失原味，以偈语最具代表性。尽管佛典中的偈语与我国的诗歌都具有韵文的属性，然而二者有着本质区别，前者"注重在音节的抑扬，每行中的音节是一致的，而每句中的字数则多寡不一，并且不惮重复"[1]。后者更倾向于押韵、注重平仄，具有音乐美感。故鸠摩罗什认为汉译后的佛典偈语"失其藻蔚，虽得大意，殊隔文体。有似嚼饭与人，非徒失味，乃令呕哕也"[2]。原味尽失，犹如嚼过的饭，毫无味道。此问题也为释僧叡的《大品经序》所意识并提出解决方法，"胡音失者，正之以天竺；秦言谬者，定之以字义。不可变者，即而书之"[3]。佛典中的偈语在被汉译时，若胡音不存则以天竺证之，若秦言谬误则以字义来确定字形，若无谬误即书写之。

其次，语言的繁简相异。佛典在汉译过程中之所以产生语言的繁简相异，一方面源自域内与域外语言的属性相异，二者在诸多方面迥然相异；另一方面由域内与域外文体的相异所致，以偈语最为代表性。偈语含有丰富的反复语句，丁宁反复、不嫌其烦，在被汉译时，若依照其原文则造成汉译佛典语言的繁琐，若对其简化则破坏佛典的原貌。语言的繁简是佛典汉译时不容回避的问题，对佛典汉译的重要载体中古佛典序跋记亦然。整体观之，中古尤其是佛典序跋记对佛典汉译时的语言繁简问题多有论及，以释道安的佛典序文最具代表性。其《道行经序》主张："斥重省删，务令婉便。"[4] 即删重从简，以便于佛典语言的婉转顺畅，其《合放光光赞略解序》亦秉持此主张。但在《道行经序》《合放光光赞略解序》《比丘大戒序》中，道安也不主张佛典的语言一味追求简约，否则"所害必多"，应该"委本从圣"，以佛陀所讲授的语言为准绳，繁简适中。上述佛典序文中的观点看似矛盾，实则不然，体现了对佛典语言繁简问题观照的全面性。此外，支敏度的《合首楞严经记》认为佛典语言的最佳状态是言简义丰。

最后，语言的文质有别。文与质的概念最早由孔子提出，他认为："质胜文则野，文胜质则史。文质彬彬，然后君子。"[5] 质朴胜过文饰则粗狂，文饰胜过质朴则虚浮，二者适中则为真正的君子。孔子提出文质的初

---

[1] 苏晋仁：《道安法师在佛典翻译上的贡献》，《法音》1985年第4期。
[2] （梁）释慧皎撰，汤用彤校注，汤一玄整理：《高僧传》卷2，第53页。
[3] （梁）僧祐撰，苏晋仁、萧鍊子点校：《出三藏记集》卷8，第293页。
[4] （梁）僧祐撰，苏晋仁、萧鍊子点校：《出三藏记集》卷7，第264页。
[5] 程树德撰，程俊英、蒋见元点校：《论语集释》，中华书局，1990，第400页。

衷，是为做人制定标准，既有内在的品质，又有得体的言行，须兼顾二者。随着时代的推移，文质的内涵发生变化，在战国时期延及文学领域，自此以后，指代文学领域中两种不同的语言风格——质朴与文采，成为我国文学史上长期被讨论的话题。

文学领域内的文质之争逐渐延至佛典汉译，成为佛典汉译无法回避的话题，常为译经师探讨，由此为中古尤其是汉末魏晋南北朝佛典序跋记所触及。由于中古佛典序跋记的散佚，尚难确定最早论及该问题者，据汪东萍考证，关于佛典汉译"文质之争"的记载，首见于三国时期的《法句经序》。[①] 该佛典序文真实展现了支谦与竺将炎文质论争的过程，开启了佛典语言文质之争的序幕，梗概如下：维祇难在224年携带胡本《法句经》至武昌，邀请竺将炎进行汉译。由于竺将炎知晓天竺语，但对汉文相对陌生，导致他所传之言，或得胡语，或以义出者，近于朴质。竺将炎在汉译《法句经》时，对质朴语言风格的追求引起了一定反响，反对者与赞许者并存，分别以支谦与维祇难为代表。在《法句经》语言文质之争的过程中，支谦是主文派，提倡佛典语言的文采；维祇难、竺将炎等人则是主质派，主张佛典语言的朴质，以达意为最终目标。遗憾的是，《法句经序》未交代论辩的结果，为后人留下了阐释的空间。任继愈先生、荷兰汉学家许里和先生均认为，尽管主质派在理论上获胜，却由主文派成书。[②] 由此可知，维祇难、竺将炎在论辩上取胜，却输在实践，《法句经》的语言最终被润色并形成一定文采。

观中古佛典序跋记可知，早期译经师对汉译佛典语言文质的处理较为灵活，很难将其归为主质派或是主文派，以释道安为代表。释道安对此问题的态度极为灵活，主张根据佛典的特色、汉译者的实际情况而定，以佛典要义的表达为最终目标，其《鞞婆沙序》曰："传胡为秦，以不闲方言，求知辞趣耳，何嫌文质？"[③] 只要有利于佛典要义的表达，则没必要关注佛典语言的文质。此外，释道安的《合放光光赞略解序》《大十二门经序》《比丘大戒序》《阿毗昙序》等也充分关注佛典语言的文质问题，并且提出了相应的解决方案。

[①] 详见汪东萍《佛典汉译传统研究——从支谦到玄奘》，博士学位论文，华东师范大学，2012。

[②] 分别见任继愈主编《中国佛教史》第一卷，第175页与〔荷〕许里和：《佛教征服中国——佛教在中国中古早期的传播与适应》，李四龙、裴勇等译，江苏人民出版社，2017，第65页。

[③] （梁）僧祐撰，苏晋仁、萧錬子点校：《出三藏记集》卷10，第382页。

除释道安之外，释慧远亦论及汉译佛典语言的文质问题，其《三法度经序》指出在佛典汉译时，若未能合理把握佛典语言的文质尺度，则不利于佛典意旨的表达："或文过其意，或理胜其辞，以此考彼，殆兼先典。"① 此乃佛典汉译史上首次对文过和质甚的批评，具有一定意义。此外，该佛典序文就佛典语言的文质问题，提出了"厥中"的解决方法，不偏倚于文与质的任何一方，而是取其中，以此纠正偏重文或质的倾向，此举被梁启超视为"调和论调"。佛典在汉译时，其语言多存在偏重文或质的倾向，释慧远为此采取折中的策略，反映了他就这一问题尚未找到合理的解决方法。此外，释慧远的《大智论抄序》主张尊重佛典的原貌，力求"以质应质、以文应文"，以佛典的实际情况为准绳。

　　文与质是两种完全不同的语言风格，佛典在汉译的过程中，若将原典中质朴的语言转化为华美的辞藻，则易引起人们的怀疑。佛典的语言若过于质朴淡味，则可能导致其意旨晦涩与指向模糊，其语言貌似与原典保持一致，实则偏离，也会降低人们对佛典的兴趣。意旨的晦涩与指向的模糊增加了佛典的神秘感，促使阅读者因难寻头绪而迷茫无措，即使熟知我国传统文化者，也会因此困惑，因为人们总是为常见的事物所束缚，对不常见的事物感到迷惑。释慧远的《大智论抄序》间接批评了以文应质、以质应文的错误行为及其弊端，指出正确的处理办法应该是以质应质、以文应文，忠实于佛典的原貌，不囿于世俗，不因取悦读者与个人嗜好而偏离佛典的原貌。《大智论抄序》"以质应质、以文应文"的主张，具有很强的指导意义，为正确处理佛典语言的文质关系提供了合理建议。同时也暗示了释慧远佛典语言文质观的变化，与"厥中"相比较，此主张相对科学。由释慧远的佛典序跋记可知，其对汉译佛典语言文质的认识有所变化，由"厥中"，再到"以质应质、以文应文"，体现了他对这一问题的不断深思。

　　另外，释僧肇《百论序》认为佛典的语言应该"质而不野，简而必诣"，佛典语言可以质朴，但不宜俚俗；可以简约，但必须能够清晰表达意旨。最后，释慧恺的《摄大乘论序》认为佛典语言应该"文质相半"，与释慧远的"厥中"论具有一定共性。

　　由上可知，中古尤其是汉末魏晋南北朝佛典序跋记探讨了汉译佛典语言的文质问题，从产生，到译经师的探讨，再到解决方法的提出，彰显出对汉译佛典语言的关注，同时也拓宽了自身功能，被赋予多重价值。

　　中古尤其是汉末魏晋南北朝佛典序跋记探讨了佛典汉译时，域内与域

---

① （梁）僧祐撰，苏晋仁、萧鍊子点校：《出三藏记集》卷10，第380页。

外文化的差异、语言的繁简相异及其文质有别等相关问题，在此过程中其自身也被赋予了新的价值。（1）彰显了对现实问题的关注。上述问题在佛典汉译时为常见之事，具有很强的现实性，体现了中古佛典序跋记对现实问题的真实观照。（2）实用性强。中古佛典序跋记不仅提出佛典汉译的相关问题，而且予以探讨并提出解决方案，以释慧远的《三法度经序》的"厥中"论与其《大智论抄序》的"以质应质、以文应文"最为代表，增强了自身的实用价值。（3）形成系统性。中古尤其是魏晋南北朝佛典序跋记全面探讨了佛典汉译时的各类问题，从其提出，到分析，再到解决，有序推进，呈现出系统化倾向。

二 佛典汉译的时代特征

众所皆知，鉴于中古佛典汉译持续时间长，其包含了诸多要素，参与群体广泛，同时极易受时代背景、佛教发展程度等因素的影响，使其时代特征相对复杂。中古佛典汉译时代特征的复杂性，在中古尤其是汉末魏晋南北朝佛典序跋记中有所表现，限于篇幅，于此略而论之。

其一，佛典汉译的群体性。有学者认为："从东晋之后，中土的佛经翻译活动逐渐进入集体翻译，由官方组织佛经翻译活动。"[①] 由官方组织，众人参与成为中古佛典汉译的主要特征，以鸠摩罗什的佛典汉译最具代表性，中古尤其是佛典序跋记对此有所记载，以释慧观的《法华宗要序》最具代表性。该佛典序文记录了鸠摩罗什汉译《法华经》的情形，"于长安大寺集四方义学沙门二千余人，更出斯经，与众详究"[②]。据此可知，《妙法莲华经》的汉译是由官方组织的集体活动，参与者多达两千人。此外，释僧叡的《维摩诘经序》与《大品经序》分别记录了鸠摩罗什汉译《维摩诘经》与《大品般若经》时的情形，呈现了二者汉译时的群体性。后秦文桓帝姚兴的《释摩诃衍论序》、释僧肇的《梵网经序》等中古尤其是汉末魏晋南北朝佛典序跋记，对佛典汉译的群体性特征也有所涉及。

其二，对格义的批评。格义形成于佛教初传的背景之中，其概念由竺法雅提出，旨在"以经中事数，拟配外书，为生解之例"[③]。即以我国的社会文化比配或度量佛教，以推动佛教在我国的传播。佛教作为外来文化，欲在我国广泛传播，有必要比配或度量国人所熟知的事物或观念。当

---

① 陈洪、赵纪彬：《原文本〈百喻经〉成书时代以及传译诸况略考》，《古籍整理研究学刊》2012年第2期。
② （梁）僧祐撰，苏晋仁、萧鍊子点校：《出三藏记集》卷8，第306页。
③ （梁）释慧皎撰，汤用彤校注，汤一玄整理：《高僧传》卷4，第152页。

然格义实现的途径具有时代变化性,由初传时对方术的依附,到魏晋南北朝与玄学的合流,都推动了佛教的中国化,实现了佛教与我国社会文化的融合,使佛教呈现出国人所熟知的风格,成为中古佛典汉译常用策略及其时代特征的构成要素。

在评价格义的积极意义时,其缺点亦不可忽视,这在中古尤其是汉末魏晋南北朝佛典序跋记中多有体现。整体而言,中古尤其是汉末魏晋南北朝佛典序跋记对格义有时暗含微词,以释道安的《道行经序》与释僧叡的《毗摩罗诘提经义疏序》为代表。前者认为:"考文以征其理者,昏其趣者也;察句以验其义者,迷其旨也。"[①] 格义容易导致佛典意趣与意旨的不清晰。后者亦指出了格义的缺点,即"迂而乖本",认为格义不合时宜,违背了佛典的初衷。上述佛典序文多认为格义容易导致佛典意旨的曲解,这一批评有一定道理,佛教作为域外文化,以我国社会文化比配或度量之难免牵强。中古佛典序跋记对格义的批评,是对其科学认知与辩证审视的结果,反映了中古佛典汉译的时代特征。

中古佛典序跋记对佛典汉译群体性的记载以及对格义的批评,实际上涉及了中古佛典汉译时代特征的两个构成要素,反映了中古佛典汉译的某些时代特征,其意义不容忽视。一方面有助于对中古佛典汉译的整体认识。中古佛典序跋记所反映出的佛典汉译时代特征,是对当时佛典汉译活动的总结,有利于增进对其的整体认知。另一方面彰显出中古佛典序跋记深度的理性思维。中古佛典序跋记具有理性思维的品质,对格义辩证审视,并未因其在佛教传播中的积极作用,而忽视其缺点。

三 佛典汉译理论

中古佛典序跋记不仅记录了译经师对佛典汉译相关问题的探讨,而且记载了他们就此所做的理论阐发,使其成为保存与阐释佛典汉译理论的载体,以释道安的《摩诃钵罗若波罗蜜经抄序》最为代表。该佛典序文着力阐释了"五失本"与"三不易"。

"五失本"是指释道安认为佛典在汉译时容易发生的五种偏失:"一者胡语尽倒,而使从秦,一失本也。二者胡经尚质,秦人好文,传可众心,非文不合,斯二失本也。三者胡经委悉,至于叹咏,叮咛反覆,或三或四,不嫌其烦。而今裁斥,三失本也。四者胡有义说,正似乱辞,寻说向语,文无以异。或千五百,刈而不存,四失本也。五者事已全成,将更

[①] (梁)僧祐撰,苏晋仁、萧鍊子点校:《出三藏记集》卷7,第263页。

傍及，反腾前辞，已乃后说。"① "一失"是指由于原始佛典的书写语言，在语序上与域内语言完全相反，其在被汉译时需要调整语序，以适应域内语言，在此过程中难免偏失。"二失"指的是由于域内与域外语言风格有异，前者多崇尚朴质，后者崇尚文采，因此佛典在汉译时，其语言需要适当润色以增强文采，在此过程中可能破坏佛典的意旨及其语言风貌。"三失"涉及对原始佛典偈语的处理，详论可参看前文，于此不作赘述。"四失"指的是佛典在汉译时，由于文体处理不当所引起的偏失，佛典的尾部有义说（梵本在长行之后，另有重颂），犹如我国的乱辞（于韵文之末做总结），尽管多次重复，却是原始佛典的构成部分，若在汉译时被删除，势必破坏佛典的原貌，不利于其意旨的表达。"五失"指的是因佛典叙事传统处理不妥所引起的过失，即原始佛典在结束某一事的叙述，另叙他事时，往往复述前事，此乃其叙事传统，若在汉译时被删除，势必破坏佛典的原始风貌。释道安的《摩诃钵罗若波罗蜜经抄序》中的"五失本"，基本上涵盖了佛典汉译时容易发生的各类偏失，具有很强的针对性。

"三不易"是指释道安认为佛典在汉译时，三种不容易处理的情形："然《般若经》三达之心，覆面所演，圣必因时，时俗有易，而删雅古以适今时，一不易也。愚智天隔，圣人叵阶，乃欲以千岁之上微言，传使合百王之下末俗，二不易也。阿难出经，去佛未久，尊者大迦叶令五百六通迭察迭书。今离千年，而以近意量裁。彼阿罗汉乃兢兢若此，此生死人而平平若此，岂将不知法者勇乎？"② "一不易"是指由古今时俗差异所引起的不易处理的情形，佛典是佛陀因时而说，与其汉译时相隔久远，若删雅古以应今时，此不易为之。"二不易"指的是由于愚智悬隔并且时隔久远，欲将佛典中的微言深意准确传递给受众，势必有一定难度。"三不易"暗指阿难、迦叶等才华超群，精进佛法，而当今佛典汉译者与之相差甚远并且时隔久远，很难理解其集结佛典的初衷，很难承担佛典汉译的重任。释道安《摩诃钵罗若波罗蜜经抄序》中的"三不易"，基本上涵盖了佛典汉译时不容易被处理的各类情形，为译经师提供了一定参考。

《摩诃钵罗若波罗蜜经抄序》中的"五失本"与"三不易"，均为重要的佛典汉译理论，然而二者的指向迥然相异，其中"'五失本'主要从翻译的空间性（胡秦）着眼，而'三不易'之说则一再提到翻译的时间性（古今）"③。

---

① （梁）僧祐撰，苏晋仁、萧鍊子点校：《出三藏记集》卷8，第290页。
② （梁）僧祐撰，苏晋仁、萧鍊子点校：《出三藏记集》卷8，第290页。
③ 周裕锴：《中国佛教阐释学研究：佛经的翻译》，《四川大学学报》（哲学社会科学版）2002年第3期。

分别从时空角度阐释了佛典汉译时的各种偏失，当为释道安对自身佛典汉译活动的总结，具有很强的现实针对性与实用价值，为后人解决此问题提供了有益启示。

中古佛典序跋记不仅阐释了佛典汉译理论的内容，而且梳理了其流传状况，以释僧叡的《大品经序》最具代表性。该佛典序文表达了对"五失本"与"三不易"的推崇之情，将其视为佛典汉译的准绳，"三惟亡师'五失'及'三不易'之诲，则忧惧交怀，惕焉若厉"[1]。此外，佚名的《僧伽罗刹集经后记》认为"五失本"与"三不易"不仅为释道安的门人所接受，而且也得到了其他译经师的认可。

中古佛典序跋记在阐释与保存佛典汉译理论的过程中，被赋予重要价值，集中体现在以下四个方面。（1）为佛典汉译理论提供了有效载体。佛典汉译理论是译经师们对自身活动的总结，具有很强的现实针对性，在佛典汉译史上具有重要地位，对其进行保存尤为重要。中古佛典序跋记对佛典汉译理论的融入，相应拓宽了其被保存与阐释的途径，为其实用价值的释放提供了有效载体。（2）提升了中古佛典序跋记的理论色彩。对佛典汉译理论的阐释与保存，促使中古佛典序跋记融入更多理论成分，也相应提升了自身的理论色彩。（3）丰富了中古佛典序跋记的内涵。中古佛典序跋记对佛典汉译理论的内容、流传与接受状况的阐释与保存，为其自身融入了新的元素，是其佛教属性的鲜明体现，亦是其有别于中古其他序跋记之所在。（4）增强了中古佛典序跋记的实用性。中古佛典序跋记中的佛典汉译理论，是其题写者对自身佛典汉译的总结，甚至是他们就相关问题所提出的解决方案，具有很强的实用性，对后人的佛典汉译具有一定的指导意义。

四　佛典汉译的阙佚

佛典多形成于域外，是域外文化的载体，在汉译时，其构成要素有时没有被完整保留，存在不同程度的阙佚。此现象为中古尤其是汉末魏晋南北朝佛典序跋记真实记录，其形成原委也被多角度揭示。

佛典汉译对译经师的素质要求较高，须熟知域内与域外语言及其文化，这些非所有译经师皆能具备，因而他们对原始佛典的汉译难免有所纰漏，此现象为中古佛典序跋记所论及。中古佛典序跋记揭示了汉译佛典的阙佚，多由译经师的主观因素所致，如佚名的《法句经序》就此曰："是

---

[1]（梁）僧祐撰，苏晋仁、萧錬子点校：《出三藏记集》卷8，第292页。

以自竭,受译人口,因循本旨,不加文饰,译所不解,则阙不传。故有脱失,多不出者。"① 据此可知,译经师不知晓原始《法句经》的意旨,导致其汉译本有所阙佚。此外,佚名的《阿毗昙心序》认为鸠摩罗跋提在汉译《阿毗昙心论》时,由于对晋语不熟晓,删掉了其偈语,导致其汉译本构成要素的阙佚。释僧肇的《百论序》认为《百论》"凡二十品,品各有五偈,后十品其人以为无益此土,故阙而不传"②,即由于"其人"认为《百论》后十品无益于我国,所以阙而不传,其主观臆断导致了汉译本《百论》构成要素的阙佚。中古佛典序跋记将汉译佛典的阙佚,归因于译经师主观因素的揭示,具有一定科学性,因为佛典汉译毕竟由译经师承担,难免受其自身素质、喜恶等影响。

　　有些中古佛典序跋记揭示了汉译佛典的阙佚与域内外文化的差异、对佛典偈语处理的不妥等因素有关,以释道安的《摩诃钵罗若波罗蜜经抄序》最具代表性,详见前文相关内容。此外,由抄撰佛典所致。由于佛典抄撰者有时并未完全照抄原典,会依据佛典的特性与佛教的传播等因素进行选择,此现象为中古佛典序跋记所记,以释僧祐的《略成实论记》与释道慈的《胜鬘经序》为代表。前者就此曰:"令柔次等诸论师抄在比《成实》,简繁存要,略为九卷,使辞约理举,易以研寻。"③ 据此可知,《略成实论》并非完全抄自《成实论》,而是"简繁存要",以便于"辞约理举,易以研寻"。有时底本的阙佚加剧了抄写本的缺失,使之偏离原始佛典,释道安的《十法句义经序》为此曰:"昔严调撰《十慧章句》,康僧会集《六度》要目,每寻其迹,欣有寤焉。然犹有阙,文行未录者,今抄而第之,名曰《十法句义》。"④ 由此可知,《十法句义》构成要素的缺失,源自被抄撰时所依底本的阙佚。中古佛典序跋记将汉译佛典的阙佚与抄撰佛典相关联的思路,为诠释汉译佛典的阙佚提供了新的视角,开辟了认知汉译佛典阙佚的新路径,对于完整认知佛典汉译史具有积极意义。

　　中古尤其是汉末魏晋南北朝佛典序跋记,对汉译本佛典阙佚原委的揭示具有一定价值。首先,为认知原始佛典提供了必要途径。中古佛典序跋记在揭示汉译本佛典阙佚时,不可避免地涉及原始佛典的构成要素,展现了原始佛典的形态,提升了对原始佛典的认知。其次,实用性强。中古佛

---

① (梁)僧祐撰,苏晋仁、萧鍊子点校:《出三藏记集》卷7,第273页。
② (梁)僧祐撰,苏晋仁、萧鍊子点校:《出三藏记集》卷11,第403页。
③ (梁)僧祐撰,苏晋仁、萧鍊子点校:《出三藏记集》卷11,第405页。
④ (梁)僧祐撰,苏晋仁、萧鍊子点校:《出三藏记集》卷10,第370页。

典序跋记对汉译佛典阙佚成因的揭示,对后人的佛典汉译具有一定指导意义,使其采取相应措施,以减少此类问题的发生。最后,彰显了对现实问题的关注。汉译佛典的阙佚为中古佛典序跋记的题写者所经常遇见,对其形成原委的多角度揭示,彰显了中古佛典序跋记的题写者对佛典汉译的深度思考,具有很强的现实针对性。

中古佛典序跋记探讨了域内与域外文化的差异、语言的繁简相异及其文质有别等相关问题,反映了佛典汉译的时代特征,阐释与保存了佛典汉译理论,多角度揭示了佛典汉译阙佚的原委,形成了对佛典汉译的全方位阐释,彰显了对佛典汉译的高度关注,体现了其题写者对自身活动的深度思考,为其融入了丰富的价值。对佛典汉译相关问题的论述与对佛典汉译阙佚成因的探析,彰显了中古佛典序跋记的文献价值;对佛典汉译时代特征的归纳,体现了中古佛典序跋记的历史价值,因此中古佛典序跋记在被赋予阐释佛典汉译价值的同时,也被融入了其他价值,实现了多元价值的相融。此外,中古佛典序跋记对佛典汉译的关注度具有时代性变化,反映了佛典汉译的时代性差异。汉末魏晋南北朝是佛典汉译的初期,在此时期内所遇问题相对较多,此时期内的佛典序跋记对佛典汉译的关注相应较高。经过汉末魏晋南北朝的实践,佛典汉译经验的积累,隋唐五代之人在从事佛典汉译时,所遇问题相对较少,也能从容应对,此时期内的佛典序跋记对佛典汉译的关注相应减少。上述皆是佛典汉译史必不可缺的内容,对于完整佛典汉译史的构建具有积极意义。

第六节　中古佛典序跋记的佛教思想价值

序跋记对其题写对象的思想多有凝练,被赋予重要的思想价值,中古佛典序跋记亦然。中古佛典序跋记在围绕佛典展开时,难免触及佛教义理,融入佛教思想。中古佛典序跋记融入了性空、止观、禅、戒律、会三归一等佛教义理的因子,形成了鲜明的佛教思想价值。中古佛典序跋记佛教思想价值的形成,由多个因素所致并形成鲜明特色。

一　性空

性空是指众缘合成的一切事物,其性本空,没有真实的自体可得,被视为佛教的核心要义,是佛法义理的总纲,在佛教中居于重要地位,由此为中古佛典序跋记关注,以释慧远的《大智论抄序》最具代表性。该佛典序文认为:"无性之性,谓之法性,法性无性,因缘以之生。"① 无论执着于有,还是执着于无,都是错误的,因为一切事物在本质上都空无实性,皆因缘而生。事物本来无自相,虽有而非有;事物毕竟又有幻象,虽无而非无,不能将之简单地归为有或无,毕竟它们都是虚无寂静、非有非无的幻象。释慧远的《大智论抄序》对性空的认知存在不足,因为它"只是单纯着眼于现象的生灭无常方面,并未真正理解中观学所强调的'当体空'"②。只是在表面接受了生灭无常的现象,内心依然是"形尽神不灭",反映了释慧远内心的矛盾。

此外,释真谛的《大乘唯识论序》运用大量事例阐释了性空的内涵。(1)我空。释真谛的《大乘唯识论序》认为:"我空者,我本自无,但凡夫之人愚痴颠倒,于五阴中,妄记为有。何以知无?凡夫依心识妄想分别,于五阴因缘法中,见我为有,然此我相于五阴中,实不可得。"③ 据此可知,我空者,我本自无,然而凡夫在五阴(色受想行识)中以因缘法见我为有,心识妄记为有,实际上我相于五阴中实不可得。(2)因缘法体空。释真谛的《大乘唯识论序》以薪与火的相待关系为例,阐释了因缘法体空的内涵:离开薪就无火,离开火也相应无薪。正如薪与火的相待关系,能与所也是相待的,而非彼此分离,最终都归于无。(3)真如法空。释真谛的《大乘唯识论序》认为真如法空是佛性清净之体,佛性的第一要义为空。

由上可知,中古佛典序跋记对性空的认知存在差异性,多与其题写者的佛学修养,佛教的发展程度等因素相关,尤其是在佛教初传时,对性空的理解与接受难免不足,伴随着佛教的深入发展,必然有所改观。

二 止观

止与观的内涵不同,其中"止",即禅定的修行法门,指的是一种使心处于专一不动、无烦恼而安宁的状态;"观"则是指智慧的修行法门,是直观觉照一切名色法的无常、苦、无我的本质。由上可知,止观指的是抑制内心因俗念而产生的妄想,使心保持平静、稳定,以集中心思去观察和思维,从而达到佛教的智慧境地。止观是禅定和智慧的并称,是佛教修行的重要方法,也是身心并修的上乘之法,在佛教中占有一定地位,对佛

---

① (梁)僧祐撰,苏晋仁、萧𬭚子点校:《出三藏记集》卷10,第390页。
② 府建明:《慧远佛学思想的内在矛盾与展开》,《学海》2010年第6期。
③ (清)严可均辑:《全上古三代秦汉三国六朝文·全陈文》卷18,第658页下。

教徒的生活具有重要指导，为多个佛教派别所使用。"如是次第修止观法，是依大小何乘、显密何教而说耶。曰：此是三乘与四宗所共，亦是密乘下三部所共者。"① 鉴于此，止观也为中古佛典序跋所论及，以释道安的《道地经序》为代表。该佛典序文就此曰："夫绝爱原、灭荣冀、息驰骋，莫先于止；了疑惑、达九道、见身幻，莫首于观。"② 分别阐释了"止"与"观"的内涵，暗含了对止观的赞誉。

三　禅

禅是重要的佛教义理，在中古佛典序跋记中也有所体现，以康僧会的《安般守意经序》最具代表性。该佛典序文一方面阐释了禅的内涵，可参看前文的引述；另一方面阐释了"四禅"的要义。"一禅"是指小定三日，大定七日，心无他念，泊然若死；"二禅"是垢浊荡然无存后，内心所形成的清净状态；"三禅"为一种专注的状态，专注于鼻头，内心专注而一；"四禅"指的是观照天地万物，其盛若衰，无存不忘，信奉三宝，众冥皆明。其实康僧会的《安般守意经序》对"四禅"的认知存在不足，"四禅"的内容实则极为丰富，其中初禅有五支：一觉支（初心在缘名为觉），二观支（细心分别名为观），三喜支（欣庆之心名为喜），四乐支（怡悦之心名为乐），五一心支（心与定法一）。二禅有四支：一内净支（心无观觉之浑浊），二喜支（欣庆之心名之为喜），三乐支（怡悦之心名之为乐），四一心支（心与定法一）。三禅有五支：一舍支（离喜不悔），二念支（念名爱念），三慧支（解知之心名慧），四乐支（怡悦之心名之为乐），五一心支（心与定法一）。四禅有四支：一不苦不乐支（中庸之心），二舍支（离乐不悔此心名舍），三念支（念者爱念也），四一心支（心与定法一）。

释慧远的《庐山出修行方便禅经统序》系统阐释了禅与智的关系，认为："禅非智无以穷其寂，智非禅无以深其照。然则禅智之要，照寂之谓。其相济也，照不离寂，寂不离照，感则俱游，应必同趣，功玄于在用，交养于万法。"③ 禅因智得以穷其寂，智以禅得以深其照，禅智之要义在于照寂。禅与智互相依存，感则俱游，应必同趣，功在致用，万法交养。该序还指出了禅法的要旨与修习途径等。释慧观的《修行地不净观经序》也指出了禅智的功能，归纳了禅智的特色，深度解读了禅法中

---

① （元）宗喀巴大师造，昂旺朗吉堪布释：《菩提道次第略论释》卷19，四川佛学院函授部，1997，第229~230页。
② （梁）僧祐撰，苏晋仁、萧錬子点校：《出三藏记集》卷10，第367页。
③ （梁）僧祐撰，苏晋仁、萧錬子点校：《出三藏记集》卷9，第343页。

的不净观,即"开四色为分",指的是在观察各类动物咬蚀腐烂的人尸时,所产生的"不净"意念,然后在观察最终所剩的白骨时,产生青、黄、赤、白四种颜色的幻觉。在观察过程中,人们经历了由不净到净的变化。因其与观人的尸体有关,吕澂认为:"不净观主要是观察尸体。"① 一般而言,"一色无量",是指在观察青、黄、赤、白其中的任何一种颜色时,由于它们都是内外遍缘,所以各处所见的颜色相同。"宗归部律",指的是不净观以禅法为宗归。不净观,指的是通过观想身体的种种污秽不净,以消除贪恋欲望,是重要的佛教禅观修持法门,被视为禅法五门之一,与数息观合称为二甘露门,在佛教思想中居于重要地位。

要而言之,中古尤其是汉末魏晋南北朝佛典序跋记融入了大量禅的要素,一方面推动了自身佛教思想价值的形成,另一方面拓展了禅法被保存与阐释的途径。中古佛典序跋记对禅法的融入,丰富了禅法的载体,拓展了其被保存与阐释的路径,相应拓宽了其被读者认知的途径。

四 戒律

戒律为外来语词,其中戒多指防非去恶,律多指清规戒律。戒律的梵名有三种表述:"一名尸罗,此云清凉。二名毗奈耶,旧译毗尼,此云调伏、善治;正译为律,律者法也。三名波罗提木叉,此云别解脱,亦云处处解脱,或云随处解脱。"② 尽管名称不同,意旨则无差异,都是对僧众行为的约束,是以条文的形式规范佛教徒必须遵守的生活准则,若有违反,受到相应惩戒。戒律在印度早期佛教中扮演着重要角色,甚至是引起早期佛教僧团分裂最初、最直接、最主要的原因,王邦维认为:"引起佛教僧团分裂的最初的,最直接的,最主要的原因是由于在律上面的歧异。"③ 总而言之,戒律在佛教中居于重要地位,是佛教保持自身属性的关键,其重要性在中古佛典序跋记中也有所体现。

中古佛典序跋记阐释了戒律的内涵并指出了其重要性,以竺昙无兰的《大比丘二百六十戒三部合异序》最为代表。该佛典着力阐释了戒律的重要性:

> 夫戒者,人天所由生,三乘所由成,泥洹之关要也。是以世尊授

---

① 吕澂:《中国佛学源流略讲》,第78页。
② 吴信如:《佛法戒律论》,《佛学研究》1996年刊,第180页。
③ (唐)义净原著,王邦维校注:《南海寄归内法传校注》,中华书局,1995,第55页。

药，以戒为先焉。戒者，乃三藏之一也。……行者以戒自严，猛意五十八法者，取道也何难哉！①

人天因戒律而生，三乘因戒律而成，戒律是泥洹的关键，于是世尊在授药时，以戒律为先。该序从犯戒与守戒两个方面阐释了戒律的重要性。若不以戒自禁而驰心于六境，却希望免于三恶道者，犹如无舟而求渡巨海，实属荒诞之想，也犹如鱼离开深渊，鸿毛入于盛火，却不希望死亡与烧焦，此乃未曾有之。行者若以戒律自严，锐意于五十八法者，则容易获得正道，彰显了昙无兰对戒律把握的全面性。此外，释道安的《比丘大戒序》阐释了戒律在印度早期佛教中的重要地位，将其视为佛陀立教的三法之一，同时将其比喻为切断地狱道、饿鬼道、畜生道的利剑。此外，道宣的《四分律删繁补阙行事钞序》认为戒律是"五乘之轨导，实三宝之舟航"②，他所写的多篇佛典序文都有论及戒律，于此不一一述之。

中古佛典序跋记载了比丘尼受戒的情形，以竺昙无兰的《关中近出尼二种坛文夏坐杂十二事并杂事共卷前中后三记》为代表。该佛典序文首先详细描述了比丘尼在受戒前的准备与程序："说戒之日，比丘尼差三人往白所依僧云：'今日当说戒。'僧即差二人往诣比丘尼。僧知人数，还白大僧云：'比丘尼凡有若干，于某祠清净说戒，普共闻知。'如是三白，比丘尼便自共行筹说戒，如法僧事。七月十五日，各于所止处受岁如法，遣三人诣所依僧，承受界分齐耳。其余如僧法。"③ 据此可知，比丘尼在受戒时以居住的僧祠为界，并在说戒之日前告知所依僧。所依僧则派遣二僧去核算比丘尼的人数，完毕之后归至僧所，三次说相同的内容：比丘尼的人数，受戒的地方，希望周知。经过一系列程序后，比丘尼方可在七月十五日，于所处界内如僧众受戒。接着详细记录了比丘尼受戒的过程：比丘尼在受戒时因年龄而异，在满10岁时受十戒，有二女师教道；在年满20岁时则有三师教授，她们受戒的仪式与男子并无差异。如果在受戒一年后没有犯戒则受五百戒，三师教授其他二百五十事，在教授的过程中更为直接，没有繁琐的仪式。

中古佛典序跋记对佛教戒律的融入，在客观上推动了戒律的保存及其影响力的提升，有利于对当时及后世佛教生活的指导，也为佛教徒规范与

---

① （梁）僧祐撰，苏晋仁、萧錬子点校：《出三藏记集》卷11，第414~415页。
② 许明编著：《中国佛教经论序跋记集·东汉魏晋南北朝隋唐五代卷》，第238页。
③ （梁）僧祐撰，苏晋仁、萧錬子点校：《出三藏记集》卷11，第418页。

约束自身生活提供了重要尺度。此外,由于中古佛典序跋记的题写者主体为僧人,他们亲自践行佛教戒律,对佛教戒律有着亲身体验,因此中古佛典序跋记中的佛教戒律元素,体现了对自身生活的真实记录。

五 会三归一

会三归一,又称会三入一,也即开三乘之方便归入一乘之真实,出自《妙法莲华经·方便品》:"如来但以一乘佛故,为众生说法,无有余乘,若二、若三。"①"三乘"是指声闻乘、缘觉乘、菩萨乘,大乘佛教认为世尊在讲说正法之时,有"初""中""后"的次第,因次第不同而有三乘。"初"时讲说的是声闻乘,其内容是"四谛法"(苦、集、灭、道),修习目标是"究竟涅槃"。"中"时讲说的是缘觉乘(辟支佛乘),旨在揭示导致人生痛苦的根源——"十二因缘法",使听众能"自求涅槃"。"后"时讲说的是菩萨乘,多围绕普贤修行的"六波罗蜜"(布施、持戒、忍辱、精进、禅定、智慧)展开,以获得"无上正等正觉",成就"一切种智"为目标,直至修习成佛,建立独立的佛国净土。鉴于众生"不善根"的差异,佛陀采取灵活的方法,以便于他们接受正法,于是"于一佛乘分说为三",但最终都是为了引导众生获得佛乘妙道。会三归一以成佛为最终目标,被视为《妙法莲华经》最为核心的思想,也是大乘佛教重要的思想,乃至在佛教思想史上都占有至关重要的地位,由此为中古尤其汉末魏晋南北朝佛典序跋记所论及,以释慧观的《法华宗要序》为代表。该佛典序文在评述《法华宗要》时,认为万流汇合为一,三乘同往而归为一,将之视为乘之始,"万流合注,三乘同住。同往之三,会而为一,乘之始也"②。释慧观的另外一篇佛典序文——《胜鬘经序》极为尊崇会三归一,"三乘皆入一乘,所谓究竟第一义乘"③。视其为究竟第一义乘。

中古尤其是汉末魏晋南北朝佛典序跋记对会三归一的讨论具有一定价值,一方面有利于自身佛教思想文化价值的形成,为自身融入了大乘佛教教义的元素;另一方面推动了会三归一对佛教生活的指导。中古佛典序跋记对会三归一的论述,有利于扩大其传播范围,使其更好地引导僧众正确认识一乘佛法妙道,确立佛法修行的目标,选择合适的佛法修行途径。此外,它还有助于扩大《妙法莲华经》的传播范围。鉴于会三归一源于

---

① (姚秦)鸠摩罗什译:《妙法莲华经》卷1,《大正新修大藏经》第9册,台北:佛陀教育基金会出版社,1990,第7页中。
② (梁)僧祐撰,苏晋仁、萧鍊子点校:《出三藏记集》卷8,第305页。
③ (梁)僧祐撰,苏晋仁、萧鍊子点校:《出三藏记集》卷9,第349页。

《妙法莲华经》，它为中古佛典序跋记多次提及，相应提升了《妙法莲华经》的影响力，推动了《妙法莲华经》的广泛传播。

中古佛典序跋记对性空、止观、禅、戒律、会三归一等均有所讨论，形成了鲜明的佛教思想价值，主要与以下三个因素有关。首先，中古佛典序跋记的属性。中古佛典序跋记在某种意义上，是佛典的组成部分，理应具有佛典的属性，被融入佛教思想。此外，中古佛典序跋记在围绕佛典展开时，也不免论及其佛理。

其次，中古佛典序跋记的题写者群体。中古佛典序跋记的题写者群体与佛事活动有着千丝万缕的关联，其题写者主体为僧人，也是佛事活动的主体；其题写者阶层也多是佛事活动的组织者或参与者，对佛理有一定认知，在题写佛典序跋记时自然予以释放。

最后，佛理的属性。佛理是佛教的精髓与骨架，对佛事活动具有重要的指导意义，是任何佛事载体都无法回避的，中古佛典序跋记亦然。要而言之，中古佛典序跋记浓厚的佛教思想价值，是其与佛典、佛事活动相结合的产物。

中古佛典序跋记的佛教思想价值具有鲜明特色，具有一定实用性，集中体现在以下三个方面。首先，拓宽了佛理被保存与阐释的渠道。由前文可知，中古佛典序跋记现存395篇，数量丰富，其对佛教义理的摄入，无疑为佛教义理的保存与阐释提供了更多载体，拓宽了其传播途径，也有利于发挥其对佛教生活的更好指导。

其次，多重映射。中古佛典序跋记在论及佛理时，对其题写者的佛学修养、佛教的发展、佛理的价值属性均有所映射。中古佛典序跋记中的佛教义理多与其题写者的佛学修养密切相关，是其佛学素养的展露。不过，限于篇幅以及佛理的浩瀚性，中古佛典序跋记不可能囊括所有佛理，对其必然有所选择，在此过程中必然考虑其价值属性。

最后，彰显了中古佛典序跋记的特色。中古佛典序跋记的题写者主体——僧人，往往亲自践行佛理，因此中古佛典序跋记中的佛理元素，相应是其题写者对自身生活的客观记录与总结，体现了理论与实践的结合以及知行合一。

第七节　中古佛典序跋记的抒情价值

文学活动多蕴藏着其行为主体的感情态度，所形成的作品相应成为他们表达情感的工具,序跋记亦然。序跋记往往蕴藏着其题写者的情感态度,成为其抒发情感与表达观点的工具,是认知他们心态的重要途径。序跋记中的抒情因子相对丰富,或表达了其题写者情感态度的多个层面,或多角度展示了自身的态度倾向,多因其题写者、抒情对象等因素而异。序跋记的情感态度多与其题写者密切相关。较之普通民众,他们对客观世界有着更为深刻的认识及情感体验,更易流露出情感态度,从而赋予序跋记浓厚的感情色彩,李乔认为:"序跋的个性很强,感情色彩浓厚。"[1]

作为序跋记的分支,中古佛典序跋记也具备其属性,理应包含其题写者的情感态度,成为他们抒发情感的工具,由此形成抒情价值。整体观之,中古佛典序跋记的抒情价值具有持续性,从汉末魏晋南北朝延续至隋唐五代,其抒情对象多与佛教相关,如佛典、僧众、持积极佛教态度的统治者等,其情感态度多为正面积极,不乏溢美之词,尽管如此,却与历史事实以及抒情对象的价值属性相吻合。中古佛典序跋记抒情价值的形成,与序跋记抒情传统及魏晋南北朝文学的自觉密切相关。

一 中古佛典序跋记的抒情性

中古佛典序跋记融入了浓厚的抒情因子,其抒情对象多与佛典、僧众、持积极佛教态度的统治者等密切相关,呈现出浓郁的佛教特征,所表达的情感态度多为积极正面,暗含了其题写者对佛教发展的高度关注。

(一) 赞誉佛典

佛典是佛教重要的载体,在佛事活动中居于重要地位,历来备受赞誉,中古佛典序跋记亦然。中古佛典序跋记表达了对佛典浓郁的赞誉之情并形成了鲜明特色。

汉末魏晋南北朝佛典序跋记在东汉的基础上进一步完善,不仅是数量上有所增长,而且书写内容也进一步丰富,后者集中体现在融进了对佛典的赞誉之情。汉末魏晋南北朝佛典序跋记洋溢着对佛典的赞誉之情,以释道安的《道地经序》为代表。该佛典序文称赞《道地经》为阿罗汉所居之地与升仙的内室,"应真之玄堂,升仙之奥室也"[2]。"应真"指阿罗汉。"玄堂"有多层含义,于此是指北向的房屋,是古时天子在冬月所居之地。"奥室"意为内室、深宅。释僧肇的《维摩诘经序》盛赞《维摩诘经》为绝妙之称,内容玄妙,非语言所能测,义理超越三空(人空、法

---

[1] 李乔:《谈序跋》,《文史知识》1995年第12期。
[2] (梁)僧祐撰,苏晋仁、萧鍊子点校:《出三藏记集》卷10,第366页。

空、俱空），非大小二乘所能论说。释僧肇的《百论序》也融进了对《百论》的赞誉之情。另外，释道挺的《毗婆沙经序》洋溢着对《毗婆沙经》的赞誉，认为其是"三藏之指归，九部之司南。司南既准，则群迷革正；指归既定，则邪轮辍驾"①。将其比喻为答疑解惑与消解邪意的指南针，对其评价甚高。客观而论，汉末魏晋南北朝佛典序跋记对佛典的赞誉并不夹杂主观因素，是对其价值属性的客观评价。

对佛典加以赞誉的佛典序跋记在隋唐五代得以延续。此类隋唐五代佛典序跋记不仅数量较多，而且内容也相对丰富，以释彦琮的《合部金光明经序》为代表。该佛典序文评价《金光明经》为"经中之王"，"教穷满字，金鼓击于梦中，……所以经王之号，得称于斯"②。对其赞誉极高，也极为中肯，因为其被视为最具影响力的佛典之一，深受统治者与民众的喜爱。《金光明经》凡4卷19品，由北凉昙无谶翻译与整理，广为宣说，据说信持与诵读该佛典能带来无量功德：能够使四天王守护国家，国中无饥馑、疾疫、战乱等灾祸，人民欢乐，国土丰饶，因此其被历代统治者视为护国经典。同时该佛典还包含了流水长者子治病护生、金鼓忏悔法、萨埵王子舍身饲虎等故事，深受广大民众喜爱。此外，释道基的《摄大乘论释序》盛赞《摄大乘论》为稀有之大教，义理幽微玄妙，超越众妙之门，是能息邪论的法宝。

总而言之，中古佛典序跋记洋溢着对佛典的赞美之情并形成鲜明特色：（1）对象的多元化。中古佛典序跋记选取多种佛典作为其抒情对象，限于篇幅因素，于此不一一述之。（2）赞誉行为的延续性。中古佛典序跋记对佛典的赞誉具有延续性，从时间上而论，从汉末魏晋南北朝一直延续至隋唐五代；从对象上而论，有时对同一佛典的赞誉持续存在于汉末魏晋南北朝与隋唐五代佛典序跋记之中，以《妙法莲华经》最具代表性。它被汉末魏晋南北朝释僧叡的《法华经后序》称赞为诸佛典的秘藏，众佛典的实体；为唐代释道宣的《妙法莲华经弘传序》赞誉为"自汉至唐，六百余载，总历群籍，四千余轴，受持盛者，无出此经"③。《妙法莲华经》，经过鸠摩罗什法师的翻译及整理后，不仅在中原地区，而且在高昌等边疆地区广泛流传，形成了广泛的受众群体，尤其为六朝比丘尼喜爱。（3）赞誉笔法的艺术特色鲜明。中古佛典序跋记有时以寥寥数语，浓缩

---

① （梁）释僧祐撰，苏晋仁、萧鍊子点校：《出三藏记集》卷10，第383页。
② （清）严可均辑：《全上古三代秦汉三国六朝文·全隋文》卷33，第665页下。
③ （清）董诰等编：《全唐文》卷909《道宣》，第9485页上。

对佛典深厚的赞誉之情,可谓言简意赅。有时用比喻手法,如释道安的《道地经序》、释道挻的《毗婆沙经序》在赞誉佛典时,多借助比喻,以形象具体、浅显易懂的语言,清晰表达了对佛典的赞誉之情。

(二) 溢美僧众

僧众为三宝之一,是佛事活动的主体,也是佛事活动中重要的人为要素,在佛教中居于重要地位,历来被广为赞誉,在中古佛典序跋记中亦有所体现。中古佛典序跋记洋溢着对僧众的溢美之词,以释僧叡的《大品经序》为代表。该佛典序文高度评价鸠摩罗什法师,认为他"慧心夙悟,超拔特诣,天魔干而不能回,渊识难而不能屈"①。洋溢着对鸠摩罗什法师由衷的赞誉之情。客观而论,中古佛典序跋记对鸠摩罗什法师的赞誉符合历史事实。鸠摩罗什法师在佛教界的声誉极高,为多个君王所尊奉,被龟兹国王亲自迎接归国,前秦宣昭帝苻坚为他也不惜动用武力。除鸠摩罗什法师之外,中古佛典序跋记也赞誉了其他佛教人物,如释僧叡的《大智释论序》称颂鸠摩耆婆法师少时聪明,智慧远扬在外;中年时出类拔萃,才智享誉中外,机智善辩。释慧恺的《阿毗达磨俱舍释论序》盛赞婆薮盘豆"学穷文字,思彻渊源,德隆终古,名盖当世"②。该佛典序文认为婆薮盘豆气度宏宇、旷世逸才、博学多闻、洞察深思、品质高远、名扬当世。释慧恺的《阿毗达磨俱舍释论序》也赞及了俱罗那他,充分肯定了他的才智。要而言之,汉末魏晋南北朝佛典序跋记所赞誉的僧众极为广泛,超越国界,无论其在佛教界的地位显赫与否。

佛典序跋记赞誉僧众的行为在隋唐五代被延续,尽管有时此类内容所占篇幅较少,却表达了其题写者对僧众的积极态度与中肯评价。释彦琮的《合部金光明经序》极为盛赞释宝贵:"即近周世道安神足。伏膺明匠,是曰良才,玩阅群经,未尝释手,可谓瞿昙身子,孔氏颜渊者焉。"③ 将释宝贵比喻为道安法师,认为他犹如孔子的门徒颜渊。另外,释波仑的《千眼千臂观世音菩萨陀罗尼神咒经序》高度盛赞释慧琳以建功立德为追求,以修行定慧为总归,牢牢把握总持(不失持善,使持恶不起),穷尽艺术。

隋唐五代佛典序跋记对僧众的赞誉形成鲜明特色,主要体现在以下两个方面。首先,题写者群体的扩展。在汉末魏晋南北朝,此类佛典序跋记

---

① (梁)僧祐撰,苏晋仁、萧鍊子点校:《出三藏记集》卷8,第292页。
② (清)严可均辑:《全上古三代秦汉三国六朝文·全陈文》卷18,第656页下。
③ (清)严可均辑:《全上古三代秦汉三国六朝文·全隋文》卷33,第665页下。

的题写者多为僧众，降至隋唐五代这一情形有所改变，统治者参与其中，以唐太宗李世民为代表。其《大唐三藏圣教序》盛赞玄奘法师是杰出的佛教人物，幼年聪慧，深悟我法俱空，成年时有神情，践行"四忍"（无生忍、得无灭法忍、得因缘忍、得无住忍）。其中运用了比喻手法，认为松风水月不足以媲美玄奘法师的清华，仙露明珠不能匹配他的朗润。序末盛赞玄奘法师智通而不被牵累，神妙无形，超越六境（色、声、香、味、触、法），鹤立鸡群，千古无双。此外，武则天在《新译大乘入楞伽经序》中盛赞实叉难陀与道安法师齐名，僧德犹如兰花之芬香，上承龙树菩萨的才智，深寻马鸣之才学。隋唐五代最高统治者赞誉僧众的行为必然为其下属所效仿，以历任文学馆学士、天策府中郎、中书侍郎、太子左庶子等职的于志宁为代表。他在《大唐西域记序》中也洋溢着对玄奘法师浓郁的赞誉之情。

其次，赞誉笔法的提升。汉末魏晋南北朝佛典序跋记赞誉僧众的笔法相对单一并且较为抽象。降至隋唐五代，佛典序跋记在赞誉僧众时，多用比喻手法，将之比喻为具体物象，如"松风水月，未足比其清华；仙露明珠，讵能方其朗润"，"戒香与觉花齐馥，意珠共性月同圆"，"聚沙之年，兰熏挂馥"，一改直接赞誉的行为，致使其赞誉对象的形象化色彩更为浓厚。

隋唐五代佛典序跋记赞誉僧众的行为之所以形成鲜明特色，缘于以下两个因素。一方面与当时统治者有关。唐太宗李世民之所以赞誉玄奘法师，与其在佛教界的崇高地位有关，展示了对佛教的尊奉。武则天之所以赞誉僧众，与她欲借助佛教以巩固自身的统治地位有关。隋唐五代统治者对僧众的赞誉，尽管带有一定目的，却推动了其题写者群体的拓展。另一方面是中古佛典序跋记自我发展的结果。借助比喻手法，将赞誉对象比喻为具体物象，使其形象鲜明具体，体现了中古佛典序跋记书写笔法的提升。汉末魏晋南北朝当时，佛典序跋记尚处于萌芽期，亟须发展完善，而在隋唐五代时趋于成熟，书写笔法相应有所提升，对比喻的使用乃水到渠成之事。

（三）颂扬统治者

统治者对佛教至关重要，其政策严重影响佛教的发展，凡推行积极的佛教政策，佛教即可迅速发展。如前文所提及的后秦文桓帝姚兴，在他的治理下，佛教快速发展。当然并非所有统治者都推行积极的佛教政策，以"三武一宗"最具代表性。如唐武宗李炎于845年八月，颁布了毁佛敕，"拆寺四千六百余所，还俗僧尼二十六万五百人，收充两税户，拆招提、兰若四万余所，收膏腴上田数千万顷，收奴婢为两税户十五万人"①。大量僧尼被迫还俗，多座寺庙被毁坏，财产被没收，佛像、法器、佛典等佛教资源被严重破坏，佛教发展严重受阻。统治者在佛教发展过程中的重要性，早为佛家意识，于是多主动依附，这一点在佛典序跋记中也有体现，即融进了对统治者浓郁的赞誉之情。

其实佛典序跋记对统治者的颂扬并非自其产生之日即存在，而是经历了漫长的发展过程。其在东汉尚未发生，主要由以下因素所致。一方面佛教初传入时，多依附神仙方术，被视为祭祀方式，受统治者的影响相对有限。另一方面东汉末年国家动乱，社会动荡不安，政权不稳，统治阶层无暇顾及佛教。上述因素致使佛教对统治者重要性的认识不够充分，佛典序跋记亦然。此外，与佛典序跋记自身有关。与后世相比较，东汉佛典序跋记的书写手法丰富，更偏重于记人叙事，抒情性相对薄弱，以牟融的《牟子理惑论序》、严佛调的《沙弥十慧章句序》等为代表，对当时的统治者更未形成赞誉的意识。降至魏晋南北朝，随着佛典序跋记的进一步发展、统治者对佛教的崇奉以及当时佛典序跋记的抒情价值逐渐被挖掘，其对统治者的关注度相应提升，才开始有意识地颂扬统治者。

对统治者持有浓厚赞誉之情的汉末魏晋南北朝佛典序跋记的题写者群体相对广泛。首先，官僚士大夫。在汉末魏晋南北朝，有多个官僚士大夫通过佛典序跋记，表达了对统治者的赞誉之情，以陆云公为代表。其在《御讲般若经序》中盛赞梁武帝萧衍具有真智，遵循自然规律，慈悲应物，送日迎月，以天地为纬络，崇奉佛事，位至尊而体恤民情，以苍生黎民为念。此外，历任太子中舍人、国子祭酒、侍中、吏部尚书的萧子显，在《御讲金字摩诃般若波罗蜜经序》中称誉梁武帝萧衍深爱大乘佛法，汲汲于佛典，沉浸于深奥的佛教，以持善为怀，倡导佛法以及对佛教活动的广泛参与。

客观而论，上述佛典序文对梁武帝萧衍崇奉佛教的赞誉与历史事实相吻合。他在504年四月八日发表了《舍道事佛文》，表达了皈依三宝（佛法僧）的意愿，是年四月十一日下诏，督促群臣舍道入佛，"朕舍邪外道以事正内，诸佛如来，若有公卿能入此誓者，各可发菩提心"②。此外，梁武帝萧衍也积极参加佛事活动，数次到寺庙听讲佛法，曾三次舍身同泰

---

① （后晋）刘昫等撰：《旧唐书》卷18《武宗》，第606页。
② （唐）释道宣撰：《广弘明集》卷4，《大正新修大藏经》第52册，台北：佛陀教育基金会出版社，1990，第112页上—中。

寺，为《梁书》卷3《武帝下》所记载，上述行为在我国最高统治者中实属罕见。

其次，僧众。在汉末魏晋南北朝，僧众是佛事活动的主要参与者，深知统治者对佛教的重要性，为此在佛典序跋记中多加赞誉，以释僧肇为代表。其《维摩诘经序》极为称颂后秦文桓帝姚兴，"弘至治于万机之上，扬道化于千载之下"①。盛赞了后秦文桓帝姚兴与众不同的品质及其卓越的政治才能。当然这些赞誉与历史事实是相吻合的，并没有因为后秦文桓帝姚兴尊崇佛教而夸大。此外，释昙宁的《深密解脱经序》表达了对北魏孝武帝元修的称誉之情，认为他有秦始皇之遗风，统一天下，使众王俯首称臣（渤海王高欢大败尔朱氏，平山东之乱），道接伏羲氏及唐尧，品德超越胜古贤俊，充分肯定了他的政治才能。另外，该佛典序文对北魏孝武帝元修崇奉佛事的行为也极为称颂，认为他神游于佛典，汲汲于大乘，欲汉译与整理佛典以弘扬万代。最后，该佛典序文盛赞了北魏孝武帝元修在翻译与整理佛典方面的才能，"尊经祇法，执翰轮首，下笔成句，文义双显，旨包群籍之秘，理含众典之奥"②。盛赞他尊崇佛典与佛法义理，在笔受时下笔成句，致使佛典文义兼备，意旨囊括了众佛典的深邃，义理包含了诸佛典的深奥。释昙宁的《深密解脱经序》表达了对北魏孝武帝元修的赞誉之情，其实部分赞誉有失客观，与历史事实不符，如他的政治才能，并未如该佛典序文所言。史书评价他"喜好武事"，对他组织汉译《深密解脱经》与崇奉佛教也都未提及。释昙宁的《深密解脱经序》对北魏孝武帝元修的赞誉有违历史事实的行为，与佛典序跋记的题写原则相违背。因为佛典序跋记的抒情以历史事实为基础，尽管允许加入主观情感，仍要坚持主观与客观相统一，不能偏离历史事实。

在隋唐五代，佛典序跋记对统治者的赞誉越发浓厚，其题写者群体与汉末魏晋南北朝相一致。首先，官僚士大夫，以敬播为代表。其在《大唐西域记序》中极为称颂唐代统治者，"辟寰宇而创帝图，扫搀抢而清天步，功俟造化，明等照临"③。搀抢亦作"搀枪"，是彗星之名，被古人视为妖星，主兵祸，凸显了李氏政权具有开天辟地的意义，扫除灾祸以使天下太平，造福万民，泽及四方，表达了对唐代统治者的积极肯定以及对其统治地位的着力维护。李俨在《法苑珠林序》中也赞誉了唐之有天下，

---

① （梁）僧祐撰，苏晋仁、萧鍊子点校：《出三藏记集》卷8，第309页。
② （清）严可均辑：《全上古三代秦汉三国六朝文·全后魏文》卷60，第273页上。
③ （清）杨守敬撰，张雷校点：《日本访书志》卷6，辽宁教育出版社，2003，第93页。

为圣君降临，佛法得以弘扬，僧侣信众遍地。佛法圣光普照九州四海，佛法妙音响彻神州，佛教得以弘扬，暗含了对唐代统治者支持佛教的行为的积极肯定。

其次，僧众。在隋唐五代，多个僧众在佛典序跋记中表达了对统治者的赞誉之情，以释圆照为代表。其《大唐贞元新译十地等经记》曰："圣德远被，声震五天，道迈羲轩，威加八表，慕仰三宝，信重一乘，异域输金。"[1] 该佛典序文赞誉了唐代统治者圣德远扬，盛名在外，德如伏羲轩辕（黄帝），威震四方，敬慕三宝，崇信大乘，佛法西来，三宝云集。释静泰在《大唐东京大敬爱寺一切经论目序》中盛赞唐代君王统治天下乃顺应天道，他们极力弘扬佛法，使佛教覆盖神州大地，推施十善以化民，凭借五衍（又称五乘，即一人、二天、三声闻、四辟支、五菩萨）的高风，广施仁政，大兴佛教义理。

中古佛典序跋记对持积极佛教态度的统治者的赞誉具有持续性，在数百年间不仅没有中断，而且形成了鲜明特色，集中体现在以下三个方面。第一，题写者群体的官方色彩浓厚。此类中古佛典序跋记的题写者群体主要集中在官僚士大夫与僧众，其官方色彩相对浓厚。第二，书写笔法相似。此类中古佛典序跋记的关注点大致相同，多赞誉统治者尊崇佛教与推动佛教发展的行为，呈现出鲜明的佛教色彩。第三，对象选取的一致性。此类中古佛典序跋记所赞誉的对象具有选择性，多选取崇奉佛教、推动佛教发展、与佛教密切相关的统治者，暗含了其题写者对佛教发展的关注。

综上可知，佛典序跋记抒情价值的形成始于汉末魏晋南北朝，在隋唐五代得以延续，由此拓展了自身内容，丰富了自身风格，为自身增添了人文气息。中古佛典序跋记的抒情价值具有鲜明特色。

其一，抒情对象的选择性。中古佛典序跋记的抒情对象具有选择性。第一，在中古数百年间，佛典的数量浩如烟海，然而为中古佛典序跋记所赞誉者，多集中在《法华经》《大品般若经》《小品般若经》《金光明经》等，具有价值高、流传广、为读者熟知的共同点。第二，中古数百年间，僧众是佛教活动的主体，其数量极为庞大，中古佛典序跋记无法实现对僧众赞誉的全覆盖，为此选择代表性强且在佛教界有极高地位者，以鸠摩罗什法师与玄奘法师为代表。第三，在中古的数百年间，统治者众多，然而只有推动佛教发展与推行积极佛教政策者，才能成为中古佛典序跋记赞誉的对象，以梁武帝萧衍为代表。

---

[1] 许明编著：《中国佛教经论序跋记集·东汉魏晋南北朝隋唐五代卷》，第389页。

其二，题写者群体的延续性。此类中古佛典序跋记的题写者群体不断扩大，由僧众逐步延伸至最高统治者、官僚士大夫等社会阶层。

其三，艺术特色强。中古佛典序跋记的抒情笔法相对丰富，其句式相对整齐，多为四言，对比喻也多有使用，与其艺术特色相一致。

其四，抒情的客观性。多数中古佛典序跋记所表达的情感态度是客观的，对佛典、僧众、持积极佛教态度的统治者的赞誉以历史事实为基础，尽管融入主观因素，并未因此偏离历史事实，题写者的态度比较客观。

二 中古佛典序跋记抒情价值的成因

中古佛典序跋记抒情价值的形成，与序跋记的抒情传统以及魏晋南北朝文学的自觉密切相关。序跋记作为一种文体，经过长期的发展必然逐步走向成熟，历经先秦的萌芽、两汉的定型、汉末魏晋南北朝的进一步完善，自身所带有的抒情因子不断被释放。在汉末魏晋南北朝，伴随着文学的自觉，其独立性和价值逐渐被人们所意识，本质属性、功能以及演变规律被自觉探讨和认知，集中表现在情感的强烈释放，"南朝重艺术特质的文学思想倾向，最突出的是其强烈的抒情性"[①]，促使当时文学在整体上朝着抒情的方向发展。在此背景下，汉末魏晋南北朝序跋记也相应被融入了抒情因子，形成了浓郁的抒情色彩，以陆机的《叹逝赋序》、庾信的《哀江南赋序》、柳宗元的《送薛存义之任序》、王勃的《梓潼南江泛舟序》等为代表。作为汉末魏晋南北朝序跋记的分支，当时的佛典序跋记也被融入了抒情因子，只不过它的抒情对象多与佛教有关，如佛典、僧众、持积极佛教态度的统治者等，表达了对佛教浓郁的赞誉之情，体现了对佛教发展的高度关注。

由上可知，促使佛典序跋记抒情价值的形成因素与文学密切相关，体现了佛教与文学的互动，这一方面推动了中古佛典序跋记的文学化，强化了其与文学的关系；另一方面促使了中古文学的佛教化，表现在多个佛教元素融入中古文学，对中古佛教文学的发展具有积极意义。此外，尽管促使佛典序跋记抒情价值的形成因素多发生在汉末魏晋南北朝，然而对隋唐五代佛典序跋记产生了持续影响，推动了其抒情价值的形成，最终增进了中古佛典序跋记抒情价值的完整性。

---

① 汪春泓：《论先秦汉魏至六朝文学"抒情"概念的发展演变》，《殷都学刊》2003年第1期。

第七章 中古佛道典籍序跋记的比较

中古时期的宗教，以本土道教与域外佛教为代表，相应形成了大量道教典籍与佛典，以此为基础的序跋记随之产生。尽管中古佛典与道教典籍同属宗教典籍，二者的共性与差异性并存，以二者为题写对象的序跋记亦然。中古佛道典籍序跋记的共性与差异性，集中体现在以下几个方面。

其一，中古佛道典籍序跋记的共性表现在多个层面：题写形式的构成类型及其时间分布相同，艺术特色均呈现出句式的四言化与讲说方式的譬喻性，著述思维皆围绕其题写对象展开，皆秉持开放态度。中古佛道典籍序跋记的共性，源自二者文体与属性的相同，佛道的相融等因素。中古佛道典籍序跋记的共性，彰显了中华文化的包容性，揭示了文体发展的共性，促进了中古宗教典籍序跋记的和谐统一。

其二，中古佛道典籍序跋记在关注点、表达方式、内容、修辞艺术、对儒家的态度等方面形成差异。中古佛道典籍序跋记差异的多维度性，主要源自二者的题写者群体、具体生成环境、题写对象等内部因素与最高统治者的宗教政策、社会文化环境、时代思潮、序跋记发展等外部因素。中古佛道典籍序跋记的差异性，彰显了中古宗教文化形态的多元化，反映了中古儒释道的发展形态，丰富了中古序跋记尤其是宗教典籍序跋记的形态，也为中古之后宗教典籍序跋记的发展奠定了重要基础。

需要指出的是，中古佛道典籍序跋记所囊括的要素极为丰富，二者的共性、差异性及其成因与价值相应多元化，远不止本书所述。对中古佛道典籍序跋记的共性与差异性应秉持客观态度。中古佛道典籍序跋记的共性与差异性是动态的，并非一成不变，随着与二者相关要素的变化，将融入新的元素，相应呈现出新的特征。中古佛道典籍序跋记的共性与差异性，是佛道典籍序跋记在中古形成的时代产物，带有中古的时代特色。中古佛道典籍序跋记的共性与差异性具有不平衡性，也即在不同历史阶段与具体作品中的表现有所不同，需要秉持宏观与微观相结合的视角，以便辩证审视。

第七章 中古佛道典籍序跋记的比较

关于中古道教典籍序跋记的界定，本书以中古佛典序跋记为参照，它指的是为 196 年至 960 年之间的道教典籍，所题写的序文或跋文或记。此外，凡生卒年在 196 年至 960 年之间的题写者，即使其道教典籍序跋记的题写时间未在此历史阶段，亦属于中古道教典籍序跋记的范畴。之所以对中古佛道典籍序跋记的界定采取统一标准，主要有利于对二者共性与差异性的整体把握。

第一节 中古佛道典籍序跋记的共性

中古佛道典籍序跋记形成一定共性，尤其是在题写形式、艺术特色、著述思维与开放态度等方面。中古佛道典籍序跋记共性的成因包含多个要素：共属序跋记的文体范畴、同属宗教典籍序跋记的属性、聚焦对象的属性相同、佛道的相融、相同的社会文化背景。中古佛道典籍序跋记的共性被赋予多种价值：彰显了中华文化的包容性，揭示了序跋记发展的共性，促使了中古宗教典籍序跋记的和谐统一。

一 中古佛道典籍序跋记的共性

鉴于中古佛道典籍序跋记同属宗教典籍序跋记的范畴，二者形成了一定共性，集中表现在以下方面。

（一）题写形式

中古佛典序跋记的题写形式包括了严格自序、宽泛自序与他序，详情可参看前文"中古佛典序跋记的题写形式"，于此不作赘述。中古道教典籍序跋记的题写形式与中古佛典序跋记相同，亦包括了严格自序、宽泛自序与他序。[①]（1）严格自序。中古严格自序道教典籍序跋记指的是中古道教典籍的编撰者与其序文或跋文或记的题写者同属一人，此题写形式在中古时期大量存在，在汉末魏晋南北朝与隋唐五代分别以葛洪的《葛仙翁肘后备急方序》、雷敩的《雷公炮炙论序》、陶景弘的《养性延命录序》与孙思邈的《孙真人备急千金要方本序》、长孙滋的《玄珠心境注序》、

[①] 鉴于中古道教典籍序跋记尚未被系统化整理，多分散于《中华道藏》《全上古三代秦汉三国六朝文》《全唐文》等典籍，而且在此过程中受中古道教典籍数量与类型的丰富、形成时间跨度长以及佚失等因素的影响。本书共搜集整理了约 115 篇、12 万字的中古道教典籍序跋记，不过这并未囊括其全部，其题写形式也就相应无法被全面梳理，于此也只能略举其代表作。

张弧的《素履子序》等为代表。(2) 宽泛自序。中古宽泛自序道教典籍序跋记是指序跋记的题写者与相关道教典籍通过注疏、题解、整理等途径建立起多种关联并由此所形成的序跋记，此题写形式在中古时期较为丰富，在汉末魏晋南北朝与隋唐五代分别有荀勖的《穆天子传序》、郭璞的《山海经序》与成玄英的《南华真经疏序》、强思齐的《道德真经玄德纂疏记》等。(3) 他序。中古他序道教典籍序跋记是指道教典籍的生成者与其序跋记的题写者相分离，此题写形式在中古时期大量存在，以魏武帝曹操的《孙子序》、江总的《华阳陶隐居集序》与戴叔伦的《意林序》、权德舆的《宗玄先生文集序》等为代表。

要而言之，中古佛道典籍序跋记的题写形式具有一定共性，主要体现在构成类型及其时间分布上，二者在汉末魏晋南北朝与隋唐五代均有所分布，在中古各类佛道典籍序跋记中皆有所呈现。中古佛道典籍序跋记的题写形式之所以形成共性，源于二者共同的文体属性，同为序跋记，具有序跋记的共性，体现了对序跋记属性的继承。

(二) 艺术特色

由前文"中古佛典序跋记的艺术特色"可知，中古佛典序跋记的艺术特色包括了两个层面：句式的四言化与讲说方式的譬喻性。中古道教典籍序跋记的艺术特色与中古佛典序跋记形成一定共性，亦包括了上述两个方面。首先，句式的四言化。中古佛道典籍序跋记的语言艺术具有一定共性，集中体现在句式的四言化。关于中古佛典序跋记句式的四言化，前文"中古佛典序跋记句式的四言化"已有详论，可予参看。中古道教典籍序跋记的句式亦呈现出四言化，以魏明帝曹叡的《老子化胡经序》与唐玄宗李隆基的《一切道经音义序》为代表，前者有"无极之际，言归昆仑，化彼胡域，次授罽宾"①；后者亦有"恭惟老氏，国之本宗，虔述玄经，朕之夙好"②。葛洪的《葛仙翁肘后备急方序》、陶弘景的《华阳隐居补阙肘后百一方序》、李荣的《道德真经注序》、施肩吾的《西山群仙会真记序》等其他中古道教典籍序跋记的句式也呈现出四言化倾向，在语言艺术方面形成一定共性。

其次，讲说艺术的譬喻性。中古佛道典籍序跋记的讲说艺术具有一定共性，都采用了譬喻的手法。关于中古佛典序跋记讲说方式的譬喻性，前文"中古佛典序跋记讲说方式的譬喻性"就此已有详论。中古道教典籍

---

① (魏) 曹叡撰：《老子化胡经》，《中华道藏》第8册，华夏出版社，2004，第186页中。
② (唐) 史崇玄撰：《一切道经音义妙门由起》，《中华道藏》第5册，第602页上。

序跋记的讲说方式对譬喻也有所应用，主要体现在对比喻论证法的使用。比喻论证是指使用为人熟知、典型性强、价值高的事或人或物作为喻体，以证明其论点。中古道教典籍序跋记对比喻论证法有所使用，以陶弘景的《图经衍义本草序》最具代表性。该道教典籍序文以君、臣、佐、使之法为喻体，比喻用药之法：

> 药有君、臣、佐、使，以相宣摄。合和宜用一君、二臣、三佐、五使；又可一君、三臣、九佐使也。①

此外，杨嗣复的《南华真经余事杂录·九证心戒序》曰："周于所验，已得于心，以验明周，故存于目，如于九征之中粗得一者，如兰生一叶，谁谓无芳；桂长初条，宛然嘉木。……得八九者，如骊龙出海，光透万重，鹏翼高搏，声闻六合。"② 该道教典籍序文用兰、渔舟、莫邪、金石、骊龙等事物作喻体，逐次推进，使抽象的道教义理更为形象可感。陶弘景的《洞玄灵宝真灵位业图序》、陶植的《陶真人内丹赋序》等中古道教典籍序跋记对比喻论证法亦有所运用，相应也推动了其讲说方式譬喻性的形成。

由上可知，中古佛道典籍序跋记的艺术特色形成一定共性，在语言艺术方面，二者的句式都包含了四言；在讲说艺术方面，二者对譬喻均有所使用。中古佛道典籍序跋记的艺术特色之所以形成共性，是多个因素共同作用的结果。（1）共同的社会文化，中古佛道典籍序跋记形成于同一历史时期，所依存的社会文化背景相同，影响二者的要素也多有交叉，尤以四言句文化、齐梁骈文、譬论等为代表。（2）认知的共性，中古佛道典籍序跋记的认知具有一定共性，均重视表达效果，注重表达策略的选取，对我国优秀典籍的书写语言与表达方式有所借鉴，对四言句式与譬喻的功能属性形成共同认知，并在题写时加以应用。（3）互相借鉴。尽管中古佛道典籍序跋记分属佛教与道教，分别是域外与域内宗教的代表，佛道之争亦是不争的事实，二者的交流并未因此被阻碍。尤为甚者，中古道教典籍序跋记对佛教相对开放，下文就此有详述。整体而言，中古佛道典籍序跋记具有一定融合性，二者彼此借鉴，促使了二者在语言艺术与讲说艺术

---

① （宋）寇宗奭撰，（宋）许洪校正：《图经衍义本草》卷1，《中华道藏》第21册，第12页中。

② （宋）陈景元撰：《南华真经余事杂录》卷下，《中华道藏》第13册，第562页中。

等方面形成一定共性。中古佛道典籍序跋记彼此借鉴的程度，取决于佛道的地位与二者题写者的态度等因素，故二者艺术特色的共性处于动态之中。

（三）著述思维

中古佛道典籍序跋记的著述思维具有一定共性，二者皆围绕其题写对象而展开，或阐释题写对象的体例与形成缘起，或盛赞题写对象，或记录相关人物的生平事迹，或阐述相关理论，或阐释其题写对象的思想文化等，主要体现在以下四个方面。

其一，均有对题写对象内容的概括。中古佛典序跋记有时简单概括了其题写对象的内容，如康法邃的《譬喻经序》认为《譬喻经》"皆是如来随时方便四说之辞"。方便为如来说法的方法之一，即以善巧方便引导不同根性的众生，令其超脱苦轮、得诸法乐。中古道教典籍序跋记对其题写对象的内容也有概括，如杜光庭的《墉城集仙录叙》认为《墉城集仙录》乃"纪古今女子得道升仙之事也"[①]。由此可知，《墉城集仙录》主要记载了古今女子得道升仙之事。中古佛道典籍序跋记都包含了对其题写对象内容的提炼，此乃二者题写思维的交汇点，彰显了对序跋记题写笔法与传统的继承。

其二，均有对相关典籍文献状况的记载。中古佛典序跋记具有重要的佛典文献价值，对佛典文献有所涉及，集中保存了原始佛典的因子，指出了佛典的价值所在，解析了佛典名称的内涵，记录了佛典翻译及整理的详情，勾勒了佛典的流变痕迹，记录了佛典版本的构成要素，详论可见前文"中古佛典序跋记的佛典文献价值"。中古道教典籍序跋记对道教典籍亦有所记，（1）有的涉及其卷帙。以成玄英的《南华真经疏序》为代表，该序文交代了《南华真经注疏》为"总三十卷"；佚名的《无能子序》交代了《无能子》为"三十四篇，编上中下三卷"[②]。中古佛道典籍序跋记对题写对象的记载，必然涉及其题写对象的文献状况，推动了对佛典与道教典籍原始风貌的认知，此乃二者文献价值的共性。（2）有的对题写对象进行释名。中古佛典序跋记对佛典名称的内涵及其形成原委多有阐释，详论可见前文"中古佛典序跋记的佛典文献价值"。中古道教典籍序跋记对道教典籍亦有释名，以孙思邈的《孙真人备急千金要方本序》最为代表。该序阐释了《孙真人备急千金要方》命名的缘起，"以为人命至

[①]（唐）杜光庭撰：《墉城集仙录》，《中华道藏》第29册，第897页上。

[②] 佚名撰：《无能子》，《中华道藏》第25册，第257页中。

重，有贵千金，一方济之，德逾于此，故以为名也"①。人之生命贵于千金，以一方济之，德逾于千金，故以千金方命名。中古佛道典籍序跋记对文献典籍名称的论及，有助于认知其题写者的著述思维及其题写对象的内容，此乃二者文献价值的共性。尽管中古佛道典籍序跋记所涉及的文献不同，然而二者的审视视角与书写笔法相同，皆以简短语言萃取内容，具有高度的凝练性，言简意赅，发挥了提纲挈领的作用，带有序跋记鲜明的风格。

其三，均有对相关人物的记载。中古佛典序跋记具有重要的人物传志价值，对佛典编撰者、佛典翻译者与整理者、统治阶层等相关人物的事迹均有不同程度的记载，详论可参看前文"中古佛典序跋记的人物传志价值"。中古道教典籍序跋记亦融入了浓郁的记人笔法，对老子、庄子、尹文子、鹖冠子等道教人物均有所记，以成玄英的《南华真经疏序》为代表。该序文对庄子的生平事迹有所记载："其人姓庄名周，字子休，生宋国睢阳蒙县，师长桑公子，受号南华仙人。"② 记载了庄子的字号、籍贯、学术流派等。此外，卢重玄的《唐通事舍人卢重玄叙论》、仲长统的《尹文子序》、逄行圭的《鹖冠子序》分别记载了列子、尹文子、鹖冠子等人物的生平事迹。中古道教典籍序跋记对题写者官职、籍贯、字号与道观等个人信息亦有所涉及，亦是其记人笔法的重要表现。

中古佛道典籍序跋记均融入了记人笔法，对相关人物生平事迹的记载，此乃二者人物传志价值的共性。尽管记载对象不同，然而中古佛道序跋记所记之人，多为佛教与道教中的重要人物，具有一定地位，对佛教与道教的发展多发挥积极作用，为其题写者所积极肯定。中古佛道典籍序跋记人物传志价值的形成，源于对序跋记叙事笔法的继承，在叙事过程中实现对人物事迹的记载。

其四，都包含对相关典籍的赞誉。中古佛典序跋记包含对佛典的赞誉之情，详情可参看前文"中古佛典序跋记的抒情价值"的相关论述。中古道教典籍序跋记也包含对道教典籍的赞誉之情，以强思齐的《道德真经玄德纂疏记》为代表。该道教典籍序文盛赞《道德经》为"三教之冠冕，众经之领袖"③。对《道德经》的赞誉极高。中古佛道典籍序跋记都蕴含有对相关典籍的赞誉之情，尽管二者的抒情对象不同，其抒情思维与

---

① （唐）孙思邈撰，（宋）林忆校正：《孙真人备急千金要方》，《中华道藏》第22册，第2页下。
② （晋）郭象注，（唐）成玄英疏：《南华真经注疏》，《中华道藏》第13册，第77页上。
③ （前蜀）强思齐撰：《道德真经玄德纂疏》，《中华道藏》第10册，第2页上。

题写笔法却相同,即以简洁的语言表达对相关典籍的盛誉之情,为其营造良好的诵读氛围,以拓展其诵读范围及其阅读群体,此乃二者抒情价值的共性。中古佛道典籍序跋记所赞誉的对象,多为佛教与道教中的代表性典籍,如《妙法莲华经》《维摩诘经》与《道德经》《庄子》等,具有相同的价值属性。

(四) 开放的态度

佛道在发展的过程中,既相互融合而共生共存,又相互排斥而相争相斗,在相争中会通,在会通中又相争,二者之间的关系极为微妙,随着自身力量与外部环境的改变而变化。在中古时期,佛道在相互诘难时,以"神灭与神不灭"的争论最为激烈,同时佛道又彼此影响,详论可参看王洪军的《中古时期儒释道整合研究》。佛道复杂微妙的关系,在中古佛道教典籍序跋记中亦有所体现。在中古时期,尽管佛道相争是不争的事实,然而皆未被中古佛道典籍序跋记提及,彰显了二者对自身以外教派的开放态度,呈现了佛道相融的形态。

中古佛道典籍序跋记呈现出开放的态度,对自身以外的宗教教派有所包容。一方面中古佛典序跋记对道教有所借鉴。中古佛典序跋记在勾勒佛教中国化的变迁时指出,佛教传入中土的初期,更多依附于道教而发展,因此将道教人物的属性特征加以移植,使自身的人物神仙化;在义理上也与玄学合流,呈现出对道教观念的借鉴,详情可参看前文"中古佛典序跋记的佛教史价值"的相关内容。另一方面中古道教典籍序跋记对佛教秉持开放姿态,或引用佛教典籍,或引述佛教人物之语,彰显了与佛教的融合,以左掌子的《证道歌序》为代表。该道教典籍序文两次化用《法华经》之语:"《法华经》云:有人于虚空中造宫殿,未必为难。……《法华经》云:如人掘井者,先去上黄土,渐见黑泥,即知水近。"[①] 所引内容分别出自《妙法莲华经》卷3《化城喻品》与卷4《法师品》。另外,成玄英的《南华真经疏序》在阐释逍遥的内涵时,也引用了东晋高僧支道林之语:"物物而不物于物,故逍然不我待;玄感不疾而速,故遥然靡所不为。"[②] 以物体为物体,而不是为其所拘束,所以能够做到逍遥而不是等待;玄妙之感不迅速却快速,所以逍遥能够无所不为。

尽管中古佛道典籍序跋记对自身以外的教派持开放态度,采取了兼容并蓄的策略,但二者的内容并不驳杂,仍然保持自身的特点。这是因为,

---

① (宋) 左掌子撰:《证道歌》,《中华道藏》第19册,第268页中。
② (晋) 郭象注,(唐) 成玄英疏:《南华真经注疏》,《中华道藏》第13册,第77页中。

其一无论是中古佛典序跋记对道教的摄入,还是中古道教典籍序跋记对佛教的摄入,都是微乎其微的,所摄入的量有限,所摄入的目的也是服务其题写意图,它们的题写者均坚持一定的底线思维。其二,中古佛道典籍序跋记自身的宗教属性,不允许二者大量引入自身以外教派的内容,以免突破自身的属性。其三,题写者的主体身份所致,域内与域外僧人、域内道士分别构成了中古佛道典籍序跋记题写者的主体,他们对本教以外的其他宗教的接触有一定限度,因此在题写本教典籍序跋记时很难大量引用对方教义教理。尽管中古佛道典籍序跋记只含有少量自身以外教派的内容,其意义则不容忽视,彰显了二者开放的姿态。中古佛道典籍序跋记的相互借鉴,在一定程度上彰显了中古宗教文化丰富多彩的风貌,中古佛教文化与中古道教文化因交流更加多彩,因互鉴更为丰富。此外,中古佛道典籍序跋记的相互借鉴,对中古佛教与中古道教的深入传播具有积极意义,一方面促使中古佛教呈现出中土人所熟知的方式,有利于自身的广泛传播;另一方面为中古道教引入新的元素,有利于缓解中土人在诵读道教典籍时的疲劳感。

尽管题写对象、题写环境与题写者身份不同,中古佛道典籍序跋记的书写形式均为严格自序、宽泛自序与他序,艺术特色均呈现出句式的四言化与讲说方式的譬喻性,著述思维皆围绕其题写对象展开,皆秉持开放态度。需要指出的是,中古佛道典籍序跋记的共性远不止上述,本书所选取的仅为其最具代表性者。

二 中古佛道典籍序跋记共性的价值

中古佛道典籍序跋记的共性被赋予多元化价值,集中体现在以下四个方面。第一,彰显了中华文化的包容性。中古佛道典籍序跋记的共性展现了中华文化的包容性,无论是佛教,还是道教皆属于中华文化,二者能够共生共存;无论是域外宗教,还是域内宗教,均在中华文化尤其是中古宗教文化的大环境中共融共存。也正是基于此,中华文化绵延不断,中古宗教文化不断发展。

第二,揭示了文体发展的共性。中古佛道典籍序跋记的共性诠释了文体发展的共同趋向,即任何一种文体都无法单独存在与发展,更无法割裂与其他事物的联系,也只有互相借鉴,才能够更好地发展,为彼此赋能。

第三,促使了中古宗教典籍序跋记的和谐统一。作为中古宗教典籍序跋记的重要构成部分,中古佛道典籍序跋记必然囊括了中古宗教典籍序跋记的多个要素,二者的诸多共性必然促使中古宗教典籍序跋记构成要素的有序架构,促进中古宗教典籍序跋记在多个层面呈现出和谐之美,推动了中古宗教典籍序跋记艺术特色的有机统一。

第二节 中古佛道典籍序跋记的差异性

尽管同为中古宗教类典籍序跋记,同属序跋记的文体范畴,然而中古佛道典籍序跋记在关注点、表达方式、内容、修辞艺术、对儒家的态度等方面存在一定差异。中古佛道典籍序跋记差异性的形成,一方面源自二者题写者群体、具体生成环境、书写对象等内部要素的不同,另一方面与儒释道的关系以及其力量的对比变化、最高统治者的宗教政策、社会文化环境、序跋记的发展等外部因素的变化有关。中古佛道典籍序跋记的差异性,对于中古儒释道,中古宗教典籍序跋记,中古序跋记具有积极意义,在我国宗教史、宗教典籍与文体演进的过程中被赋予重要意义。

一 中古佛道典籍序跋记的差异性

中古佛道典籍序跋记的差异性呈现多个维度,彰显了各自鲜明的属性,主要体现在以下方面。

(一)关注点的不同

中古佛道典籍序跋记的关注点有所不同,中古佛典序跋记更为关注其题写对象,如佛典的文献状况、佛典相关各方的意旨、佛典汉译等方面,分别详见前文"中古佛典序跋记的佛典文献价值""中古佛典序跋记的意旨阐释价值""中古佛典序跋记的佛典汉译阐释价值"等。与中古佛典序跋记相比较,中古道教典籍序跋记对其自身更为聚焦,主要表现在以下两个方面。

首先,多角度融入其题写者的信息。中古道教典籍序跋记有时交代了其具体题写者,以《抱朴子内篇序》为代表。该道教典籍序文有"葛洪稚川谨序"的记载,由此可知,其题写者为葛洪。此外,《度人经集注序》有"衡岳道士薛幽栖序"的记载,由此可知,该道教典籍序文为薛幽栖所题写。傅洞真的《太上玄灵北斗本命延生经注序》、李白的《北斗延生经注解序》、陆希声的《道德真经传序》等中古道教典籍序跋记也交代了其具体题写者。

中古道教典籍序跋记有时并非简单交代其具体题写者,而且对其有进一步记载,有时交代了其任职情况,以隋唐五代的《续仙传序》最为代表性。该道教典籍序文交代了其题写者沈汾任"朝请郎、前行溧水县令、兼监察御史、赐绯鱼袋",朝请郎为"文散官名。隋初置,第十一阶,正七品上"[①]。"前行"为唐宋时期的一种制度,尚书省各部有前行、中行、后行之分,兵部、吏部及左、右司为前行,刑部、户部为中行,工部、礼部为后行。绯鱼袋为官员的服饰,即唐宋时期五品以上官员所佩戴的服饰。《道德真经广圣义序》也交代了其题写者杜光庭为"光禄大夫尚书户部侍郎上柱国蔡国公"。"光禄大夫"在唐代被视为散官文阶之号,为正二品;尚书户部侍郎,在唐代为正四品。李远的《灵棋经序》等中古道教典籍序跋记亦详细记载了其题写者的任职情况。中古道教典籍序跋记对其题写者任职情况的记载,是中古佛典序跋记所未曾有的,体现了二者内容的差异性。中古道教典籍序跋记在记载其题写者任职情况的过程中,也被融入了古代官职的元素,拓展了对我国官职制度、机构、品秩等方面的认知,体现了其自身独特的价值。

与中古佛典序跋记相比较,中古道教典籍序跋记有时记载了其题写者的籍贯、字号、道观等,以《道德真经传序》为代表。该道教典籍序文间接交代了其题写者陆希声的籍贯,"吴郡陆希声序",由此可知,陆希声为江苏吴县(今江苏省苏州市)人。此外,《葛仙翁后序》交代了其题写者葛洪的籍贯,"丹阳葛洪炷熏敬序",据此可知,葛洪为丹阳郡句容(今江苏省句容县)人。《度人经集注序》交代了其题写者薛幽栖的道观,"衡岳道士薛幽栖序",据此可知,其题写者薛幽栖为衡岳道士,间接蕴含了其道观所在地——南岳衡山。《周易参同契鼎器歌明镜图序》交代了其题写者彭晓字号,"昌利化飞鹤山真一子彭晓序"。昌利化飞鹤山真一子为彭晓的字号。皇甫朋的《玄圃山灵匦秘箓序》、施肩吾的《西山群仙会真记序》等中古道教典籍序跋记也都蕴含了其题写者的籍贯、字号、道观。

综上可知,中古佛道典籍序跋记对其题写者的关注度有所差异,这首先与二者的本质有关。从本质上而论,中古佛典序跋记是佛教中国化的产物,中古道教典籍序跋记则是本土道教典籍与序跋记相结合的结果,后者对我国社会文化的把握更为全面,对其题写者相关信息的融入也相对容易,以典籍署名为代表。从严格意义而论,对任职、籍贯、字号与道观等个人信息的记载,是中古道教典籍序跋记署名观念的延伸,亦是其署名行为的进一步细化。中古道教典籍序跋记的题写者皆为域内之人,活动于我国的社会文化环境中,对我国典籍署名的观念更容易接受,并在此基础上

[①] 邱树森主编:《中国历代职官辞典》,江西教育出版社,1991,第620页。

进一步延伸。中古佛典序跋记则不然，由前文"中古佛典序文形态的复杂性"可知，我国典籍的署名始于汉魏，基本上确立于隋唐。中古佛典序跋记的署名应该不早于我国典籍署名的历史演进，其题写者的署名意识较弱，对自身的关注度也相应较弱。而作为中古佛典序跋记的题写者主体之一的域外僧人，他们在我国并未有官职，籍贯也不属于我国，更没有字号，对此也就无从提及。

其次，多角度交代了自身被题写的时间。中古佛典序跋记大多记载了佛典被翻译、整理与编撰的时间，详见前文"中古佛典序跋记的佛典文献价值"与"中古佛典序跋记的佛教史价值"等，而对自身的题写时间则很少涉及。中古道教典籍序跋记则不然，有时直接交代了自身的题写时间，以葛洪的《葛仙翁后序》为代表。该道教典籍跋文交代了其题写于"咸和二年五月"，即327年五月。此外，杜光庭的《道德真经广圣义序》记载其作于"乾德二年庚辰降圣节戊申日"，乾德为前蜀后主王衍的年号，乾德二年为920年；降圣节又称玄元节、真元节、老君诞，指太上老君的降诞之日，即每年的二月十五日；戊申日指的是一天的日干是戊，日支是申。综上可知，该道教典籍序文题写于920年二月十五日。戴叔伦的《意林序》、苏游的《三品颐神保命神丹方叙》等中古道教典籍序跋记亦直接交代了其题写的时间。

中古道教典籍序跋记有时间接交代了其题写时间，以刘处静的《洞玄灵宝三师记》为代表。其作于"庚辰中元日甲辰"。庚辰年为六十干支之一，其年份数除以60余20，也可为减去3后，或除以10的余数是7，或除以12的余数是5。尽管知道该道教典籍序文题写年份的特点，对其具体题写时间的判定，还需结合其题写者刘处静的生卒年。刘处静的生年不详，卒于873年，与此相接近的庚辰年分别有800年与860年。若本序被题写于800年，则刘处静卒时至少90岁，这在古代的可能性微乎其微，故本序文应被题写于860年，即唐懿宗咸通元年。中元日原为道教节日，世俗称为七月半、试纸节、鬼节等，佛教称为盂兰盆节，中元是指"中元地宫诞辰，其日定为七月十五日"①。综上可知，刘处静的《洞玄灵宝三师记》可能题写于860年七月十五日。此外，柳伯存交代了《意林序》题写于"贞元丁卯岁夏之晦"。贞元为唐德宗李适的年号，始于785年，终于805年，凡21载，据此仍然无法判定该序具体的题写时间，需要结合丁卯年。丁卯为干支纪年之一，其年份数除以60余7，也可为减去3

---

① 胡孚琛主编：《中华道教大辞典》，中国社会科学出版社，1995，第1530页。

后，或除以 10 的余数为 4，或除以 12 的余数为 4。据此可知，此处"贞元年间的丁卯年"为 787，即唐德宗贞元三年，本序当题写于是年。岁夏之晦，指的是四月的最后一天。综上可知，柳伯存的《意林序》题写于 787 年四月三十日。对上述道教典籍序文题写时间的判定，都涉及了干支纪年。干支纪年实则为我国古代的一种纪年法，其具体法则是，分别从"十天干"与"十二地支"中取一元素，按"天干"在前、"地支"在后的法则进行组合，由此组成了 60 个基本单位，即为一甲子，周而复始，循环往复。由上可知，在判定中古道教典籍序跋记的题写时间时，有时需结合其题写者的生平事迹、干支纪年、帝王纪年、节日与节令等。

中古佛道典籍序跋记关注对象的时间的侧重点有所差异，其中前者主要关注佛典的生成时间，而后者则主要关注自身被题写的时间，这主要与二者的题写对象有关。佛典是佛教的重要载体，佛教欲在我国广泛传播，必须以丰富的佛典为基础，而翻译与整理又是佛典生成的重要途径，由此成为中古佛典序跋记的关注对象，详情可见前文"中古佛典序跋记的价值"的相关内容。道教为本土宗教且历史悠久，道教典籍相应丰富，无须经过翻译，这就促使了中古道教典籍序跋记转向关注自身的题写时间。

无论是对其题写者的论及，还是多角度交代其题写时间，均体现了中古道教典籍序跋记对自身的高度关注，这使它融入了相关人物的事迹、官职制度、官职机构、官职品秩、地方志、名称字号、道观、干支纪年、帝王纪年等要素，推动了其人物传志价值的形成，也拓展了认知我国古代官职的途径，这些正是中古佛典序跋记所缺少的。

中古佛道典籍序跋记关注点的差异，体现了二者在叙事视角与叙事方法等方面所形成的深层次差异，也暗示了二者发展程度的差异，前者相对弱于后者，当然这种差异必然随着佛教的发展而不断减弱甚至消失。

（二）表达方式的差异性

明代徐师曾认为序文的表达方式主要有二，"一曰议论，二曰叙事"[1]，跋文与记亦然。尽管叙事与议论是中古佛典序跋记的主要表达方式，然而二者在中古佛道典籍序跋记中的比重却有所差异。中古佛典序跋记以叙事为主，主要体现在叙事艺术高超，叙事笔法娴熟，叙事逻辑性强，叙事要素合理架构，叙事脉络清晰完整，以竺法首的《佛说圣法印经题记》、贾曾的《阿毗达磨俱舍论略释记》、释圆照的《大唐贞元新译十地等经记》等最具代表性，详论可参看前文"中古佛典记形态的双重性"。

---

[1] 徐师曾著，罗根泽校点：《文体明辨序说》，第 135 页。

与中古佛典序跋记相比较，中古道教典籍序跋记在叙事的基础上融入了议论，展开了多角度的议论。其一，举例论证。中古道教典籍序跋记善于选择典型性强、富有代表性的事或人作为论据，以证明论点，以史崇玄的《妙门由起序》为代表。其曰："崇信者因而享福，毁谤者于是挺灾，若影之随形，响之应声也。是以轩辕、夏后崇信也，致升仙之道，成太平之功；梁武、齐宣毁谤也，招祸败之辱，受覆亡之报。"① 该道教典籍序文分别以轩辕、夏后与梁武帝萧衍、齐宣帝萧承之为例，阐释了崇信与毁谤《一切道经音义妙门由起》所产生的截然不同的结果。此外，李靖的《天老神光经表》以汉高祖刘邦因心动，赵襄因马惊而躲过灾祸为例，阐释了去危就安、转祸为福的论点。汉高祖刘邦过柏人县，因心动而不留宿，由此躲过了赵相贯高的谋杀，详见《史记·高祖本纪》的相关内容。赵襄因马惊而得以躲过豫让的刺杀，详见《史记·刺客列传》的相关内容。郭璞的《山海经序》、陶埴的《还金术序》等中古道教典籍序跋记亦有举例论证的成分。

其二，（道理）引用论证。中古佛典序跋记在叙事的过程中很少引经据典，中古道教典籍序跋记则不然。鉴于自身属性，中古道教典籍序跋记对道教典籍尤其是《道德经》的引用最为丰富，以孟安排的《道教义枢序》为代表。该道教典籍序文连续引述了《道德经》："故老君《道经》云：窈冥中有精，恍惚中有象。又云：有物混成，先天地生，寂兮寥兮，独立不改，周行不殆，可以为天下母。"② 所引之语分别出自《道德经》第五章与第六章。另外，左掌子的《证道歌序》对《道德经》第五十四章有所引述。除《道德经》之外，中古道教典籍序跋记对《庄子》《灵宝无量度人经》《度人本行经》《黄庭经》《老子西升经》《真诰》《黄帝九鼎神丹经》等道教典籍均有所引述。而且，中古道教典籍序跋记引经据典的范围更为广泛，不局限于道教典籍，对儒家与佛教典籍均有所涉及，下文对此有详述。

另外，中古佛道典籍序跋记的叙事风格有所差异。中古佛典序跋记的叙事包括以下三个层面。（1）记物。中古佛典序跋记多围绕佛典展开，如其翻译的时间、地点、笔受者、形成的原委、编纂者的著述思维、翻译者与整理者的意愿、底本、时代特征、理论、阙佚等，详看前文"中古佛典序跋记的佛典文献价值""中古佛典序跋记的意旨阐释价值""中古

---

① （唐）史崇玄撰：《一切道经音义妙门由起》，《中华道藏》第5册，第603页下。
② （唐）孟安排撰：《道教义枢》，《中华道藏》第5册，第541页下。

佛典序跋记的佛教史价值"与"中古佛典序跋记的佛典汉译阐释价值"。（2）记人。中古佛典序跋记记载了佛典编撰者、佛典的翻译者与整理者、推动佛教发展的上层统治者等人物的事迹，详情可参看前文"中古佛典序跋记的人物传志价值"。（3）记事。中古佛典序跋记多围绕佛教与统治者的关系、发展程度、态势、重大事件及其思想文化等一系列与佛教相关之事而展开，详见前文"中古佛典序跋记的佛教史价值"与"中古佛典序跋记的佛家思想文化价值"。由上可知，中古佛典序跋记的叙事风格较为朴实，追求叙事的真实性，多用朴实的语言记载史实，所记之人、事、物多为真实存在，鲜有夸张与虚构，呈现出真实的叙事效果，具有重要的史学价值。

中古道教典籍序跋记在追求客观真实叙事的基础之上，有时融入了夸张与虚构，多设幻语以刻画人物的神通，通过对神仙与仙境的刻画，使其叙事风格带有一定的"仙气"，在某种程度上偏离史实，主要表现在以下两个方面。

（1）人物刻画的神仙化。神仙指的是神通变化的仙人，在道教中处于重要地位，是"道教的核心信仰，道教一开始就有神仙信仰"[1]，为道教徒所奉为祖师，成为道教典籍的主要内容之一，形成了以之为主要内容的《神仙传》与《列仙传》等作品以及相应文体——神仙传记，这就使中古道教典籍序跋记也无法忽视其存在。整体观之，中古道教典籍序跋记对神仙有所论及，以杜光庭的《墉城集仙录叙》为代表。该序文刻画了神仙的神通属性："夫神仙之上者，云车羽盖，形神俱飞；其次牝谷幽林，隐景潜化；其次解形托象，蛇蜕蝉飞。"[2] 在该序文中，神仙能够变化无穷，具有超越凡人的能力，能够神通广大，变幻莫测。此外，魏明帝曹叡的《老子化胡经序》描述了老子的奇异特征，其所展示的老子形象非凡人所具备，具有神仙的典型特征。

（2）环境刻画的仙境化。中古道教典籍序跋记在记载神仙时，必然对其所居之地——仙境有所涉及。仙境是神仙生活所居之地，与世俗凡人所居之地截然不同，为中古道教典籍序跋记多次论及，以崔融的《唐嵩高山启母庙碑铭序》为代表。该序多角度刻画了仙境之美，"仙人在栋，神女临窗，周施玳瑁之椽，偏覆瑠璃之瓦，赤玉为阶道，黄金作门阙"[3]。

---

[1] 熊铁基：《再论道教的神仙信仰》，《中国本土宗教研究》2018年第1辑。
[2] （宋）张君房撰：《云笈七签》卷114，《中华道藏》第29册，第897页下。
[3] （唐）崔融撰：《唐嵩高山启母庙碑铭》，《中华道藏》第48册，第631页中。

通过玳瑁之橡、瑠璃瓦、赤玉阶道、黄金门阙等珍贵之物多角度的点缀，该序旨在突出所刻画的仙境，非世俗人间所有，当为仙人所居之地。吴筠的《南统大君内丹九章经后序》、杜光庭的《太上洞渊神咒经序》与《洞天福地岳渎名山记序》等中古道教典籍序跋记对仙人与仙境亦均有所涉及。

中古佛道典籍序跋记表达方式的差异化，相应造成了二者表达风格与效果的不同，前者记载史实，具有存史的功能，后者则旨在提升道教教义的可阐释性与营造仙境，以呈现出与道教典籍相一致的风格。中古佛道典籍序跋记表达方式的差异化，一方面是二者对我国固有叙事艺术吸收的差异化所致。中古佛典序跋记作为佛教中国化的产物，对我国固有叙事艺术的认知、吸收、消化与运用，并非易事，其表达方式相对单一。中古道教典籍序跋记作为本土事物，对我国固有的叙事艺术相对熟知，更易借鉴。另一方面源自对自身关注度的不同。由前文所述可知，中古佛道典籍序跋记所关注的焦点不同，前者重在典籍的翻译与整理，对自身的关注度相对偏弱，难免忽略自身的叙事艺术，使其表达方式相对单一。此外，中古佛典序跋记相对封闭，对儒家、道教的融入相对较少，对二者叙事艺术的借鉴也相应有所不足。中古道教典籍序跋记则相对开放，对佛教与儒家秉持开放态度，本书对此有详论，对二者的叙事笔法必然有所借鉴，促使了其表达风格的丰富。

（三）内容的差异

尽管中古佛道典籍序跋记在题写形式、艺术特色、著述思维、开放态度等方面存在一定共性，然而二者分属不同宗教，并在题写对象、题写者身份等方面迥然相异，二者的内容理应有所差异。由前文"中古佛典序跋记的价值"可知，中古佛典序跋记的内容极为丰富，主要包括了七个方面：佛典文献方面，中古佛典序跋记集中保存了原始佛典与域内佛典文献的因子；人物传志方面，中古佛典序跋记具有承载人物传志的功能，记录与保存了多个与佛教相关人物的事迹；意旨阐释方面，中古佛典序跋记阐释了与佛典相关各方的意旨，集中揭示了佛典相关各方的意愿及其题写者的愿望；佛教史方面，中古佛典序跋记以多维视角记录了域内与域外佛教史；佛典汉译方面，中古佛典序跋记对佛典汉译极为关注，多角度记载了佛典汉译相关的内容；佛教思想方面，中古佛典序跋记被融入了多个佛教义理，被赋予鲜明的佛教思想价值；情感态度方面，中古佛典序跋记被融入了其题写者的情感态度，对佛典与佛教相关方表达了赞誉之情。

中古道教典籍序跋记则主要围绕道教思想、道教典籍等方面展开，带有浓郁的道教属性，鉴于其内容的丰富，限于篇幅无法详细展开，于此选择代表性者论述之。

其一，丹药。何谓丹药？丹原指将"各种矿物、植物等通过火炼或水炼"① 所炼制成的药品，即通过炼制工具，以炼制方法为指导，将水银、丹砂、铅、雄黄、雌黄、矾石、砒石等矿物与植物进行炼制后，所形成的药物。丹药在道教中居于重要地位，是道教追求长生不老与得道升仙的重要途径，为此先后出现了太上老君、刘安、张道陵、魏伯阳、葛洪、孙思邈等众多炼丹师，也形成了一整套炼丹修道成仙之法——丹道，它们成为中古道教典籍重要的记载对象。中古道教典籍有时将丹药视为长生不老之药，以葛洪的《抱朴子·金丹》与魏伯阳的《周易参同契》为代表。陶景弘的《肘后百一方》、孙思邈的《太清丹经要诀》等中古道教典籍对丹药亦多有涉及。在上述因素的推动下，中古道教典籍序跋记对丹药也相应有所论及，以葛洪的《黄帝九鼎神丹序》为代表。该序文对丹药功效的评价极高，认为服用神丹"令人寿无极已，与天地相毕，乘云驾龙，上下太清"②。另外，《太清丹经要诀序》阐释了孙思邈对丹药的炼制旨在"救疾济危"。中古道教典籍序跋记有时会介绍丹药的服用法则，具有重要的医学价值，以陶弘景的《图经衍义本草序》为代表。该序文认为必须坚持"对症吃药"，"疗寒以热药，疗热以寒药，饮食不消以吐下药，鬼疰虫毒以毒药，……各随其所宜"③。另外，陶弘景的《华阳隐居补阙肘后百一方序》指出服用汤药的剂量与注意事项。中古道教典籍序跋记有时会记载煎药的步骤，以雷敩的《雷公炮炙论序》为代表。该序文阐释了炼蜜时的取量与火候，同时指出不得与其他药物"交杂"服用：

  凡方炼蜜，每一斤只炼得十二两半，或一分。是数若火少，若火遇，并用不得云也。
  凡膏煎中用脂，先须炼去革膜了，方可用之也。④

葛洪的《黄帝九鼎神丹序》、彭晓的《换丹内象金钥匙序》等中古道教典

---

① 汪登伟：《丹道绪论》，《中国道教》2019年第4期。
② （宋）张君房撰：《云笈七签》卷67，《中华道藏》第29册，第542页中。
③ （宋）寇宗奭撰，（宋）许洪校正：《图经衍义本草》卷1，《中华道藏》第21册，第14页中。
④ （宋）寇宗奭撰，（宋）许洪校正：《图经衍义本草》卷2，《中华道藏》第21册，第23页中。

籍序跋记对丹药也都有所论及。中古道教典籍序跋记之所以被融入丹药，并形成医学价值，源自道教在追求长生不老与成仙的同时，蕴含了对个体生命的终极关怀，就此可参看杨洋的《道教医世思想溯源》、刘正才与姚呈虹主编的《道教医方》等著作。要而言之，中古道教典籍序跋记对丹药的多重记载，与中古道教教义以及道教典籍的内容相一致，其所被赋予的医学价值，正是中古佛典序跋记所不具有的，体现了二者内容的显著差异。

其二，修道成仙。道教认为，通过修道、修神、修身、修心、修真等修炼行为能够成仙，中古道教典籍就此有所记载，如唐代司马承祯的《天隐子》认为神仙"在于修我虚气，勿为世俗所论折，遂我自然"[①]。"虚气"指躁盛之气，成仙在于祛除体内的躁盛之气，不为世俗所扰，达到一种自然状态。此外，成书于汉末魏晋南北朝的《黄庭经》（又名《老子黄庭经》）强调养生修仙，重在呼吸吐纳，气功修炼，保真元等。鉴于修道成仙在道教中的重要地位，它亦成为中古道教典籍序跋记的记载对象，以胡愔的《黄庭内景五脏六腑补泻图序》为代表。该序文指出了修道成仙的途径在于"存神修养，克己励志"[②]。另外，司马承祯的《天隐子序》认为神仙之道以"养气为先"。钟离权的《灵宝毕法序》、陶景弘的《养性延命录序》等中古道教典籍序跋记对修道成仙均有所论及。

中古道教典籍序跋记中的丹药与修道成仙的内容，都是中古佛典序跋记所未曾有的，被赋予了独特价值。一方面彰显了对个体生命的终极关怀。中古道教典籍序跋记对丹药以及修道成仙的记载，在某种意义上彰显了其对个体生命的关怀，具有一定的救世价值。另一方面推动了道教的广泛传播。尽管中古道教典籍序跋记中的丹药与修道成仙的内容，并不能使人长生不老，然而其所蕴含的医学价值与修身养性法则，对科学养生具有指导意义，有利于呵护人类的健康生活，对于道教的广泛传播也必将产生积极意义，相应推动道教为各个社会阶层所推崇。

中古佛道典籍序跋记内容的差异性由多个因素所致：第一，所属宗教属性的不同。佛教与道教在世界观、生死态度、来生今生观念、信仰、修持方法、形成背景等方面所形成的广泛差异，导致了佛典与道教典籍的不同，二者序跋记的内容亦然。第二，关注焦点的不同。中古佛典序跋记重在记述，主要关注佛典的生成途径与方式：翻译、整理与编撰。中古道教

[①] （唐）司马承祯撰：《天隐子》，《中华道藏》第26册，第35页中。
[②] （唐）胡愔撰：《黄庭内景五脏六腑补泻图》，《中华道藏》第23册，第108页中。

典籍序跋记服务于道教教义的阐释，着重关注成仙与仙境的刻画，重在为成仙营造有利的环境。第三，题写者身份的不同。中古佛道典籍序跋记的题写者分别以僧人与道士为主体，题写者的不同，必然促使二者内容的差异。

中古佛道典籍序跋记内容的差异性，一方面推动了中古宗教类典籍序跋记的发展，彰显了其内容的丰富与题写笔法的娴熟；另一方面反映了中古宗教文化内容及其构成要素的丰富性。

（四）修辞艺术的不同

与中古佛典序跋记相比较，中古道教典籍序跋记的修辞艺术相对鲜明，多借助排比。排比是修辞方式的一种，旨在"把三个或三个以上结构相同或相似、意思密切相关、语气一贯的语言单位诽迭而出，语气一贯，节律强劲，各排比项意义范畴相同，带有列举和强化性质，可拓展和深化文意，以增强文势、拓展文意"①。排比句的结构相似，语义相关，语气一致，形式多为句子或段落并排，包括了成分、分句、单句、复句等类型。整体而言，中古道教典籍序跋记有时呈现出排比化倾向，且多为复句排比，以皇甫朋的《玄圃山灵匮秘箓序》为代表。该序文句式的排比化非常明显，"上士得之，则登仙越世；中士得之，则辅佐国家；下士得之，则崅幻愚俗"②。其结构相同、语义递进，呈现出排比化倾向。此外，中古道教典籍序跋记有时将三个以上意义相关或相近，结构相同或相似以及语气相同的句子进行并排，以崔融的《唐嵩高山启母庙碑铭序》为代表。该序文曰："依土地，明神灵，驾六羽而上腾，度九州岛而下济，斯乃人皇氏之所以顺乎人也。……闻一善，举八才，帝唱动而烂星云，天歌发而跄鸟兽，斯乃帝舜氏之所以彰后功也。"③ 该道教典籍序文的句子呈现出八联排，诽迭而出，语气一贯。杨嗣复的《南华真经余事杂录九证心戒序》、史崇玄的《妙门由起序》、杜光庭的《墉城集仙录叙》、张万福的《三洞众戒文序》等中古道教典籍序跋记亦呈现出排比化的倾向。

排比可以"增强文势、拓展文意"，对于中古道教典籍序跋记亦然。中古道教典籍序跋记句式的排比化，一方面有利于增强自身的文势以及拓展其文意，如皇甫朋的《玄圃山灵匮秘箓序》借助排比，实现了对《玄圃山灵匮秘箓》实用价值的全面阐述，也多角度凸显了其实用价值。对于

---

① 刘蔼萍主编：《现代汉语》，重庆大学出版社，2016，第215~216页。
② 佚名撰：《玄圃山灵匮秘箓》，《中华道藏》第32册，第530页上。
③ （唐）崔融撰：《唐嵩高山启母庙碑铭》，《中华道藏》第48册，第631页上。

议论相对浓厚的中古道教典籍序跋记而言，排比使其论证更为有力，论点更为清晰。另一方面它成为重要的区别标识。与中古佛典序跋记相比较，句式的排比化为中古道教典籍序跋记独特的修辞艺术，体现了二者在修辞艺术方面的差异。

句子排比化所赋予的中古道教典籍序跋记的特殊价值，正是中古佛典序跋记所缺失的，彰显了其修辞艺术的不足。中古佛典序跋记的句子之所以未能形成排比化，由以下因素所致。第一，排比作为修辞方式的一种，旨在提高表达效果，是更为深层次的表达技巧。鉴于此，在佛教初传时，域外僧人对排比比较陌生，对其认知难免不足，很难将其融入佛典及其序跋记。即使域内僧人对排比相对熟知，也很难将它运用于佛典序跋记，因为它毕竟涉及不同文化的融合。第二，中古佛典序跋记毕竟作为佛教中国化的产物，自身具有一定封闭性，对我国社会文化事物并非都能够加以借鉴。中古道教典籍序跋记则不存在上述障碍，其题写者皆为域内之人，对我国社会文化相对熟悉，对排比句式的修辞艺术更为熟知并积极加以借鉴。

（五）对儒家态度的差异

在中古时期，儒佛与儒道分别涉及儒家与佛教、道教之间的关系，它们的关系极为复杂微妙。儒佛与儒道在相争中共融，这就必然影响中古佛道典籍序跋记对儒家的态度。中古佛典序跋记与儒家保持一定距离，很少涉及儒家思想，对儒家典籍也很少引述，对儒道关系也很少触及，这主要源自佛教与儒家在精神、立场、主张等方面的差异，如儒家主张出世、救世，佛教则主张入世、遁世等。

与中古佛典序跋记相比较，中古道教典籍序跋记与儒教具有更多共性，因而对儒家秉持开放态度，对儒家思想持肯定态度，集中体现在以下两个方面。

首先，对儒家典籍多有引述。中古道教典籍序跋记对儒家典籍多有引用，以逢行圭的《鬻子序》为代表。该道教典籍序文引用了《论语》中的内容：“《诗》三百，一言以蔽之，曰思无邪。”① 此语出自《论语·为政》，是孔子对《诗经》的概括。此外，真静居士的《坐忘论序》对《论语》与《孟子》均有所引述：“《论语》曰：子绝四，毋意，毋必，毋固，毋我。《孟子》曰性善。又曰：我善养吾浩然之气。”② 前者出自

---

① （周）鬻熊撰，（唐）逢行圭注：《鬻子》，《中华道藏》第24册，第412页下。
② （唐）司马承祯撰：《坐忘论》，《中华道藏》第26册，第28页上。

《论语·子罕》,其意为不乱揣测,不独断,不固执,不自以为是,是孔子认为应该摒弃的四种毛病;浩然正气则出自《孟子·公孙丑》,指的是"至大至刚"之气,体现了儒家对道德境界的追求。陶弘景的《陶隐居序》等中古道教典籍序跋记对儒家典籍也有所引用。

其次,对儒教思想的肯定。中古道教典籍序跋记不仅对儒家经典有所涉及,而且对儒教思想秉持肯定态度,以刘处静的《洞玄灵宝三师记序》为代表。该道教典籍序文高度赞誉了"在三之义","儒家在三之义,莫能及焉,钦惟三君,焕有明德,追仰尊禀,瞻慕无阶"[①]。"在三之义"出自《国语·晋语一》,原文为"'民生于三,事之如一。'父生之,师教之,君食之。"[②] 指的是对待君主、父亲、老师应有的礼敬之意。此外,孟安排的《道教义枢序》认为:"儒书道教,事或相通。"[③] 蕴含了对儒家思想的肯定。

无论是对儒家典籍的引述,还是对儒家思想的肯定,都暗示了中古道教典籍序跋记对儒家的开放态度,与儒家所建立关联的多样性,儒道的相融共生,同时也彰显了道教与儒家因互鉴而更为丰富多彩。

尽管中古佛道典籍序跋记中的儒家元素有所差异,然而并非一成不变。佛典序跋记中儒家元素的偏少,只是其在中古时期的形态,随着佛教的发展,儒释黏合度的强化,其与儒家的联系必将强化。由上可知,中古佛道典籍序跋记中儒家元素的差异是短暂的,尽管如此,其仍然推动了中古宗教文化的多元化形态。

二 中古佛道典籍序跋记差异性的价值

中古佛道典籍序跋记的差异性,是二者在中古时期形成的时代产物。随着儒释道、序跋记、中古的社会文化环境、统治者的宗教政策等方面的改变,中古佛道典籍序跋记必然会被融入新的元素。中古佛道典籍序跋记的差异不具有评判价值,不能被视为衡量二者的尺度,尽管如此,它们仍然被赋予了一定价值。

首先,对于中古儒释道具有积极意义。佛道典籍序跋记作为中古儒释道的重要构成部分,二者的差异性涉及了中古儒释道的发展脉络、中古儒释道哲学、中古儒释道学术史、中古儒释道思想,拓展了认知中古儒释道

---

① (唐)刘处静撰:《洞玄灵宝三师记》,《中华道藏》第46册,第272页中。
② 徐元诰撰,王树民、沈长云点校:《国语集解·晋语》,中华书局,2002,第248页。
③ (唐)孟安排撰:《道教义枢》,《中华道藏》第5册,第542页下。

的途径。

其次，对于中古宗教典籍序跋记具有积极意义。佛道典籍序跋记作为中古宗教典籍序跋记的重要构成部分，二者的差异性为中古宗教典籍序跋记注入了新的元素，推动了中古宗教典籍序跋记的发展，也为之后宗教典籍序跋记的发展奠定了一定基础，在我国宗教典籍序跋记演进的过程中发挥了基础性作用。

最后，对于中古序跋记具有积极意义。中古佛道典籍序跋记作为中古序跋记的一部分，二者的差异性必然促使中古序跋记构成要素的多元化，推动了中古序跋记题写领域的延伸，丰富了中古序跋记的题写形式，拓展了中古序跋记的内容，提升了中古序跋记的艺术特色，也为中古之后序跋记的发展奠定了一定基础。

结　　语

　　较之我国其他典籍的序跋记，佛典序跋记的形成时间相对较晚，然而其特色鲜明、内容丰富、功能多元，与我国社会思想文化的结合较为紧密，发展也相对较快，价值得以逐步释放，尤其是在佛教与序跋记成熟状态相叠加的中古时期，取得了一定成就。中古佛典序跋记的数目庞大，凡395篇，其中汉末魏晋南北朝有178篇，隋唐五代有217篇，呈现出递增之势。中古佛典序跋记的构成要素包括题写者、题写形式、题写环境、题写对象，它们多处于变化之中。中古佛典序跋记的文体形态包括中古佛典序文、中古佛典跋文、中古佛典记，三者在数量、发展形态、内部构成要素等方面形成一定差异性，与中古佛典序跋记的整体形态既有共性，又有差异性。中古佛典序跋记具有鲜明的艺术特色，其句式呈现出四言化倾向，讲说方式以譬喻为主。中古佛典序跋记的类型不断丰富，以纂集类、注疏类、目录类佛典序跋记的形成为代表。中古佛典序跋记的形式发生新变，呈现出目录的意味与非单一性。中古佛典序跋记的内容极为丰富、价值日趋多元化，包括佛典文献、人物传志、意旨阐释、佛教史、佛典汉译、佛教思想、抒情等。中古佛典序跋记在与中古道教典籍序跋记对比的过程中，彰显出鲜明特色，二者在多个层面形成共性与差异性。整体观之，佛典序跋记在中古的发展形态较为复杂多样，由成型到日趋成熟，在此过程中扩大了其题写范围，丰富了其形式，拓展了其内容。中古佛典序跋记在我国佛典序跋记的发展过程中具有双重意义，一是奠基性，为中古之后佛典序跋记奠定了重要基础，提供了范本；二是承上启下，上承东汉的萌芽，下启中古之后佛典序跋记的进一步发展。

　　在梳理中古佛典序跋记发展形态的演变、构成要素的变化、文体形态的丰富、艺术特色的形成、价值的多元化、类型与形式的新变以及与中古道教典籍序跋记对比的过程中，必须以整体视阈加以审视，厘清相关要素的复杂关系。中古佛典序跋记形成与发展于中土的社会环境之中，与中土的社会文化、中土序跋记、时代思潮、最高统治者的宗教政策和态度等密切相关，是佛教与我国社会文化互动的产物，集中体现了佛教中国化的特征。中古佛典序跋记属于佛事活动的一部分，以佛教的重要载体——佛典为题写对象，是佛教文化的载体之一，与佛教、佛典密切相关，具有鲜明的佛教特征。总而言之，中古佛典序跋记并非孤立存在，而是与多个要素紧密相连。

中古佛典序跋记与我国社会文化的关系复杂。中古佛典序跋记是佛典中国化的产物，它形成与发展于我国的社会文化环境之中，不可避免地受其影响，其中多个成因都含有中土社会文化的元素。如中古佛典序跋记署名的增多，题写佚名相应地减少，受到了我国典籍署名行为的影响。中古在我国典籍署名的进程中处于特殊时期。孕育于我国典籍署名不断发展的背景之下，中古典籍序跋记题写者署名的情况大量增加，题写者佚名的篇章则相应大幅度减少，由汉末魏晋南北朝的43篇，到隋唐五代的4篇，呈现出与我国典籍署名一致的发展趋势。又如，中古佛典序跋记的句式之所以多为四言，与四言句本身的属性、中土悠久的四言句文化、齐梁骈文的影响有关。最后如，中古佛典序跋记讲说方式譬喻性的形成与譬喻本身的属性、对佛教譬喻经的借鉴、中土业已存在的譬论等要素相关。尽管中古佛典序跋记对我国社会文化有所吸纳，却保持着自身特色，它多围绕佛典展开，在内容上多与佛典、佛事活动、佛教义理等密切相关。中古佛典序跋记尽管受齐梁骈文的影响，然而仅仅表现在句式方面，并未过多借鉴该文体的语言与书写章法，这与它的题写者主体——僧众有关。与其他社会阶层相比较，僧众受外界影响的程度相对较弱。要而言之，中古佛典序跋记在我国社会文化的影响下努力保持自身特色，二者呈现出若即若离的状态。

中古佛典序跋记与我国序跋记形成流与源的关系。中古佛典序跋记既源于我国的序跋记，又在此基础上有所发展。中古佛典序跋记作为我国序跋记的分支，它的形成与发展为受到了我国序跋记的影响。在构成要素方面，中古佛典序跋记与我国序跋记相一致，也包括四个方面：题写者、题写形式、题写环境、题写对象，只是具体的指向不同。在价值方面，中古佛典序跋记与我国序跋记具有一致性，都包含了文献、文学、历史、思想文化、抒情等方面。在题写方式上，中古佛典序跋记与我国序跋记相一致，只是对象不同而已，它仅仅围绕佛典展开，保存了与佛典相关的文献要素，揭示了佛典翻译及编撰的原委，梳理了佛典流变的脉络，记录了佛教历史，阐释了佛教义理。中古佛典序跋记在继承我国序跋记功能属性的基础上，又有新的发展，彰显出自身特色。顾名思义，中古佛典序跋记，即以中古佛典为题写对象的序跋记,此乃其题写对象的特殊性所在。中古佛典序跋记呈现出非单一性的形式特征,即同一原始佛典题写有多个序文或跋文或记,这些序跋记在发生时间、题写者身份、题写数量上又呈现出一定复杂性,其中以《华严经》题写对象的序跋记多达16篇,以《金刚般若波罗蜜经》与《般若波罗蜜多心经》为题写对象的序跋记有8篇,相关佛典序跋记数量之多,在我国其他典籍的序跋记中是未曾有的。此外,中古佛典序跋记的内容有所扩展,重点关注当时的佛典汉译活动,集中探讨了与佛典汉译相关的多个问题、总结了佛典汉译的时代特征、阐释与保存了佛典汉译理论、揭示了佛典阙佚的原委,同时保存了大量印度早期佛教的因子,对域外文化多有论及,这些都是我国其他典籍序跋记所未曾有的。总而言之,中古佛典序跋记既源于我国序跋记,又对其有所超越。

  中古佛典序跋记与所处社会文化环境的关系较为特殊。中古的社会文化环境,即佛典序跋记题写的客观环境,是其题写环境的一个层面,是中古佛典序跋记的非人为构成要素之一。当时局安定、社会稳定、经济繁荣、文化繁盛时,则为中古佛典序跋记的题写提供了有利环境,处于此环境下的佛典序跋记发展较快,以隋唐五代最具代表性,反之则不然,以汉末魏晋南北朝为代表。中古佛典序跋记对当时的社会文化环境又有一定反映,在某种意义上是社会文化环境的"晴雨表",它的数量与题写者群体等因素对社会文化环境均有一定反映。较之隋唐五代的其他历史阶段,"安史之乱"期间的佛典序跋记在作品数量与题写者数量等方面都比较少,由此反映出当时社会文化环境的动荡不安。中古佛典序跋记题写与保存的时代背景,经历了由乱到治,再到乱的多次转换,其发展态势经历了由缓慢到相对较快,再到缓慢的多次转换,随着社会环境的变化而变化,在变化的过程中反映了时代的变迁。要而言之,中古佛典序跋记与社会文化环境的关系比较特殊,后者对前者有一定制约,前者则对后者有所反映。

  中古佛典序跋记与最高统治者的关系微妙。中古最高统治者的佛教态度对佛典序跋记产生了重要影响,当他们持积极的佛教态度,推行有利于佛教发展的政策,尤其是当他们亲自题写佛典序跋记时,对当时佛典序跋记发展的推动作用极为明显,以后秦文桓帝姚兴、梁武帝萧衍、唐太宗李世民、武则天等为代表,他们亲自为佛典书写序跋记的行为,在客观上推动了当时序跋记的兴盛,同时也产生了一定的示范作用,为官僚士大夫、文人学者、居士等其他社会阶层所效仿,从而推动了中古佛典序跋记题写群体的扩展。然而当中古最高统治者推行不利于佛教发展的政策时，对中古佛典序跋记发展所形成的阻碍作用亦相当明显，如佛教史上著名的"三武一宗灭佛"，又称"三武一宗之祸"，即北魏太武帝拓跋焘、北周武帝宇文邕、唐武宗李炎、后周世宗柴荣所推行的消极佛教政策对佛教造成了毁灭性打击，由此殃及时之佛典序跋记的题写，严重阻碍了它的发展，主要表现为数量偏少与题写者群体萎缩。中古佛典序跋记与最高统治者的佛教态度相互影响，其中最高统治者的佛教态度，在很大程度上影响了中古佛典序跋记对它的态度，因为中古佛典序跋记颂扬持积极佛教态度的最高统治者，不乏对梁武帝萧衍、后秦文桓帝姚兴、唐太宗李世民的溢美之词。总而言之，中古佛典序跋记与最高统治者的关系比较微妙。

中古佛典序跋记与佛教的关系极为紧密。从某种意义而论，中古佛典序跋记属于佛教的一部分，其题写也是佛事活动的构成部分，在内容上蕴藏了大量与佛教相关的内容。中古佛典序跋记又在多个方面为佛教所影响，无论是它的题写者（题写者主体、题写者阶层、题写者心态）与题写形式、题写环境、题写对象的变化，还是它的题写领域的延伸、形式与类型的新变；无论是中古佛典序文题写时间的时代性，还是其题写者的复杂性；无论是中古佛典跋文发展形态的双重性与表现形态的二元化，还是其题写形式的差异化；无论是中古佛典记发展形态的双面性，还是其题写形式的差异性，所有这些皆与佛教密切相关，都是在中古佛教深入发展及其影响力不断提升的背景下得以形成的，中古佛典序跋记在每个层面的变化都与当时佛教有着多维度的关联。要而言之，中古佛典序跋记孕育于佛教，伴随着佛教的发展而变化，与佛教的发展步调相一致。

中古佛典序跋记与佛典的关系极为密切。中古佛典序跋记以佛典为题写对象，在多个层面受之影响，主要表现在以下方面：中古佛典序跋记的数量，与佛典正相关，后者数量上的增加，相应促使与之相关的序跋记的增多。中古佛典序跋记文体形态的复杂性与佛典密切相关，后者对前者的时代形态、发展状态、表现形式、题写形式均形成了一定制约。中古佛典序跋记的内容多围绕佛典展开，保存了一些佛典的翻译、整理、编撰、传播与接受等要素，也融入了对佛典的赞誉之情等。中古佛典序跋记类型的丰富与佛典密不可分，因为它形成于佛典数量增加、佛典形式丰富、佛典类型日趋多样化的基础之上。中古佛典序跋记形式的新变，与佛典的多次翻译及整理、佛典类型的丰富等要素关系密切。要而言之，中古佛典序跋记在多个层面与当时佛典密切相关，后者是其生成与发展的基础。

参考文献

一 古籍文献

（汉）班固撰，（唐）颜师古注：《汉书》，中华书局，点校本，1962。

（汉）刘歆撰，（晋）葛洪集，向新阳、刘克任校注：《西京杂记校注》，上海古籍出版社，1991。

（晋）陈寿撰，（宋）裴松之注：《三国志》，中华书局，点校本，1959。

（晋）干宝撰，汪绍楹校注：《搜神记》，中华书局，1979。

（晋）葛洪著，金毅校注：《抱朴子内外篇校注》，上海古籍出版社，2018。

（晋）郭象注，（唐）成玄英疏：《南华真经注疏》，《中华道藏》第13册，华夏出版社，2004。

（晋）陆机著，金涛声点校：《陆机集》，中华书局，1982。

（晋）竺法护译：《生经》，《大正新修大藏经》第3册，台北：佛陀教育基金会出版社，1990。

（北凉）译者失传：《大爱道比丘尼经》，《大正新修大藏经》，台北：佛陀教育基金会出版社，1990。

（姚秦）鸠摩罗什译：《龙树菩萨传》，《大正新修大藏经》第50册，台北：佛陀教育基金会出版社，1990。

（姚秦）鸠摩罗什译：《妙法莲华经》，《大正新修大藏经》第9册，台北：佛陀教育基金会出版社，1990。

（北齐）魏收撰：《魏书》，中华书局，点校本，1974。

（北周）庾信撰，（清）倪璠注，许逸民校点：《庾子山集注》，中华书局，1980。

（北魏）杨衒之撰，周祖谟校释：《洛阳伽蓝记校释》，中华书局，2013。

（梁）僧祐撰：《弘明集》，上海古籍出版社，1991。

（梁）僧祐撰，苏晋仁、萧錬子点校：《出三藏记集》，中华书局，1995。

（梁）释宝唱著，王孺童校注：《比丘尼传校注》，中华书局，2006。

（梁）释宝唱撰：《经律异相》，《大正新修大藏经》第53册，台北：佛陀教育基金会出版社，1990。

（梁）释慧皎撰，汤用彤校注，汤一玄整理：《高僧传》，中华书局，1992。

（梁）萧子显撰：《南齐书》，中华书局，点校本，1972。

（陈）徐陵编，（清）吴兆宜注，程琰删补，穆克宏点校：《玉台新咏笺注》，中华书局，1985。

（陈）真谛译，高振农校释：《大乘起信论校释》，中华书局，1992。

（陈）真谛译：《婆薮槃豆法师传》，《大正新修大藏经》第50册，台北：佛陀教育基金会出版社，1990。

（隋）费长房撰：《历代三宝纪》，《大正新修大藏经》第49册，台北：佛陀教育基金会出版社，1990。

（隋）吉藏著，韩廷杰校释：《三论玄义校释》，中华书局，1987。

（唐）白居易著，朱金城笺校：《白居易集笺校》，上海古籍出版社，1988。

（唐）崔融撰：《唐嵩高山启母庙碑铭》，《中华道藏》第48册，华夏出版社，2004。

（唐）杜甫著，（清）仇兆鳌注：《杜诗详注》，中华书局，2015。

（唐）杜光庭撰：《墉城集仙录》，《中华道藏》第29册，华夏出版社，2004。

（唐）杜牧：《樊川文集》，上海古籍出版社，1978。

（唐）房玄龄等撰：《晋书》，中华书局，点校本，1974。

（唐）韩愈撰，马其昶校注，马茂元整理：《韩昌黎文集校注》，上海古籍出版社，1986。

（唐）胡愔撰：《黄庭内景五脏六腑补泻图》，《中华道藏》第23册，华夏出版社，2004。

（唐）慧立、彦悰著，孙毓棠、谢方点校：《大慈恩寺三藏法师传》，中华书局，1983。

（唐）李延寿撰：《北史》，中华书局，点校本，1974。

（唐）刘处静撰：《洞玄灵宝三师记》，《中华道藏》第46册，华夏出版社，2004。

（唐）孟安排撰：《道教义枢》，《中华道藏》第5册，华夏出版社，2004。

（唐）史崇玄撰：《一切道经音义妙门由起》，《中华道藏》第5册，华夏出版社，2004。

（唐）释道宣撰：《大唐内典录》，《大正新修大藏经》第55册，台北：佛陀教育基金会出版社，1990。

（唐）释道宣撰：《广弘明集》，《大正新修大藏经》第52册，台北：佛陀教育基金会出版社，1990。

（唐）释道宣撰：《续高僧传》，《大正新修大藏经》第50册，台北：佛陀教育基金会出版社，1990。

（唐）释法琳撰：《破邪论》，《大正新修大藏经》第52册，台北：佛陀教育基金会出版社，1990。

（唐）释靖迈撰：《古今译经图记》，《大正新修大藏经》第55册，台北：佛陀教育基金会出版社，1990。

（唐）释圆照撰：《贞元新定释教目录》，《大正新修大藏经》第55册，台北：佛陀教育基金会出版社，1990。

（唐）释智昇撰：《开元释教录》，《大正新修大藏经》第55册，台北：佛陀教育基金会出版社，1990。

（唐）司马承祯撰：《天隐子》，《中华道藏》第26册，华夏出版社，2004。

（唐）司马承祯撰：《坐忘论》，《中华道藏》第26册，华夏出版社，2004。

（唐）孙思邈撰，（宋）林忆校正：《孙真人备急千金要方》，《中华道藏》第22册，华夏出版社，2004。

（唐）王勃著，（清）蒋清翊注，汪贤度校点：《王子安集注》，上海古籍出版社，1995。

（唐）魏徵、令狐德棻撰：《隋书》，中华书局，点校本，1973。

（唐）玄奘、辩机原著，季羡林等校注：《大唐西域记校注》，中华书局，1985。

（唐）姚思廉撰：《梁书》，中华书局，点校本，1973。

（唐）义净原著，王邦维校注：《南海寄归内法传校注》，中华书局，1995。

（后晋）刘昫等撰：《旧唐书》，中华书局，点校本，1975。

（宋）陈景元撰：《南华真经余事杂录》，《中华道藏》第13册，华夏出版社，2004。

（宋）范晔撰，（唐）李贤等注：《后汉书》，中华书局，点校本，1965。

（宋）寇宗奭撰，（宋）许洪校正：《图经衍义本草》，《中华道藏》第21册，华夏出版社，2004。

（宋）欧阳修、宋祁撰：《新唐书》，中华书局，点校本，1975。

（宋）欧阳修撰，（宋）徐无党注：《新五代史》，中华书局，点校本，1974。

（宋）释赞宁撰：《大宋僧史略》，《大正新修大藏经》第54册，台北：佛陀教育基金会出版社，1990。

（宋）姚铉编：《唐文粹》，上海古籍出版社，1994。

（宋）赞宁撰，范祥雍点校：《宋高僧传》，中华书局，1987。

（宋）张君房撰：《云笈七签》，《中华道藏》第 29 册，华夏出版社，2004。
（宋）左掌子撰：《证道歌》，《中华道藏》第 19 册，华夏出版社，2004。
（元）宗喀巴大师造，昂旺朗吉堪布释：《菩提道次第略论释》，四川佛学院函授部，1997。
（清）陈鸿犀纂：《全唐文纪事》，上海古籍出版社，1987。
（清）董诰等编：《全唐文》，中华书局，影印本，1983。
（清）郭庆藩撰，王孝鱼点校：《庄子集释》，中华书局，1961。
（清）纪昀、永瑢等纂修：景印《文渊阁四库全书》，台北：台湾商务印书馆股份有限公司，1986。
（清）王先慎撰，钟哲点校：《韩非子集解》，中华书局，1998。
（清）严可均辑：《全上古三代秦汉三国六朝文》，上海古籍出版社，2009。
（清）杨守敬撰，张雷校点：《日本访书志》，辽宁教育出版社，2003。
（清）姚鼐纂：《古文辞类纂》，上海古籍出版社，1998。
程树德撰，程俊英、蒋见元点校：《论语集释》，中华书局，1990。
董志广：《潘岳集校注》，天津人民出版社，1993。
顾绍柏校注：《谢灵运集校注》，中州古籍出版社，1987。
何宁撰：《淮南子集释》，中华书局，1998。
刘勰著，范文澜注：《文心雕龙注》，人民文学出版社，1958。
苏志雄主编：《历代大藏经序跋略疏》，宗教文化出版社，2012。
王孺童校释：《百喻经释义》，中国人民大学出版社，2007。
吴纳著，于北山校点：《文章辨体序说》，人民文学出版社，1962。
徐师曾著，罗根泽校点：《文体明辨序说》，人民文学出版社，1962。
徐元诰撰，王树民、沈长云点校：《国语集解》，中华书局，2002。
许明编著：《中国佛教经论序跋记集·东汉魏晋南北朝隋唐五代卷》，上海辞书出版社，2002。
佚名撰：《无能子》，《中华道藏》第 25 册，华夏出版社，2004。
佚名撰：《玄圃山灵匾秘箓》，《中华道藏》第 32 册，华夏出版社，2004。
张继禹主编：《中华道藏》，华夏出版社，2004。
钟嵘著，周振甫译注：《诗品译注》，中华书局，1998。
朱谦之撰：《老子校释》，中华书局，1984。
〔日〕圆仁撰，顾承甫、何泉达点校：《入唐求法巡礼行记》，上海古籍出版社，1986。
〔印〕阿罗汉尸陀槃尼撰，（后秦）僧伽跋澄译：《鞞婆沙论》，《大正新修大藏经》第 28 册，台北：佛陀教育基金会出版社，1990。

〔印〕龙树菩萨造，（姚秦）鸠摩罗什译：《大智度论》，《大正新修大藏经》第 25 册，台北：佛陀教育基金会出版社，1990。

〔印〕龙树菩萨造，（姚秦）鸠摩罗什译：《中论》，《大正新修大藏经》第 30 册，台北：佛陀教育基金会出版社，1990。

〔印〕世亲造，（唐）玄奘译：《阿毗达磨俱舍论》，《大正新修大藏经》第 29 册，台北：佛陀教育基金会出版社，1990。

二　研究论著

陈士强：《大藏经总目提要·经藏》，上海古籍出版社，2020。

陈士强：《大藏经总目提要·律藏》，上海古籍出版社，2020。

陈士强：《大藏经总目提要·论藏》，上海古籍出版社，2019。

陈士强主编：《中国学术名著提要·宗教卷》，复旦大学出版社，1997。

陈文英：《中国古代汉传佛教传播史论》，天津古籍出版社，2007。

陈寅恪：《元白诗笺证稿》，上海古籍出版社，1978。

陈垣撰：《中国佛教史籍概论》，中华书局，1962。

丁敏：《佛经譬喻文学研究》，台北：东初出版社，1996。

杜泽逊撰：《文献学概要》，中华书局，2001。

方立天：《隋唐佛教》，中国人民大学出版社，2006。

方立天：《魏晋南北朝佛教》，中国人民大学出版社，2012。

洪修平：《中国佛教文化历程》，江苏教育出版社，2005。

《季羡林全集》，外语教学与研究出版社，2010。

翦伯赞：《秦汉史》，北京大学出版社，1999。

姜书阁：《骈文史论》，人民文学出版社，1986。

赖永海主编：《中国佛教通史》，江苏人民出版社，2010。

蓝吉富主编：《中华佛教百科全书》，台北：中华佛教百科文献基金会，1994。

李浩：《流声：中国姓名文化》，生活·读书·新知三联书店，2017。

李万健：《中国著名目录学家传略》，书目文献出版社，1993。

李小荣：《汉译佛典文体及其影响研究》，上海古籍出版社，2010。

梁启超：《佛学研究十八篇》，天津古籍出版社，2005。

刘蔼萍主编：《现代汉语》，重庆大学出版社，2016。

刘师培撰：《中国中古文学史讲义》，上海古籍出版社，2006。

刘淑芬：《中古的佛教与社会》，上海古籍出版社，2008。

刘正才、姚呈虹编著：《道家医方》，上海科学技术文献出版社，2000。

鲁迅：《鲁迅全集·中国小说史略》，人民文学出版社，1981。

陆侃如：《中古文学系年》，人民文学出版社，1985。
吕澂：《中国佛学源流略讲》，中华书局，1979。
吕思勉：《两晋南北朝史》，上海古籍出版社，2005。
罗宗强：《玄学与魏晋士人心态》，南开大学出版社，2003。
马祖毅：《中国翻译简史："五四"以前部分》（增订版），中国对外翻译出版公司，1998。
潘桂明：《中国佛教思想史稿》，江苏人民出版社，2009。
普慧主编：《中国佛教文学研究》，中华书局，2012。
卿希泰主编：《中国道教史》，四川人民出版社，1996。
任继愈：《汉唐佛教思想论集》，人民出版社，1981。
任继愈主编：《中国佛教史》，中国社会科学出版社，1981。
石建初：《中国古代序跋史论》，湖南人民出版社，2008。
石峻、楼宇烈、方立天、许抗生、乐寿明编：《中国佛教思想资料选编》，中华书局，1981。
释印顺：《印度佛教思想史》，中华书局，2010。
释印顺：《中国禅宗史》，中华书局，2010。
孙昌武：《佛教与中国文学》，上海人民出版社，2007。
孙昌武：《中国佛教文化史》，中华书局，2010。
汤用彤：《汉魏两晋南北朝佛教史》，中华书局，1983。
汤用彤：《隋唐佛教史稿》，中华书局，1982。
王洪军：《中古时期儒释道整合研究》，天津人民出版社，2009。
王铁钧：《中国佛典翻译史稿》，中央编译出版社，2006。
王欣夫撰：《文献学讲义》，上海古籍出版社，2005。
吴海勇：《中古汉译佛经叙事文学研究》，学苑出版社，2004。
杨洋：《道教医世思想溯源》，巴蜀书社，2016。
杨曾文：《佛教与中国历史文化》，金城出版社，2013。
姚名达：《中国目录学史》，商务印书馆，2014。
余嘉锡：《目录学发微》，上海古籍出版社，2013。
袁行霈主编：《中国文学史》，高等教育出版社，1999。
张曼涛主编：《佛典译述及著录考略》，台北：大乘文化出版社，1978。
张曼涛主编：《佛教目录学述要》，台北：大乘文化出版社，1981。
张曼涛主编：《佛教与政治》，台北：大乘文化出版社，1979。
章培恒、骆玉明主编：《中国文学史》，复旦大学出版社，1996。
朱庆之：《佛典与中古汉语词汇研究》，台北：文津出版社，1992。

朱志瑜、朱晓农:《中国佛籍译论选辑评注》,清华大学出版社,2006。

〔荷〕许里和:《佛教征服中国——佛教在中国中古早期的传播与适应》,李四龙、裴勇等译,江苏人民出版社,2017。

〔日〕砺波护:《隋唐佛教文化》,韩昇、刘建英译,上海古籍出版社,2004。

〔日〕佐佐木教悟、高崎直道、井野口泰淳、塚本启祥:《印度佛教史概说》,杨曾文、姚长寿译,复旦大学出版社,1989。

三 研究论文

(一) 期刊论文

柏明、李颖科:《论魏晋南北朝时期的史注》,《西北大学学报》(哲学社会科学版) 1986 年第 3 期。

曹道衡:《关于杨衒之和〈洛阳伽蓝记〉的几个问题》,《文学遗产》2001 年第 3 期。

曹旅宁:《唐代度牒考略》,《陕西师范大学学报》(哲学社会科学版) 1990 年第 2 期。

陈洪:《〈百喻经〉版本校勘佚文等问题考论》,《佛学研究》2003 年刊。

陈洪:《譬论的定型——以〈说苑〉为例》,《江苏师范大学学报》(哲学社会科学版) 2014 年第 4 期。

陈洪:《譬论:先秦诸子言说方式的转变——以〈韩非子·内外储说〉之异文为例》,《南京师范大学学报》(社会科学版) 2009 年第 3 期。

陈洪、赵纪彬:《原文本〈百喻经〉成书时代以及传译诸况略考》,《古籍整理研究学刊》2012 年第 2 期。

府建明:《慧远佛学思想的内在矛盾与展开》,《学海》2010 年第 6 期。

郭胜强:《天干地支起源和含义之探讨》,《安阳师范学院学报》2020 年第 6 期。

贾应逸:《鸠摩罗什译经和北凉时期的高昌佛教》,《敦煌研究》1999 年第 1 期。

蒋新红:《柳宗元〈永州八记〉的写作启示》,《作家》2009 年第 20 期。

李乔:《谈序跋》,《文史知识》1995 年第 12 期。

刘飙:《释宝唱著述考》,《古籍整理研究学刊》2011 年第 3 期。

刘正平:《佛教譬喻理论研究》,《宗教学研究》2010 年第 1 期。

刘治立:《魏晋南北朝时期的史注体式》,《固原师专学报》2003 年第 1 期。

罗骧:《两晋佛学中的合本研究》,《宗教学研究》2011 年第 3 期。

梅新林、崔小敬：《游记文体之辨》，《文学评论》2005 年第 6 期。
孟楠：《中原西行求法第一人——朱士行》，《新疆大学学报》（哲学社会科学版）1993 年第 1 期。
牟钟鉴：《鸠摩罗什与姚兴》，《世界宗教研究》1994 年第 2 期。
舒仕斌：《游宴序和赠序在唐代的发展轨迹及成因》，《赣南师范学院学报》2001 年第 4 期。
苏晋仁：《道安法师在佛典翻译上的贡献》，《法音》1985 年第 4 期。
孙昌武：《关于佛典翻译文学的研究》，《文学评论》2000 年第 5 期。
唐思鹏：《禅法要义》，《佛教文化》2005 年第 1 期。
陶志平：《唐代道教的兴盛及其政治背景》，《西南师范大学学报》（人文社会科学版）1988 年第 2 期。
汪春泓：《论先秦汉魏至六朝文学"抒情"概念的发展演变》，《殷都学刊》2003 年第 1 期。
汪登伟：《丹道绪论》，《中国道教》2019 年第 4 期。
王国炎：《魏晋南北朝的儒佛融合思潮和颜之推的儒佛一体论》，《南昌大学学报》（人文社会科学版）1984 年第 4 期。
王鹰：《佛教早期目录学的发展——〈综理众经目录〉和〈出三藏记集〉对目录学术语的不同诠释》，《世界宗教研究》2016 年第 6 期。
魏斌：《安世高的江南行迹——早期神僧事迹的叙事与传承》，《武汉大学学报》（人文科学版）2012 年第 4 期。
吴信如：《佛法戒律论》，《佛学研究》1996 年刊。
咸晓婷：《论中古写本文献的署名方式——以唐诗写本为核心的考察》，《浙江大学学报》（人文社会科学版）2015 年第 5 期。
熊铁基：《再论道教的神仙信仰》，《中国本土宗教研究》2018 年第 1 辑。
徐建华：《中国古代佛典目录分类琐议》，《佛教文化》1989 年刊。
徐建华：《中国古代佛教目录著录特征分析》，《佛教图书馆馆讯》1991 年第 30 期。
许云和：《梁扬都庄严寺沙门释宝唱生平及著作考略》，《宗教学研究》2009 年第 3 期。
颜洽茂、荆亚玲：《试论汉译佛典四言格文体的形成及影响》，《浙江大学学报》（人文社会科学版）2008 年第 5 期。
颜尚文：《梁武帝注解〈大品般若经〉与"佛教国家"的建立》，《台湾大学文学院佛学研究中心学报》1998 年第 3 期。
俞森林：《道安之佛经翻译及翻译思想考述》，《宗教学研究》2011 年第

1期。

俞香云：《钟嵘"滋味"的美学内涵》，《安徽大学学报》（哲学社会科学版）2008年第4期。

曾军：《从经史到文苑——"记"之文体内涵的源流及变迁》，《江汉大学学报》（人文科学版）2007年第1期。

张昳：《论序跋的文献学价值》，《图书馆理论与实践》2010年第8期。

张鹏：《北朝佛教造像记的文学意义》，《西南交通大学学报》（社会科学版）2007年第5期。

赵厚均：《赠序源流考论》，《文艺理论研究》2008年第4期。

赵纪彬：《略论汉代序文之新变》，《西南交通大学学报》（社会科学版）2014年第3期。

钟涛：《试论魏晋南北朝诗序的文体演进》，《北京大学学报》（哲学社会科学版）2008年第1期。

周裕锴：《中国佛教阐释学研究：佛经的翻译》，《四川大学学报》（哲学社会科学版）2002年第3期。

（二）学位论文

安正燻：《〈法苑珠林〉叙事结构研究》，博士学位论文，复旦大学，2003。

傅秀莲：《释僧祐生平交游研究》，硕士学位论文，福建师范大学，2012。

蔺熙民：《隋唐时期儒释道的冲突与融合》，博士学位论文，陕西师范大学，2009。

汪东萍：《佛典汉译传统研究——从支谦到玄奘》，博士学位论文，华东师范大学，2012。

王丽洁：《〈妙法莲华经〉的一乘思想及其文学特征》，博士学位论文，复旦大学，2005。

王玥琳：《序文研究》，博士学位论文，北京师范大学，2008。

袁经文：《〈摄大乘论〉研究》，博士学位论文，四川大学，2005。

张红运：《唐代诗序研究》，博士学位论文，陕西师范大学，2007。

张旭：《编目与造藏——唐宋之际的经录与藏经》，博士学位论文，浙江大学，2019。

赵纪彬：《〈百喻经〉故事研究》，硕士学位论文，江苏师范大学，2012。

四 工具书

丁福保编纂：《佛学大辞典》，文物出版社，1984。

胡孚琛主编：《中华道教大辞典》，中国社会科学出版社，1995。

邱树森主编:《中国历代职官辞典》,江西教育出版社,1991。
中国社会科学院语言研究所词典编辑室编:《现代汉语词典》(第6版),
　商务印书馆,2012。

后 记

这本小书是在我博士学位论文的基础之上修改完成的，在即将付梓之际，思绪万千，感慨良多，故记之。

2012年，且至而立之年的我，有幸考入南开大学，攻读文学博士学位，夙愿得以实现，故我倍加珍惜来之不易的学习机会。入学之后，我曾构思多个博士学位论文的选题，后被一一否定，由此陷入困境，深感困惑。2012年12月的某一天，闲逛范孙楼书展，随便翻阅时，无意中发现了许明先生编著的5卷本《中国佛教经论序跋记集》，当拜读方广锠先生为该书所书写的序之后，对佛典序跋记有了初步认知，遂产生以之为研究对象的构想。佛教传入中土两千余载，佛教典籍浩如烟海，由此所形成的佛典序跋记繁多，恐我能力与精力有所不逮，也非一篇博士学位论文所能驾驭，故需加以选择。鉴于我以往的学习经历主要集中在中古（魏晋南北朝隋唐五代）文学领域，故我最终选定此时期内的佛典序跋记为研究对象。回顾与中古佛典序跋记的结缘，颇有"有心栽花花不开，无心插柳柳成荫"，亦有"众里寻他千百度，蓦然回首那人却在，灯火阑珊处"。

这本小书的形成历经两个阶段：一是初创期：2012年12月至2015年6月，主要完成选题、搜集资料、博士学位论文定稿等工作，本书的基本框架与轮廓初步形成，凡5章，约23万字。二是修改期：2015年6月至今，尤其是在2019年获批国家社科基金后期资助项目以来，对初创期的博士学位论文做了大量修改，集中体现在不断优化结构、润色语言、增删引文、规范参考文献、订正谬误等方面，最终形成了现在的风貌。鉴于本书形成周期较长，其部分章节在《世界宗教文化》《理论月刊》《中国佛学》等刊物发表并引起了一定反响，部分篇章被《中国社会科学文摘》、人大复印报刊资料与中国社会科学网转载，在此过程中积极吸纳所发表刊物审稿专家与编辑的建议，将之用于本书的修改。回顾本书的历程，历经十载，其间数次易稿，不厌其烦地修改，其中的艰辛唯有自知。一言以蔽之，路虽远行则必至，事虽难做则必成。

这本小书之所以能够最终完成，缘于各方的帮助。首先，要感谢我的两位业师：陈洪与湛如，他们对我的谆谆教诲，不仅体现在学业上，更是对我品格的塑造，令我受益终身。其次，要感谢刘崇德、詹福瑞、普慧、张国星等专家，感谢他们为我的博士学位论文所提出的宝贵建议。再次，要感谢在申报国家社科基金后期资助项目及其结项时，五位评审专家与三位鉴定专家，感谢他们中肯的意见，推动了本书的进一步完善提高。复次，要感谢中国社会科学出版社冯春凤与韩国茹编辑，感谢她们为本书的出版所付出的努力。2018年5月，抱着尝试的态度，贸然联系中国社会科学出版社咨询出版事宜，冯春凤编辑在审阅书稿、提交选题、协助申请国家社科基金后期资助项目等方面不辞劳苦。韩国茹编辑悉心审阅、精心校改书稿，她高度负责的职业精神与精益求精的工作态度令我感动。最后，要感谢我的家人。感谢父母，感谢他们赐予我生命与养育我，他们无私的爱是我最终能够完成本书的动力。感谢我的爱人，结婚七年来，她总是将我的事情置于首位，以柔弱的肩膀为我撑起一片天，以宽广的胸怀包容我，使我有更多精力来专注于本书。除上述所提及之外，还有无数同仁为这本小书的最终完成多有付出，限于篇幅，无法一一胪列，于此一并致谢，言有穷而谢意无尽。正是各方的帮助，使得本书最终得以完成，故我当常怀知恩之心、常立感恩之德、常行报恩之举。

　　这本小书始于我而立之年，止于不惑之年，历经十载，尽管努力，然天资驽钝，故其必然有所不足，如研究视野欠缺国际化、对中古佛典序跋记的多维度比较研究略有不足、尚未对部分中古佛典序跋记书写的时间与地域进行具体考证等，故亟待后人完善，祈请批评指正。

　　关于这本小书的后记，我酝酿了许久，也构思了许多，当提笔时万千思绪喷涌而至，又不知从何写起，如何写起，唯恐"意不称物，文不逮意"，姑且书写一言半辞，以冀窥一斑而知全豹。

2023年5月8日